유다의 사자

The Lion of Judah
by Rabbi Kirt A. Schneider

Copyright © 2018 by Kirt A. Schneider

Originally published in English under the title of
The Lion of Judah by Charisma House

Charisma Media/Charisma House Book Group
600 Rinehart Road
Lake Mary, Florida 32746
www.charismahouse.com

Korean Translation Copyright © 2021 by Pure Nard
2f 16, Eonju-ro 69-gil Gangnam-gu, Seoul, Korea

The Korean edition is published by arrangement with Charisma House.
All rights reserved.

본 저작물의 한국어판 저작권은 Charisma House와의 독점 계약으로 '순전한나드'가 소유합니다.
저작권자와의 허락 없이 이 책의 일부 또는 전체를 무단 복제, 전재, 발췌하면 저작권법에 의해 처벌 받습니다.

온 세상을 향한 구원의 역사
유다의 사자

초 판 발 행 | 2021년 10월 30일

지 은 이 | 랍비 커트 A. 슈나이더
옮 긴 이 | 심현석

펴 낸 이 | 허철
총 괄 | 허현숙
편 집 | 김은옥
디 자 인 | 한영애
제 작 | 강대성
인 쇄 소 | 예원프린팅

펴 낸 곳 | 도서출판 순전한나드
등록번호 | 제2010-000128
주 소 | 시울특별시 강남구 언주로 69길 16 (역삼동) 2층
도서문의 | 02) 574-6702
팩 스 | 02) 574-9704
홈페이지 | www.purenard.co.kr

Printed in Korea

ISBN 978-89-6237-362-2 03230

온 세상을 향한 구원의 역사

유다의 사자

랍비 커트 A. 슈나이더 지음 | 심현석 옮김

The LION of JUDAH

기독교와 유대교가 분열된 이유!
율법과 은혜의 완성에 대한 예수 그리스도의 역사적 성취

차례

감사의 글 | 6
서문 | 하나님은 한 분이신데, 그분의 백성에게는 무슨 일이 7

1장 • 옛 보물의 재발견 23
2장 • 예수님의 유대인 정체성 37

1부 | 유대교와 기독교가 분열한 이유

3장 • 질투 61
4장 • 신학적 위기 85
5장 • 변하는 율법 111
6장 • 이방인의 유입 137
7장 • 반란 157

2부 | 예수님은 어떻게 성경적 유대교를 완성하셨는가

8장 ● 하나님의 본연 177

9장 ● 율법과 은혜 197

10장 ● 율법의 목적 211

11장 ● 하나님의 구원 계획 233

12장 ● 새 언약 263

13장 ● 옛 예언들 281

14장 ● 결론 313

— 감사의 글 —

　우리는 모두 누군가의 도움으로 지금 이 자리에 서 있다. 그들은 우리의 삶을 풍성하게 해주었고, 우리는 그들에게 빚을 지고 있다. 하나님께서 우리에게 다양한 좋은 선물을 주실 때, 종종 주변 사람들을 사용하신다.
　먼저 부모님과 아내와 자녀들 그리고 처음으로 내게 예수님을 가르쳐 준 메시아닉 유대인 성경 교사들과 예수님에 대해 많은 것을 가르쳐 준 사람들에게도 감사드린다. 마지막으로 이 책《유다의 사자》가 출판되기까지 도와준 귀한 벗, 마커스 요어스 편집장에게 고마움을 전한다.

―
서
문
―

하나님은 한 분이신데, 그분의 백성에게는 무슨 일이

나는 오하이오 비치우드에서 내 인생의 첫 10년을 보냈다. 비치우드는 클리블랜드의 외곽에 있는 도시로 이스라엘을 제외하고 전 세계에서 유대인 밀집도가 두 번째로 높은 곳이다. 그곳 주민의 90퍼센트가 유대인이다. 우리가 살던 마을에서 이방인을 보는 일은 극히 드물었다.[1]

어디를 가든, 어느 곳이든 곳곳에 유대인의 문화가 뚜렷했다. 이웃들의 이름만 봐도 알 수 있다. 로젠탈, 레빈, 카츠, 파인버그, 슈월츠, 베르그, 슈타인 등등. 당시 내 또래의 아이들은 일주일에 세 번씩, 방과 후에 히브리어를 배우기 위해 회당에 갔다. 또 그 지역의 공립학교들은 로쉬 하샤나(유대인의 신년절)와 욤 키푸르(속죄일) 같은 유대 절기마다 문을 닫았다. 명절이 다가오면 도시 전체가 예루살렘처럼 변했다.

6학년이 되던 해, 우리 가족은 클리블랜드의 또 다른 외곽 마을인 페퍼 파이크로 이사했다. 하지만 나는 히브리어를 배우기 위해 먼 거리에 있는 회당에 다녀야 했다. 우리 가족은 유대인 공동체 활동에 매우 적극적이었다. 나는 히브리어 공부뿐 아니라, 로쉬 하샤나와 욤 키푸르를 지키기 위해서도 회당에 갔다. 7학년이 되자 부모님은 나를 위해 성년식(바-미츠바)을 치러주셨다.

그때부터 나는 유대인 정체성이라는 뿌리 깊은 유산을 자랑스럽게 여기기 시작했다. 특히 회당 예배 중 랍비가 쉐마(신명기 6장에 나오는 오래된 기도)를 읊으며 기도할 때, 유대인의 자부심을 더 강하게 느꼈다. '쉐마'는 유대 신앙의 핵심이다. 쉐마 말씀은 이렇게 시작한다.

쉐마, 이스라엘! 아도나이 엘로헤누, 아도나이 에하드.
이스라엘아 들으라! 우리 하나님 여호와는 오직 유일한 여호와이시니(신 6:4).

유대인의 자부심을 느낀 것은 좋았지만, 안타깝게도 나는 하나님을 느끼지 못했다. '쉐마'의 문구는 하나님을 '우리의 하나님'이라고 명시했지만, 내게 하나님은 그 정도로 친근하지 않았다. 유대인들은 자칭 하나님의 선민(選民)이라 하지만, 내 주변의 유대인 중 하나님에 대해 말하는 사람도 많지 않았고, 하나님과의 친밀함을 자랑하는 사람은 단 한 명도 없었다.[2] 내가 아는 유대인들은 모두 그분을 '아도나이'('주님'이라는 의미의 히브리어)라고 불렀다. 그러나 자신에게 아도나이가 어떤 분인지, 또 아도나이가 자신의 삶에 어떤 의미인지는 설명하지 못했다. 이처럼 어린 시절, 나는 하나님을 아는 지식이나 하나님과의 친밀함 같은 개념에 대해 무지했다.

내 기억 속에 비치우드와 페퍼 파이크에 살았을 때의 친근한 하나님은 존재하지 않는다. 그런 하나님은 다른 곳에 계셨던 모양이다. 물론 그 하나님이 아주 먼 조상들에게는 친근하게 대해 주셨던 것 같다. 하지만 족장들(아브라함, 이삭, 야곱)의 체험은 어디까지나 그들의 옛이야기일 뿐이다. 그들의 이야기는 오늘을 살아가는 내게 한낱 동화에 지나지 않았다. '과연 그러한 일이 실제로 일어났을까?' 의심스럽기까지 했다.

어느덧 나는 파크 회당(클리블랜드 최대 규모의 전통 회당)에서 진행하는 히브리어 상급반으로 진급했다. 그 무렵 나는 또다시 쉐마를 듣게 되었다. 쉐마의 후반부는 다음과 같다.

> 붸아합타 에트 아도나이 엘로헤카 브콜 제바베카 웁콜 나프쉐카 웁콜 메오데카 [3]
> 너는 마음을 다하고 뜻을 다하고 힘을 다하여 네 하나님 여호와를 사랑하라
> (신 6:5).

각 단어가 주는 감동은 굉장했다. 그러나 하나님이 어떤 분인지 모르는 내게는 공허한 메아리에 불과했다. 나는 나를 향한 하나님의 사랑에 대해서도, 나와 동행하길 바라시는 하나님의 열정에 대해서도 알지 못했다. 어머니께서는 매주 3일씩, 학교가 끝나면 어김없이 나를 차에 태워 곧장 히브리어 학당(회당)으로 데려가셨다. 나는 그곳에서 히브리어를 읽고 쓰는 법을 배웠고 히브리어 기도문도 암송했다. 그렇게 나는 유대인의 문화유산과 전통과 관습을 하나씩 배웠다.

솔직히 나는 히브리어 수업이 싫었다. 상급반에서 공부를 시작한 지 얼마 안 되어 이미 히브리어에 싫증이 났고 종종 수업에 빠지기도 했다. 차에서 내리면 회당으로 들어가는 척하다 어머니가 차를 몰고 이동하시면, 곧장 건물 밖으로 뛰쳐나와 한걸음에 주차장을 내달려 관목 수풀이 우거진 곳에서 시간을 보냈다.

그러나 얼마 안 가서 나의 만행은 탄로 났고, 나는 그 대가를 톡톡히 치러야 했다. 그해 여름 방학이 시작되자마자, 부모님은 히브리어 과외 교사를 붙여주셨다. 친구들이 밖에서 신나게 노는 동안 나는 집 안에서 꼼짝없이 히브리어를 공부해야 했다. 당시 선생님은 나와 마주 앉아 유대인이 된다는 것과 유대인으로 살아가는 의미를 가르쳐 주셨다. 한마디로 언

약 백성의 일원이 된다는 의미를 가르쳐 주신 것이다. 하지만 하나님에 대해서는 말씀해 주지 않았다. 내가 사랑해야 할 하나님, 또 나를 사랑하시는 하나님에 대해서는 한마디도 듣지 못했다. 내가 받은 유대교 교육의 대부분은 '바르 미츠바'(유대인 성년식)의 준비 과정에 초점이 맞춰져 있었다. 성년식은 내가 체험한 '유대인 정체성'의 최정점이었다. 그렇게 열세 살 생일날, 나는 '계명의 아들'이 되었다(계명의 아들은 바르 미츠바의 문자적 번역이다). 소년에서 어른으로 전환된 그날부터 나는 하나님 앞에서 도덕적 책무를 다해야 했고, 그분의 계명들(미츠봇)에 순종해야 했다. 도대체 하나님은 어떤 분이기에 내게 이런 막중한 책무를 떠넘기시는가?

바르 미츠바 예식 중 나는 토라의 일정 부분을 암송해야 했다. 그래서 선생님과 히브리어를 공부하는 내내, 내게 할당된 구절들을 앵무새처럼 외웠다. 심지어 부모님은 토라 구절 암기를 위해 또 다른 과외 교사를 구하셨다. 조금의 실수도 없이 암송하기 위해 나는 해당 구절이 녹음된 테이프를 끝없이 반복 재생하여 듣고 또 들었다. 드디어 그 큰 행사가 하루 앞으로 다가왔다. 오랜 시간 암송했지만, 사실 그 말씀들은 내 마음에 조금도 와닿지 않았다. 말 그대로 시험을 통과하기 위해 입 밖으로 내뱉어야 할 히브리 성경 속의 문자들이었을 뿐이다. 유대 문화에 깊이 발을 들여놓긴 했지만, 나는 삶 가운데 역사하시는 하나님을 체험하지 못했다. 내 영혼은 하나님을 알지 못했다.

그 길의 끝

부모님은 나의 바르 미츠바 행사를 여기저기에 알리셨다. 결론부터 말하면, 나의 바르 미츠바 예식은 광고 이상으로 성대하게 치러졌다. 그날

이 다가올수록 내 기대감은 한껏 부풀어 올랐다. 물론 긴장은 되었다. 예식 중 내가 맡은 암송 순서를 위해 수많은 시간을 준비했지만 여전히 떨렸다. 빨리 예식이 끝나고 축하연을 즐기고 싶은 마음뿐이었다.

이윽고 그날이 왔다. 예식이 진행되는 동안 나는 히브리어 기도문 몇 개를 완벽하게 암송해 냈다. 그리고 내가 맡은 토라와 선지서의 일부분을 낭독했다. 이후 우리는 랍비의 설교를 들었다. 암송과 낭독을 마치자 테필린이 주어졌다(토라의 일부 구절이 적힌 두 개의 작은 상자로 가죽끈은 손목과 이마에 묶는 용도이다). 그렇게 나는 예식 중 내가 맡은 모든 순서를 매끄럽게 해냈다. 일종의 성취감을 맛본 것 같았다.

그러나 뭐니 뭐니 해도 가장 기억에 남는 것은 예식 후의 파티였다. 바르 미츠바는 일상적인 파티가 아니다. 부모님은 나를 위해 '경영자 클럽'이라는 멋진 연회장을 빌려 굉장히 호화로운 파티를 열어 주셨다. 초대된 사람만 수백 명이었고 부모님은 성인 하객을 위한 음악 밴드와 아이들을 위한 밴드를 각각 부르셨다.

수많은 유대인 부모와 자녀들 그리고 학교 친구들이 파티에 참석했다. 그 많은 사람 중 내 관심을 끈 것은 제니스였다. 이윽고 밴드의 연주가 시작되었다. 나는 한걸음으로 달려가 제니스에게 말했다. "나와 춤추지 않을래?" 제니스와 춤을 추던 중 나는 사랑에 빠졌다고 확신했다. 나는 그날을 절대 잊지 못한다.

그날, 나의 유대인 수업은 끝났다. 그리고 내 혈통이 특별하다는 사실을 알게 되었다. 그러나 왜 내 혈통이 특별한지, 내 조상들은 왜 나를 특별하게 구별하셨는지는 알지 못하고 끝났다.

슬프게도 내 주변의 유대인들은 대부분 이와 비슷한 이야기를 털어놓았다. 공식적인 유대인 교육은 바르 미츠바 파티와 더불어 끝나고, 이후 우리는 하나님과 인생, 유대인 정체성에 대해 훨씬 더 많은 궁금증을 품게 된다. 질문은 많지만 안타깝게도 답을 들을 기회는 없다. 나이가 들어감에 따라 "왜 유대인이 특별한가?" "세상에서 유대인은 어떤 역할을 하는가?" "세상은 왜 유대인을 혐오하는가?" 등등 이러한 질문들이 마음 깊은 곳에서 올라오지만, 이 같은 궁금증은 기계처럼 지키는 유대인의 관습과 전통, 역사 등에 파묻히기 일쑤다. 유대인들에게 정체성에 대해, 유대인 정체성의 핵심에 대해 물으면 대부분은 문화적 요소를 말할 것이다. 애초에 자신들을 유대인으로 만드신 하나님과의 관계는 배제한 채 그저 유대인의 관습만을 자랑스럽게 말할 뿐이다. "우리는 바르 미츠바를 행합니다(여자아이들은 바트 미츠바). 유월절을 지키고, 로쉬 하샤나(신년절)와 욤 키푸르(속죄일) 그리고 하누카(수전절)를 지킵니다. 이런 것들이 유대인의 정체성이지요!"

여기에 몇몇 절기를 더 얹을 수도 있다. 하지만 이 절기들의 의미를 제대로 이해하는 유대인이 과연 몇이나 될까? 왜 이런 절기를 지키는지도 모르면서 그저 '관습'이라는 이유로 지키고 있다.

"할아버지 세대들이 절기를 지켰으니까요."

"그 윗대도 지켰고, 그들의 조상들도 마찬가지겠죠?"

그렇다. 지켜야 한다는 것은 알겠는데 '왜'라는 물음 앞에서 우리는 유의미한 답을 제시하지 못한다. "유대인이니까 당연히 지켜야죠!" 이것이 우리의 답이다. 오늘날 유대인의 정체성은 하나님과의 관계보다는 전통 유산과 관습, 공동체 소속감 그리고 수 세대를 이어온 강력한 전통들에 뿌리를 내리고 있다. 전혀 놀랄 일이 아니다. 내가 아는 유대인들은 하나님과 인격적 관계를 맺을 수 있다는 사실조차 알지 못한다. 이러한 이유로 유대인은 이 세상 모든 민족 중 '가장 종교적이지 않은' 민족으로 여겨

진다. 심지어 하나님의 존재를 믿지 않는 유대인도 부지기수다.[4]

하나님이 살아 계신다고 믿는 유대인은 어떤가? 그들은 좀 나은가? 하나님을 믿는 유대인조차 다양한 분파로 나뉜다. 오늘날 유대 문화를 제대로 이해하려면 '유대교'라는 종교가 하나로 통일되지 않았다는 사실부터 인지해야 한다. 유대교 안에는 참으로 다양한 분파와 믿음 체계가 존재하고 이들은 자주 충돌한다. 그중 주요 세 분파를 꼽으면 개혁 유대교(Reform Judaism), 정통 유대교(Orthodox Judaism), 보수 유대교(Conservative Judaism)이다.

첫째, 개혁 유대교는 이 셋 중에서 종교성이 가장 옅다. 개혁 유대교의 주된 관심사는 사회적 이슈들이다. 개혁파 유대인들은 토라의 대부분이 '시대에 뒤떨어진다'고 생각한다. 그래서 각 세대는 토라에 기록된 것 중 어떤 율법이 그 시대의 사회문제에 가장 적합한지 스스로 결정해야 한다고 말한다. 둘째, 정통파 유대인은 이와 정반대의 태도로 토라에 접근한다. 그들은 유대 율법을 엄수하는 것으로 유명하다. 토라는 물론 랍비의 권위 아래 대대로 이어져 온 전통까지 준수한다. 셋째, 보수 유대교는 개혁 유대교의 근대성과 정통 유대교의 수구성(守舊) 사이에 걸터앉아 있다. 보수파 유대인들은 코셔(정결한 음식 규례)를 포함하여 다수의 토라 율법을 준수한다. 하지만 특정한 율법에는 혁신적 변화를 꾀하기도 한다. 이를테면 안식일 날 회당에 갈 때, 운전을 허락하는 경우이다.

이 세 주류 유대교 분파 안에 다양한 그룹이 존재한다. 각각의 그룹은 믿음 체계와 형식에서 조금씩 차이가 있다. 물론 이 세 주류 유대교 분파가 모두 동의하는 점이 있다. 그들은 하나같이 입을 모아 말한다. "예수는 하나님의 아들이 아니다!" "예수는 메시아가 아니다!"

엄청난 분열

아, 예수님…….

유대인 중 아무나 붙잡고 유대교와 기독교의 차이점에 관해 물어보라. 그들은 조금도 주저하지 않고 한 단어를 말할 것이다. "예수!" 그들 생각에 예수가 이 둘을 갈라놓은 요소이다. 기독교는 예수님을 하나님으로 믿지만 유대교는 그렇지 않다. 기독교는 예수님을 오랫동안 기다려 온 메시아, 곧 '우리와 함께하시는 하나님' '임마누엘'로 믿고 경외하지만, 유대교는 예수님을 인정하지 않는다. 그들은 아직도 구세주를 기다리고 있다.

물론 유대교인과 그리스도인의 차이점들은 예수에 대한 인식이 상이하다는 것 말고도 셀 수 없이 많다. 나는 이 책의 많은 지면을 할애하여 유대교와 기독교의 차이점들을 언급하고 그 각각에 대해 깊이 살펴볼 것이다(참고로 내가 다룰 차이점의 핵심은 유대인 정체성을 이루는 문화적 요소들이다). 엄밀히 말해, 참된 '유대인 정체성'의 심장부에는 예수가 놓여 있다. 왜냐하면, 유대인에게 예수는 '오랜 예언의 궁극적 실현' 또는 '궁극적 사기꾼' 이 둘 중 하나이기 때문이다.

예수님은 유대인으로 태어났고, 유대인으로 살았고, 유대인으로 죽었다. 그분의 초기 추종자들 역시 유대인이었다. 그러나 예수님의 초림 후 지금까지, 2천 년 넘도록 유대인들은 이 세상 어느 민족보다 더 예수를 멀리했다. 예수님은 유대인이셨고, 유대인 문화권 안에서 사셨다. 심지어 "나는 이스라엘 집의 잃어버린 양 외에는 다른 데로 보내심을 받지 아니하였노라"고까지 말씀하셨다(마 15:24). 그러나 가족들조차 예수님을 경멸했다. 심지어 "그는 우리 민족이야"라고 말하는 것조차 꺼렸다. 마지못해, "어쩌다 유대인으로 태어난 도덕 선생" 정도로 여겼을 뿐이다. 반면에 예수님께서 십자가에 달려 돌아가신 후(십자가에는 '유대인의 왕'이라는 팻말이 붙어 있었다), 수십억 이방인은 이 유대인을 그들의 주와 구세주로 영접했다.

유대인인 예수는 유대교와 기독교를 연결하는 고리이다. 예수는 두 진영의 공통분모인데, 한쪽은 예수를 골칫거리로 여기지만, 다른 한쪽은 모든 문제의 해결책으로 여긴다. 기독교는 예수를 일컬어 '하나님 말씀의 성취'라고 말한다. 그러나 유대교는 예수를 가리켜 '하나님 말씀의 왜곡'이라고 말한다. 당신이 어느 진영에 속해 있느냐에 따라 예수를 바라보는 관점은 이렇게 달라진다.

이 둘 사이에 왜 장벽이 놓였는지 생각한 적이 있는가? 기독교 신앙 체계는 유대교 신앙 체계에서 기인했는데, 왜 이 둘은 상극처럼 나뉘었을까? 유대인과 그리스도인이 동일한 하나님(쉐마 문구에 나오는 '오직 유일한 하나님')을 믿는다면 왜 궤를 달리하는가? 역사는 왜 이 둘의 분리로 인한 처참한 장면들로 가득 차야 하는가? 유대인들이 초기 그리스도인을 박해한 사건으로부터 유대인인 예수의 이름으로 자행된, 유대인을 대량 학살한 기독교 십자군 전쟁에 이르기까지 역사는 이 둘의 대립과 반목으로 가득하다. 왜 그럴까?

이 둘을 나누는 분리선은 오늘날도 매우 선명하다. 최근에 시행된 조사에 의하면, 미국에 거주하는 유대인들에게 가장 호의적인 집단은 복음주의자인 것으로 나타났다. 그런데 유대인이 가장 경계하며 차갑게 대한 집단은 무슬림도, 무신론자도 아닌 복음주의 계열의 그리스도인이라고 한다.[5]

한편, 반(反)유대주의는 전 세계적으로 계속 확장되고 있다. 세계 곳곳에서 유대인을 표적으로 삼는 범죄 역시 급증하는 추세이다(시설 파괴, 폭탄

테러, 다양한 형태의 공격 등).⁶ 그런데 정말 우리를 당황하게 만드는 사실은, 대다수의 국민이 자신을 '그리스도인'이라고 부르는 국가에서 반유대주의 범죄가 가장 많이 일어난다는 것이다.⁷ 이처럼 이 둘은 한배에서 태어났지만, 둘 사이에는 매우 심각한 괴리가 있다. 2천 년이 넘도록 그 둘은 이렇게 분리되어 왔다.

성취

예수님이 남기신 가장 유명한 설교는 단연 산상수훈이다. 산상수훈의 도입부에는 그리스도인과 유대인 모두 깊이 생각할 만한 심오한 말씀이 담겨 있다. 예수님의 사역은 처음부터 폭발적 반향을 불러일으켰다. 강력한 말씀 선포와 탁월한 가르침에 치유의 기적까지, 그분의 사역은 사람들의 이목을 집중시키기에 충분했다. 예수님의 가르침을 듣기 위해 수십 킬로미터를 걸어온 사람도 부지기수였다. 마태는 예수님의 인기를 한 문장으로 요약했다. "그의 소문이 온 수리아에 퍼진지라"(마 4:24). 예수님에 대한 대중의 기대치는 하늘까지 치솟았다.

"이 사람은 평범하지 않다. 그의 가르침은 서기관이나 바리새인의 그것과 같지 않아. 예수는 굉장한 권위로 말씀을 전하거든… 게다가 초자연적인 능력까지 행하는데, 혹시 메시아가 아닐까?"

그러던 어느 날, 예수님께서 군중에 둘러싸인 채 산 위에 올라 제자들을 가르치기 시작하셨다. 여느 랍비처럼 예수님도 자신의 제자들을 가르치셨다. 드디어 그 유명한 산상수훈이 시작되었다. 예수님의 입에서 하나님 나라의 가르침이 쏟아졌다. 그런데 그분이 선포한 하나님 나라는 이 땅의 나라와 확연히 달랐다. 하나님 나라에서는 남을 긍휼히 여기는 사람, 마음이 청결한 사람, 온유한 사람이 '복 있는 사람'으로 여겨진다. 게다가 예수님은 제자들에게 "박해를 당하거든 기뻐하라"고 말씀하셨다. 당신은 이것이 말이 된다고 생각하는가? 예수님은 제자들이 하나님 나라에서 얻을 새로운 신분에 대해서도 말씀해 주셨다. "너희는 세상의 빛이다." "너희는 세상의 소금이다."

발췌한 이 문장들은 산상수훈의 주요 내용이다. 그런데 바로 다음에 이어지는 말씀이 산상수훈 중 가장 중요한 대목이 아닐까 한다. 2천 년이 지난 지금도 이 말씀은 우리의 귓전을 울린다.

> 내가 율법이나 선지자를 폐하러 온 줄로 생각하지 말라. 폐하러 온 것이 아니요, 완전하게 하려 함이라(마 5:17).

예수님께서 산상수훈을 전하셨을 때는 공생애 사역 초반이었다. 아직은 예수님을 힐난할 사람도, "당신은 왜 토라의 계명을 져버렸느냐?"며 따질 만한 사람도 없었다. 그러므로 예수님께서 굳이 이 말씀을 하실 필요가 없었다(물론 예수님은 이 같은 비난을 조만간 받으실 것이다).

그러나 예수님께서 모든 율법을 완성하셨다는 것은 엄연한 사실 아닌가? 예수님은 온 인류에게 이 사실을 알려야겠다고 생각하신 것 같다. 만일 예수님께서 율법을 완성하는 대신, 그 모든 것을 폐하셨다면 이 세상은 크게 달라졌을 것이다. 가장 먼저 달라질 점은, 유대인과 율법에 대한 사람들의 시선이다. 만일 예수님이 율법을 폐하셨다면, 오늘날 그리스도인들은 지금보다 훨씬 더 유대인과 구약의 율법을 무시했을 것이다.

하지만 유대인은 하나님이 선택하신 민족이다. 그리고 율법은 선택받은 민족이 따라야 할 삶의 지침이다. 하나님은 유대인(특히 아브라함)이라는 도구를 사용해서 온 세상에 복을 전하고자 하셨다. 또 유대인을 통해 이방인의 세상에 하나님 자신을 계시하기 원하셨다.

이러한 유대인에게 하나님께서는 그들이 따라야 할 삶의 표준 지침으로 "율법과 선지자"(구약 성경을 가리키는 관용 표현)를 주셨다. 구약 성경의 말씀대로 살아갈 때, 유대인은 세상과 구분되고 성별되고 거룩한 민족, 제사장 나라가 될 수 있었다. 즉, 온 세상에 하나님의 성품을 보여 주는 '살아 있는' 모델이 될 수 있었다(출 19:6). 그들에게 율법은 이 정도로 중요했다. 그러므로 만일 예수님께서 율법을 폐하셨다면 유대인들을 향한 하나님의 뜻과 계획은 무의미해졌을 것이다.

그러나 예수님은 율법을 다 이루셨다. 예수님을 통해 유대인의 정체성이 확립된 것이다. 그분은 완벽한 유대인, 곧 유대인의 정수(精髓)이셨다. 예수님은 모든 율법과 예언을 성취하심으로 '선민'의 적법한 머리가 되셨다.

이런 이유로 요한은 예수님을 '유다의 사자'로 표현하였다(계 5:5). 같은 이유에서 그분의 이름에 영원무궁한 능력이 담기게 되었다. 환상 중 미래의 일들을 보았던 요한은, 오직 예수님만이 두루마리의 인을 떼어 펼치기에 합당하시다는 사실을 알았다. 예수님께서 두루마리의 인을 하나씩 떼실 때마다 온 세상 만물을 향한 궁극적 심판과 구원이 이루어질 것이다. 이 일을 행하실 분은 오직 예수님뿐이다. 이처럼 역사의 가장 중요한 시점에서 예수님을 부르는 타이틀이 '유다의 사자'이다. 내게는 이 사실이 매우 흥미롭다.

또 보매 힘 있는 천사가 큰 음성으로 외치기를 "누가 그 두루마리를 펴며 그 인을 떼기에 합당하냐?" 하나 하늘 위에나 땅 위에나 땅 아래에 능히 그 두루마리를 펴거나 보거나 할 자가 없더라. 그 두루마리를 펴거나 보거나 하기에 합당한 자가 보이지 아니하기로 내가 크게 울었더니 장로 중의 한 사람이 내게 말하되 "울지 말라. **유대 지파의 사자** 다윗의 뿌리가 이겼으니 그 두루마리와 그 일곱 인을 떼시리라" 하더라(계 5:2-5).

유대인의 적법한 왕으로서 예수님은 땅 위의 모든 족속을 통치하실 것이다. 이스라엘의 역사 속에서 유다 지파는 대대로 왕을 배출한 가문이다. 위대한 왕 다윗을 보라. 그는 유다 지파 출신이다. 하나님께서는 다윗에게 "이스라엘 집의 왕위에 앉을 사람이 다윗에게 영원히 끊어지지 아니할 것이며"(렘 33:17). "나는 그의 나라 왕위를 영원히 견고하게 하겠노라"고 약속하셨다(삼하 7:13). 이렇게 유다 지파는 왕가의 혈통을 이어갔다. 유다 지파 왕가의 혈통, 이것이 '유대인다움'의 극치(極致) 아니겠는가? 그러므로 완벽한 유대인이신 예수님이 유다 지파 출신인 것은 결코 우연이 아니다. 절대 우연일 수 없다. 예수님은 항상 '유다 지파 출신의 왕'으로 불리실 것이다.

그런데 왜 하필 '사자'인가? 예부터 유다 지파의 심벌은 사자였다. 유다 진영의 깃발에는 사자의 모습이 그려 있었다. 야곱이 죽기 전, 아들들을 축복하는 현장으로 가보자. 그는 넷째 아들 유다를 '사자'라고 부르며 축복해 주었다. 이것이 '유다의 사자' 연원이다. "유다는 사자 새끼로다 내 아들아 너는 움킨 것을 찢고 올라갔도다"(창 49:8). 이후 야곱은 유다가 형제들의 찬송이 될 것과 실로가 오기까지 왕의 지팡이가 유다를 떠나지 않을 것이라고 예언했다(창 49:8-10).

야곱은 예수님이 태어나시기 약 2천 년 전의 사람이다. 그가 유다에게 전한 축복(예언)은 그리스도를 통해 온전히 성취되었다. 즉, 예수님이 그 예언의 성취이시다.

산상수훈을 듣던 사람들은 야곱이 유다에게 전했던 축복의 말 외에도, 구약 성경에 소개된 '메시아 관련 예언'을 떠올렸을 것이다. 그러므로 예수님이 "내가 율법이나 선지자를 폐하러 온 것이 아니요, 완전하게 하려 함이라"고 말씀하셨을 때(마 5:17), 사람들은 예수님에게서 잠시도 시선을 떼지 못했다.

이 말씀은 예수님 자신이 완벽한 유대인으로서 구약을 통달하였으며, 유대인의 생활방식대로 온전하게 살아간다는 사실을 공표하신 것과 같다. 이처럼 예수님은 자신이 참된 유대교(Judaism)의 '완성'임을 드러내셨다. 물론 당시 종교 지도자들은 예수님이 유대교의 완성이라는 사실을 극구 부인했지만 말이다.

예수님을 빼놓고 유대교를 논할 수는 없다. 예수님께서 '유대인' 정체성의 모든 것을(이를테면, 율법과 선지자, 심지어 관습과 전통까지) 완성하셨기 때문에 예수님 없는 유대교는 '불완전' 그 자체이다.

그러나 역사적으로 예수님을 가장 크게 거부한 사람들이 누구인 줄 아는가? 다름 아닌 유대인이다. 예수님께서 삶으로 대표해 주셨던 바로 그 유대인이 예수님을 가장 크게 거절했다. 참으로 아이러니한 비극 아닌가? 예수님은 그리스도인만의 구세주가 아니시다. 그분은 유다의 사자이시고 유다 왕가에서 태어난 왕이시다. 유대인 중의 유대인이시다. 장차 예수님은 이 땅의 모든 사람을 – 유대인 그리고 이방인 – 자신에게로 이끌기 위해 다시 오실 것이다(요 12:32).

나는 이 책의 제목을 《유다의 사자》로 정했다. '유다의 사자'를 묵상하면서 이 책을 읽어 나갈 때, 당신은 예수님이 어떻게 신약 성경뿐 아니라 히브리 성경(구약 성경)의 주인공이 되시는지 깨닫게 될 것이다. 이 책의 페이지를 한 장 두 장 넘기면서, 예수님이 어떻게 성경 전체를 완성하고 수많은 예언을 성취하셨는지 확인하기 바란다.

예수님은 히브리 성경(율법과 선지자)을 완성하기 위해 오셨다(마 5:17). 이 사실을 인지한 당신은 이렇게 생각할 것이다. '예수님이 유대인의 신앙을 완성하셨으니, 유대인들은 당연히 예수님을 인정해야 하는 것 아닌가?' 하지만 예나 지금이나 유대인들은 예수님을 인정하지 않는다. 나는 이 책의 상당량을 할애하여, 왜 그들이 예수님을 '유다의 사자'로 인식하지 못하는지, 왜 예수님을 '약속된 메시아'로 받아들이지 못하는지 설명했다. 그리고 유대교와 기독교 사이에 단절이 생긴 이유도 소개했다.

이 책에는 많은 정보가 담겨 있다. 하지만 나는 독자들이 정보를 얻는 차원에서 끝나기를 원치 않는다. 이 책을 통해 예수님이 누구인지를 더 많이 깨닫게 되기를 바란다. 예수님이 성경의 모든 말씀을(율법과 선지서, 그 외 모든 말씀) 얼마나 멋지게 성취하셨는지 두 눈으로 확인하기 바란다.

유다의 사자는 모든 민족의 왕이고 주님이시다. 유대인, 그리스도인, 무슬림, 시크교도, 무신론자 등 이 세상 모든 피조물이 그분의 통치 아래 있다. 새로운 눈으로 예수님을 바라보는 동안, 당신은 전에 없던 깨달음으로 예수님을 알게 될 것이다. 이 책이 당신을 예수님께로 더 가까이 이끌어 가길 기도한다.

각주

1. 크리스천 칼슨, "비치우드는 이스라엘을 제외하고 유대인 인구수가 두 번째로 높은 곳이다", Rebuild Cleveland, 2014. 3. 27, http://www.rebuildcle.com/2014/03/beachwood-has-second-highest-jewish.html.
2. 주로 극단적 정통 하시딤 분파 중 하나님과 친밀한 관계를 누린다고 말하는 유대인들이 더러 있다. 내가 관찰한 결과 안타깝게도 그들이 갖고 있는 열정은 하나님을 아는 지식에 근간한 것이 아니었다. 그들은 '하나님의 의'에 대해서 알지 못했고 그저 자신들의 의만 내세웠다. 결국 그들은 하나님의 의에 복종하지 않았다(로마서 10:2-3 참고).
3. '쉐마' 유대교 101, 2018년 5월 13일 접속, http://www.jewfaq.org/shemaref.htm.
4. 그레고리 탐린, "가장 종교적이지 않은 국가들 중의 이스라엘" 《Christian Examiner》 2015. 4. 22 http://www.christianexaminer.com/article/israel-among-least-religious-countries-in-world/48808.htm; 프랭크 뉴포트, "미국인과 종교 2017년 정보" 갤럽, 2017. 12. 22, http://news.gallup.com/poll/224642/2017-update-americans-religion.aspx; "유대계 미국인의 초상" 퓨 리서치 센터, 2013. 10. 1, http://www.pewforum.org/2013/10/01/chapter-4-religious-beliefs-and-practices/.
5. "미국인들은 종교 집단을 어떻게 여기는가?" 퓨 리서치 센터, 2014. 6. 16, http://www.pewforum.org/2014/07/16/how-americans-feel-about-religious-groups/.
6. 요하네스 듀 엔스타드, "유럽에서의 반유대주의 폭력 2005-2015" 홀로코스트와 종교 소수자들에 대한 연구 센터, 2017. 6월, http://www.hlsenteret.no/publikasjoner/digitale-hefter/antisemittisk-vold-i-europa_engelsk_endelg-versjon.pdf 2018. 5. 13 접속 ; 반명예훼손동맹, "ADL 데이터는 2016년에 비해 2017년, 반유대주의 사건이 더욱 증가했음을 보여 준다" 2017. 11. 2, https://www.adl.org/news/press-releases/adl-data-shows-anti-semitic-incidents-continue-surge-in-2017-compared-to-2016.
7. 다니엘 보야린, 《하나님을 위해 죽다: 순교 그리고 기독교와 유대교의 형성Dying for God: Martyrdom and the Making of Christianity and Judaism》(레드우드 시티 캘리포니아: 스탠퍼드 대학 출판, 1999, p. 6) 앨런 F. 시걸, 《레베카의 자녀늘: 로마 세계에서의 유대교와 기독교》(케임브리지 매사추세츠: 하버드 대학 출판 1986, p. 1)

1장

옛 보물의 재발견

The LION of JUDAH

나는 스무 살 때 예수님을 처음 만났다. 매우 엄격한 유대교 공동체 안에서 자란 나는 성장하는 내내 '예수'라는 이름을 들어본 적이 없다. 그래서일까? 예수님과 만남은 매우 극적이고 감동적이었다.

1978년 8월 어느 날, 잠에서 깬 내 눈앞에 예수님이 나타나셨다(그때 나는 정신이 멀쩡한 상태였다). 분명히 기억하는데 꿈에서 예수님을 본 것이 아니라, 잠에서 깬 후에 만났다. 이런 환상을 기대한 적도, 예상한 적도 없지만, 감사하게도 내게 놀라운 일이 생긴 것이다. 예수님께서 내 앞에 나타나셨다. 그것도 총천연색의 환상 속에서!

내가 선 곳은 그분이 달리신 십자가 앞이었다. 갑자기 하늘을 가르고 한 줄기 붉은 광선이 내려와 예수님의 머리에 닿았다. 그 빛을 본 순간, 나는 하나님으로부터 온 빛임을 직감했다. 나는 예수님에 대해 아는 것이 없었고, 신약 성경은 단 한 번도 읽은 적이 없으며, '예수'라는 인물에 대해 생각해 본 적도 없었다. 그런데 그 광경을 바라볼 때 하나님께서 이렇게 말씀하시는 것 같았다. "지금 네가 보고 있는 이 예수가 나에게 올 수 있는 유일한 길이란다!"

당시 나는 잃어버린 삶의 의미와 정체성을 되찾기 위해 방황하고 있었다. 이럴 때 하나님이 찾아오셔서 내가 원하던 답을 주신 것이다. 그날의 체험과 함께 예수님을 따르는 인생 여정이 시작되어 지금에까지 이르고 있다. 내게 새로운 세상이 열렸다. 이전에 알던 성경 말씀들이 새롭게 다가왔다. 그날 이후 나는 예슈아 하-마쉬아흐(메시아 예수)를 믿는 성도로서 성경을 탐독하기 시작했다.

성경을 읽는 내내 하나님이 인격적인 분이심을 알게 되었다. 하나님은 내 삶의 모든 영역에 깊이 관여하길 원하셨다. 그분의 아들 '예슈아'는 나를 향한 하나님의 사랑을 여실히 보여 준 '산 증거'였다. 그렇게 하나님께서는 점점 더 많이 자신에 대해 알려 주셨다.

예수님을 만난 다음 해, 나는 친구와 함께 처음으로 교회에 가보았다. 그곳에서 우리는 수백 명의 성도와 예배를 드렸다. 교회를 처음 방문한 새신자로서 나는 성경을 최대한 많이 배우려 노력했다. 목사님의 설교 한 마디 한 마디에 집중했다. 그날 목사님께 들은 설교는 그동안 내가 읽었던 성경 내용과 사뭇 달랐다.

"하나님께서는 자신이 할 수 있는 모든 일을 다 하셨습니다. 예수의 십자가 죽음으로 하나님의 사역이 완성되었기 때문에 이제 구원을 완성하는 것은 우리의 몫입니다." 이것이 그날 설교의 주제였다.

목사님은 하나님의 뜻에 거스르려는 인간의 '자유 의지'를 가장 큰 문제점으로 지적했다. 그런데 곰곰이 생각해 보니, 그가 설교를 통해 그려 낸 하나님의 모습은 하늘 높은 곳에서 꼼짝없이 갇힌 채 두 손마저 꽁꽁 묶여 어찌할 바 모르는 무능력한 하나님이었다. 설교를 듣는 동안 내 머릿속에는 인간의 의지적 선택 앞에서 넋 놓고 좌절하는 하나님의 모습이 그려졌다. 나는 생각했다. '하나님은 무언가를 행하고자 하시는데 사람들이 허락하지 않아서 아무 일도 못하신다고? 정말 그런가? 그러면 이 세상 모든 일이 결국 우리의 결심에 달려 있다는 말인가?'

설교를 듣는 내내 마음이 불편했다. 나는 목사님이 그려낸 하나님의 초상, 즉 연약하고 좌절하는 하나님의 모습을 강력히 거부했다. 예배 후, 나는 친구와 함께 목사님을 찾아갔다. 그리고 '하나님의 주권'에 대한 그분의 신학적 설명에 이의를 표했다. 특히 로마서 9장에 언급된 하나님의 주권 개념을 바탕으로 목사님의 설교를 반박하였다. 참고로 로마서 9장에는 하나님께서 구원받을 백성을 주권적으로 선택하신다는 내용이 나온다.

그러나 안타깝게도 목사님께 '들으나 마나 한' 대답을 들었다. 대화가 시작된 지 얼마 후에 내 친구를 빤히 쳐다보고, 손가락으로는 나를 가리키면서 "허허, 이 친구는 성경을 제대로 안 읽은 것 같네요"라고 말했다.

나는 적잖이 당황했다. 겨우 스물한 살밖에 안 된 청년이었고, 그것도 이제 막 예수님을 믿기 시작한 새신자였는데 목사님께 그런 비아냥거림을 듣게 되다니……. 어쨌든 목사님과의 토론은 그렇게 끝났다. 나는 그날 들었던 설교는 완전히 잊기로 했다. 내가 읽은 성경 속의 하나님은 결코 무능력한 분이 아니기 때문이다. 하나님은 절대 주권자로서 모든 것을 다스리신다. 이 세상의 어떤 것도 그분의 통제를 벗어나지 못한다.

하나님에 대한 나의 이해가 그 목사님과 달랐던 이유를 나중에 알게 되었다. 그 차이를 만들어 낸 핵심은 내가 자라온 유대교 문화였다. 유대교에서 하나님은 '아돈 올람'(만물의 주인)이시다. 물론 유대교에서는 '아돈 올람'을 인격적인 하나님으로 가르치지는 않는다. 하지만 적어도 유대교의 교육 덕분에 나는 하나님을 '전능하신 분', '그 능력에 한계가 없는 분'으로 인식할 수 있었다.

어려서부터 나는 하나님이 멀리 계신다고 생각했다. 그러나 그분이 전능한 주권자이심은 단 한 번도 의심한 적이 없다. 이처럼 유대교에서는 하나님의 주권과 능력에 강조점을 둔다. 반면에 몇몇 그리스도인 그룹에서는 인간의 자유 의지를 하나님의 주권보다 더 강조하는 것 같다.

자신의 신앙 체계를 오직 신약 성경의 기반에만 올려두는 그리스도인들이 많다. 그들은 구약에 기록된 하나님의 면면을 살펴보려는 노력조차 하지 않는다. 그 교회에서의 경험으로 인해 우리 그리스도인들이 신앙의 뿌리를 신약 성경에 둔 것처럼, 구약 성경에도 동일한 뿌리를 내려야 하나님에 대한 오해와 왜곡을 피할 수 있다는 걸 알게 되었다.

자칫하면 그 교회의 목사님처럼 우리도 인간의 '자유 의지'에 매몰된 채 하나님의 주권을(성경 전체에 명백히 나타난) 외면할 수 있다. 그러나 다니엘서에 등장하는 느부갓네살왕을 보라. 그는 고집스러운 자유 의지로 하나님의 주권을 거스르려 했다. 하지만 결국에는 전능하신 하나님의 뜻 앞에 무릎 꿇지 않았는가? 그는 하나님의 뜻은 절대 거부할 수 없다는 사실을 깨달았다. 삶의 마지막 자락에 이르러 느부갓네살왕은 이같이 고백했다.

"땅의 모든 사람들을 없는 것 같이 여기시며 하늘의 군대에게든지 땅의 사람에게든지 그는 자기 뜻대로 행하시나니 그의 손을 금하든지 혹시 이르기를 '네가 무엇을 하느냐?'고 할 자가 아무도 없도다"(단 4:35).

신약 성경처럼 구약 성경 역시 하나님의 자기 계시이다. 구약 성경에는 '주권'뿐만 아니라 하나님의 여러 다른 성품이 계시되어 있다. 크게 보아 성경은 구약과 신약으로 나뉘어 있지만, 이 둘은 하나님의 존재를 점진적으로 계시해 주는 한 권의 책이다.

그러나 오늘날 수많은 그리스도인이 구약과 신약을 별개의 책으로 여기고 있다. 마치 이 둘 사이에 아무 연결고리도 없는 것처럼 생각하는 것 같다. 그러나 이 둘은 한 권의 책이다. 구약과 신약이 별개의 책이라는 주장은 절대 사실이 아니다. 타나크(TaNaK, 구약 성경을 이루고 있는 토라(Torah, 율법서), 느비임(Nevi'im, 선지서), 케투빔(Kethuvim, 성문서)의 앞 글자 TNK를 연결하여 만든 두문자어(頭文字語). 구약 성경을 지칭하는 표현이다. -역자 주), 즉 성도들이 구약이라고 부르는 책은 브릿 하다샤(신약, 새로운 언약이라는 뜻)와 긴밀하게 연결되어 있다. 이 책을 읽는 독자들은 구약과 신약을 하나의 유기체로 인식하고, 손과 장갑의 관계처럼 구약과 신약의 긴밀한 연계성을 이해할 수 있기를 바란다.

신약의 첫 번째 책, 첫 번째 구절이 구약의 창세기로 거슬러 올라가는 것은 결코 우연이 아니다. 마태복음 1장 1절은 이렇게 시작한다. "**아브라함과 다윗의 자손 예수 그리스도의 계보라.**" 이후 마태는 예수님의 족보에 등장하는 인물을 42대에 걸쳐 차례차례 소개한다. 물론 성도들은 '누가 누구를 낳고' 일변도로 그려진 예수님의 족보를 그리 중요하게 여기지 않을 것이다. 게다가 발음하기 어려운 이름들 때문에 정신이 혼미해질 것이다.

그러나 유대인에게 이 족보는 의미심장하다. 만일 자신의 조상을 다윗, 야곱, 이삭, 아브라함으로 소개하는 사람이 등장한다면, 유대인들은 그 사람을 주목할 것이다. 왜냐하면 오늘날의 유대인에게든, 수천 년 전의 유대인에게든 그들에게 '유산'은 '모든 것'을 의미하기 때문이다. 구약과 신약의 공통분모는 메시아이신 예수 그리스도이다. 그분의 혈통이 유대인의 역사를 말해 준다. 예수님의 족보에 등장하는 이름들이 타나크(구약 성경)의 모든 책에 등장한다는 사실 또한 중요하다. 과연 이것이 우연이겠는가?

타나크는 세 부분으로 나뉜다. 토라(모세가 썼다), 느비임(선지서라는 뜻이다), 케투빔(성문서. 시편과 같은 책). 예수님은 사역하실 때 이 세 권의 책을 언급하면서 자신이 이 모든 것을 성취했다고 말씀하셨다. "또 이르시되 내가 너희와 함께 있을 때에 너희에게 말한 바, 곧 **모세의 율법과 선지자의 글과 시편**에 나를 가리켜 기록된 모든 것이 이루어져야 하리라 한 말이 이것이라 하시고"(눅 24:44). 구약 성경을 구성하는 이 세 권의 책이 모두 예수님을 지목하고 있다는 뜻이다. 이렇게 신구약 성경을 한 분 하나님이 쓰신 '한 권의 책'으로 바라볼 때, 우리는 하나님께서 전하시는 놀라운 계시를 더욱 깊이 이해할 수 있다.

영적 분열증

신약과 구약을 연결하는 영원한 끈들을 많이 발견할수록 하나님을 향한 우리의 사랑과 열정 역시 증가하게 될 것이다. 하지만 많은 사람이 이 사실을 인지하지 못하고 '영적 분열' 상태에서 성경을 읽는다. 그들은 마치 하나님의 인격이 분리된 양, 구약의 하나님과 신약의 하나님이 서로 다른 인격체라고 생각한다. 이처럼 왜곡된 인식을 지닌 채 판단하기 때문에 그들에게 구약의 하나님은 '엄격한 입법자', '쉽게 분노하는 재판관' 같을 것이다. 반면, 신약의 하나님은 '사랑스러운 아버지'로 어떤 죄도 간과하고 덮어두실 만큼 자비로울 것이라고 생각한다.

하나님을 바라보는 왜곡된 관점은 성경에 대한 왜곡된 인식으로 이어진다. 하나님의 불변성을 믿지 못하고 그분을 분열된 인격체로 이해할 경우, 우리는 그분의 말씀인 성경을 오해할 수밖에 없다. 그 결과 성경도 분열된 책으로 간주해 버리는 것이다. 이를테면 마태복음을 기준으로 왼쪽에 있는 책(구약)은 전부 '율법'으로, 말라기를 기준으로 오른쪽에 있는 책(신약)은 전부 '은혜'로 뭉뚱그려 버리는 것이다. 이렇게 성경을 오해하면 하나님에 대한 이해는 더 심하게 왜곡될 수밖에 없다.

구약과 신약이 별개이고, 구약의 하나님과 신약의 하나님이 서로 다른 인격체라고 가정해 보자. 그러면 신약 시대를 살아가는 우리에게 구약은 무슨 소용이 있는가? 구약을 읽을 필요가 있겠는가? 신구약 합본 성경을 지니고 다닐 필요도 없지 않은가? 우리는 모두 율법보다 은혜를 더 좋아한다. 그러니 신약에만 주의를 기울이면 되지 않겠는가?

안타깝게도 오늘날 많은 성도가 정말 그렇게 생각하고 있다. 그들은 성경이 '한 권'의 책이라는 사실을 깨닫지 못한다. 신구약의 연속성과 일관성을 인식하지 못한다. 즉 구약과 신약이 연속적이며 일관된 주제를 전한다는 사실을 알지 못한다. 만일 타나크(구약)의 하나님을 엄격한 분이나 쉽게 정죄하는 분으로 여기면, 우리는 자연스럽게 구약을 멀리하게 되고, 브릿 하다샤(신약)의 은혜에만 기대게 될 것이다. 다음 단계는 불 보듯 뻔하다. 성경을 읽을 때 구약보다는 신약에 더 많은 비중을 두지 않겠는가? 그러다가 점점 구약의 가치를 폄하할 것이다. 구약을 묵상하는 데 들이는 시간은 점점 줄어들 것이다. 그리고 이런 결론 내릴 것이다. "구약은 오늘날의 현실에 잘 맞지 않아!"

문제는 뒤틀린 시각으로 성경을 보기 시작할 때, 하나님을 바라보는 관점도 점점 왜곡된다는 것이다. 우리는 구약에 나타난 하나님의 속성들은 외면하고(거룩함, 공의, 진노 등), 현대인이 불편하게 여기지 않을 속성들에만 집중하게 될 것이다. 그 결과 구약이 우리 삶에 적용될 수 없을뿐더러, 일상과 무관하다고 생각하게 될 것이다(처음에는 무의식적으로 무시하다가 나중에는 드러내놓고 무시할 것이다). 물론 우리는 신약 시대의 성도로서 옛 언약이 아닌 새 언약 아래에서 살아간다. 그렇다고 해서 옛것을 다 무시하고 멸시해도 된다는 뜻은 아니다.

이것은 요즘 들어 새롭게 대두된 문제가 아니다. 예수님도 그 당시 하나님에 대해 오해하고, 성경을 곡해했던 사람들과 대면하셨다. 그래서 그 유명한 '산상수훈'(마 5~7장)을 통해 그들의 그릇된 생각을 바로잡아 주신 것이다.

폐기가 아니라 완성하기 위해서다

구약의 가치를 축소하려는 자들에게 예수님이 전하신 메시지가 마태복음 5장에 기록되어 있다(17절부터 시작된다). "내가 율법이나 선지자를 폐하러 온 줄로 생각하지 말라. 폐하러 온 것이 아니요 완전하게 하려 함이라"(마 5:17). 수많은 사람이 예수님의 입술에 주목하고 있을 때, 예수님께서는 우리가 절대 잊어서는 안 될 근본적 진리를 말씀하셨다. "구약은 매우 중요하다."

예수님이 행하신 모든 일은 율법, 즉 토라에 따른 것이었다. 하나님께서 모세에게 주신 말씀, 토라는 '선민(選民)'의 생활규범으로 이스라엘을 다른 모든 나라와 구별시켜 주었다. 율법을 통해 이스라엘은 성별되었다. 예수님과 동시대를 살아간 유대인들 역시 자신을 언약 백성으로 여겼다. 그들은 토라 율법을 준수하는 것이 선민의 절대 조건이라 생각했다.

이처럼 토라는 두말할 것 없이 중요하다. 하지만 예수님께서 타나크의 다른 책들은 외면하신 채 오직 토라(율법)만을 강조하셨다고 생각하면 오산이다. 예수님은 종종 '율법과 선지자(선지서)'를 언급하시며 전체 타나크의 중요성을 강조하셨다. 누가복음 24장 44절을 보라. 예수님은 타나크를 구성하는 세 책 모두를 언급하며, 그 모든 책이 중요하다고 말씀하셨다. "또 이르시되 내가 너희와 함께 있을 때에 너희에게 말한 바 곧 모세의 율법과 선지자의 글과 시편에 나를 가리켜 기록된 모든 것이 이루어져야 하리라 한 말이 이것이라 하시고."

예수님은 하나님의 요구사항인 율법과 하나님의 약속인 선지자의 글, 시편의 글이 폐하여지지 않고, 오히려 자신을 통해 그 모든 말씀이 이루어져야 한다고 말씀하셨다. "나를 가리켜 기록된 모든 것이 이루어져야 하리라." 이처럼 예수님은 구약 성경의 중요성을 한껏 높이셨다. 예수님께서 이런 말씀을 하셨을 때, 신약 성경은 아직 기록되지 않았다는 사실을 기억하라. 이 구절에서 예수님이 말씀하신 성경은 히브리어로 기록된 구약 성경 '타나크'를 뜻한다. 예수님은 장차 "구약은 별로 중요하지 않다"거나 "구약은 우리와 관련이 없다"고 주장할 미래의 세대들에게 엄중히 경고하셨다. 다음 구절들을 통해 구약 성경에 대한 예수님의 입장을 확인해 보기 바란다.

> 진실로 너희에게 이르노니 천지가 없어지기 전에는 율법의 일점 일획도 결코 없어지지 아니하고 다 이루리라. 그러므로 누구든지 이 계명 중의 지극히 작은 것 하나라도 버리고 또 그같이 사람을 가르치는 자는 천국에서 지극히 작다 일컬음을 받을 것이요 누구든지 이를 행하며 가르치는 자는 천국에서 크다 일컬음을 받으리라. 내가 너희에게 이르노니 너희 의가 서기관과 바리새인보다 더 낫지 못하면 결코 천국에 들어가지 못하리라(마 5:18-20).

예수님은 구약의 중요성을 설파하셨고, 구약의 기준들을 강조하셨다. 그뿐만 아니라, 손수 그 모든 기준을 완수하셨다. 예수님은 율법을 온전히 지키셨다. 게다가 느비임(선지서)과 케투빔(시편과 잠언 같은 글들)에 등장하는 메시아 예언들도 온전히 성취하셨다.

물론 그 시대의 유대인 중 예수님이 타나크의 모든 말씀을 이루셨다고 생각하는 사람은 거의 없었을 것이다. 이는 대다수 유대인이 지금까지 견지해 온 의견이기도 하다. 그러나 위 구절을 다시 한번 읽어 보라. 예수님은 구약 성경의 진정성을 확언하신 후(일점일획도 결코 없어지지 아니하고 다 이루리라), 계명을 따르는 행위와 천국에서 '크다' 일컬음 받는 복의 관계를 말씀하셨다. 예수님 자신이 계명을 따르지 않았다면 이런 말씀을 하실 수 있었겠는가?

위 구절에 의하면, 타나크를 지키며 또 그 계명을 다른 이들에게 가르치는 사람은 하나님 나라에서 '크다' 일컬음을 받을 것이다. 반면, 구약 성경의 중요성을 인정하지 않고 율법을 가르치지 않는 사람은 하나님 나라에서 '작다' 일컬음을 받을 것이다. 요약하면, "예수님은 구약을 중요하게 여기셨다"이다. 그러므로 우리 또한 예수님처럼 구약을 중요하게 여겨야 한다.

이후 예수님은 색다른 그림 언어를 사용하여 동일한 메시지를 한 번 더 전하셨는데, '감춰진 보화 찾기'라는 비유이다. 이 비유를 바탕으로 예수님은 성경(구약)의 중요성을 말씀하셨다. 당시는 예수님께서 하나님 나라의 비밀을 가르치기 위해 이제 막 비유를 사용하기 시작하신 때였다.

예수님은 비유를 즐겨 사용하셨다. 하지만 안타깝게도 군중은 예수님의 비유를 잘 이해하지 못했다. 비유가 어렵기는 제자들에게도 마찬가지였다. 그들은 비유에 담긴 의미를 파악하는 데 애를 먹었다. 그런데도 예수님은 "천국의 비밀을 아는 것이 너희에게는 허락되었으나"라고 운을 떼시며(마 13:11), 제자들만큼은 비유를 이해했다고(적어도 이해해야 한다고) 단정하셨다. 제자들은 예수님의 비유에 담긴 하나님의 뜻을 이해하기 위해 열심히 노력해야 했다. 이를테면, 밭에 감춰진 보화를 발견한 후 그 밭을 사기 위해 자신의 모든 소유를 내다 파는 사람처럼(44절), 또 값진 진주 하나를 발견한 상인이 이를 얻기 위해 전 재산을 내놓는 것처럼(45-46절), 제자들 역시 하나님의 뜻을 깨닫기 위해 노력해야 했다.

마침내 제자들이 이 비유를 이해했을 때, 예수님께서는 아주 중요한 사실을 알려 주고자 또 다른 비유를 말씀하셨다. "'이 모든 것을 깨달았느냐?' 하시니 대답하되 '그러하오이다.' 예수께서 이르시되 '그러므로 천국의 제자된 서기관마다 마치 새것과 옛것을 그 곳간에서 내오는 집주인과 같으니라'"(마 13:51-52).

서기관은 율법 교사이다. 여기서 예수님이 말씀하신 율법은 무엇인가? 모세 율법, 즉 토라이다. 나는 유대인 성도들이 번역한 《Tree of Life》 역본에 이 구절이 아주 정확하게 번역되어 있음을 보고 기뻤다. 이 역본에는 위 구절이 이렇게 기록되어 있다. "그러므로 하늘 왕국의 제자가 된 모든 토라 학자마다 마치 그 곳간에서 새것과 옛것을 내오는 집주인과 같으니라"(마 13:52).

토라를 소중히 여기는 사람, 구약 전체를 소중히 다루는 사람은 옛 말씀에 담긴 '보화'를 발견하게 될 것이다. 구약을 깊이 팔수록 더 많은 보화가 눈앞에 모습을 드러낼 것이다. 그러나 어떤 사람에게 구약은 그저 '감춰진', '눈에 보이지 않는' 말씀일 수도 있다. 그렇다고 해서 구약이 행방불명되었거나 사라진 것은 아니다. 하나님 말씀은 그대로 있다. 신구약 전체를 통찰할 때, 우리는 곳간으로부터 옛것(구약)과 새것(신약)을 풍성히 내어 가게 될 것이다.

새 계명

히브리서 기자는 하나님 말씀을 양날 선 검에 비유했다(히 4:12). 나는 검의 양날을 생각하면서, 구약 성경을 대하는 우리의 태도를 떠올렸다. 구약을 대할 때 우리는 두 개의 날을 들이대고 자신의 관점을 양극단으로 몰아가곤 한다. 이때 우리는 아주 심각한 영적 부상을 입는다.

구약을 대하는 양날 중 하나의 극단은 '타나크'에 대한 무관심이다. 앞에서도 말했지만, 다수의 그리스도인이 자신들은 '신약 시대의 성도'이기 때문에 구약 성경은 별로 중요하지 않다고 생각하는데, 만일 구약 성경의 가치를 무시하면 예수님이 경고하신 대로 그들은 하나님 나라에서 '지극히 작은 자'로 일컬어질 것이다(마 5:19). 그러므로 타나크에 담긴 보화를 파내라. 이는 우리의 유익을 위한 것이다.

또 다른 극단은 자신의 신앙 뿌리를 재발견한다는 명목으로 토라를 지나치게 떠받드는 태도이다. 이러한 태도는 이스라엘 이민을 불사하는 그리스도인들에게서 종종 발견된다. 토라를 존중하는 열정은 좋지만, 과도한 집착은 결국 자신의 삶을 율법의 굴레 아래에 가두는 것이다. 그러한 사람들은 율법의 '일점일획'까지 다 지키려고 혈안이 된 나머지, 그들을 위해 율법을 온전히 지키신 예수님을 잊어버린다.

예수님은 안식일 금령, 정결례 규정 및 코셔(정결 음식) 취식에 관한 세부조항까지 포함된 '온 율법'을 한 문장으로 요약하여 율법주의를 깨뜨리셨다. "그러므로 무엇이든지 남에게 대접을 받고자 하는 대로 너희도 남을 대접하라 **이것이 율법이요 선지자니라**"(마 7:12). 이 말씀을 하신 후, 얼마 지나지 않아 예수님께서는 이것을 '새 계명'으로 정의하셨다. 비록 새 계명이라고 해도 그 기저에 흐르는 정신은 여전히 모세의 율법이지만 말이다.

십자가에 달리시기 전날 밤이었다. 예수님께서는 제자들에게 이 말씀과(마 7:12) 동일한 내용을 담고 있는 새 계명을 주셨다. "새 계명을 너희에게 주노니 서로 사랑하라. 내가 너희를 사랑한 것 같이 너희도 서로 사랑하라"(요 13:34). 서로 사랑하라는 새 계명을 지킬 때, 우리는 율법을 완성하신 예수님의 제자로 인정받게 될 것이다. "너희가 서로 사랑하면 이로써 모든 사람이 너희가 내 제자인 줄 알리라"(요 13:35).

바울은 예수님이 주신 새 계명을 해석하여 로마로 보내는 서신에 다음과 같이 썼다.

> 피차 사랑의 빚 외에는 아무에게든지 아무 빚도 지지 말라. 남을 사랑하는 자는 율법을 다 이루었느니라 간음하지 말라, 살인하지 말라, 도둑질하지 말라, 탐내지 말라 한 것과 그 외에 다른 계명이 있을지라도 네 이웃을 네 자신과 같이 사랑하라 하신 그 말씀 가운데 다 들었느니라. 사랑은 이웃에게 악을 행하지 아니하나니 그러므로 **사랑은 율법의 완성이니라**(롬 13:8-10).

율법의 완성은 사랑이다. 우리는 하나님의 본질이 '사랑'임을 안다(요일 4:7). 하나님은 자신의 본질인 사랑을 예수의 몸에 담아 이 세상에 보내셨다. 그렇게 예수님은 우리를 위해 자신의 생명을 내려놓음으로 아버지의 사랑을 온전하게 보여 주셨다(요일 3:16, 요 3:16). 그러므로 사랑이신 예수님이 '율법의 완성'이시다.

율법의 완성이신 예수! 이것이 이 책의 핵심 주제이다. 이 책을 집필한 목적은 예수님께서 어떻게 율법과 선지서의 모든 내용을 이루셨는지, 또 어떻게 유대교를 완성하셨는지를 보여 주는 데 있다.

그러나 예수님이 유대교를 완성하신 사실을 다루기 전, 중요한 문제부터 지적하고 싶다. 내가 던질 질문은 이것이다. 예수님은 율법을 폐하러 오신 것이 아니라 완성하러 오셨는데(마 5:17) 왜 유대교와 기독교는 분리되어야 했는가? 엄밀히 말해, 유대교와 기독교는 '예수'라는 공통분모를 갖고 있다. 그런데 왜 유대인들과 그리스도인들은 분리되었는가?

이 질문들에 답하기 위해, 우리는 '유대교와 기독교의 완성'이신 예수님을 바라봐야 한다. 특히 유대교와 기독교의 완성을 지탱하는 핵심 요소인, '예수님의 유대인 정체성'부터 살펴봐야 한다.

2장

예수님의 유대인 정체성

The LION of JUDAH

　예수님의 공생애 중에 당신이 그분에게 직접 성경을 배운다고 상상해 보자. 그동안 나는 탁월한 성경 교사들을 많이 만났다. 하지만 성경 교사로서 예수님에 필적할 사람이 있겠는가? 예수님 자신이 '말씀'이신데, 그분보다 더 뛰어난 말씀 교사가 있겠는가?

　예수님께서 당신에게 성경을 가르치신다. 한 구절이 아니라, 한 장이 아니라, 39권 구약 성경 중 어느 한 권이 아니라, 구약 전체를 가르치신다고 상상해 보자. 그것도 아주 짧은 시간에!

　과연 가능할까? 그러나 실제로 이를 체험한 사람들이 있다. 그들은 예루살렘에서 엠마오라는 마을까지 약 11킬로미터를 이동하던 중, 예수님께 성경 전체를 배우는 행운을 얻었다.

　성경은 이 두 사람에 대해 그리 많은 정보를 알려 주지 않는다. 우리는 이 둘 중 한 명의 이름만 알 뿐이다. 그는 글로바이다(눅 24:18). 예수님의 제자인 그는 또 다른 제자 한 명과 예루살렘을 떠나 엠마오로 향하는 중이었다. 이들은 지난 며칠간 일어난 엄청난 사건들을 되뇌였고 이들의 머릿속은 더욱 혼란스러웠다.

　그들의 랍비(스승)이신 예수님께서 한밤중에 유대 지도자들에게 붙잡히셨다. 다음날 아침, 예수님은 로마 관료에게 사형 언도를 받으셨다. 로마 군인은 곧바로 형 집행에 착수했다. 그들은 예수님을 살인자처럼 다루었다. 채찍질하고 그분의 두 손과 발에 못을 박았다. 그렇게 예수님은 죽었고 시신은 근방의 무덤에 안치되었다. 모든 일이 순식간에 일어났다. 이 일련의 사건들은 예상 밖의 일이었다. 글로바와 동료 제자는 이 사건들을 하나하나 되짚으며 이해해 보려고 노력했다. 그러나 어느 것 하나 제대로 이해할 수 없었다.

그때까지 이들은 예수님이 부활하셨다는 사실을 알지 못했다. 그분의 무덤이 비어 있다는 소식을 듣지 못했기 때문이다. 그러므로 그 길에서 예수님이 자신들과 동행하리라고는 상상도 못했다. 그들의 생각 속 예수님은 여전히 죽은 상태였다.

예수님께서 다가와 말을 걸었지만, 그들은 그분이 예수님이라고는 생각하지 못했다. 그들의 머리는 혼동의 안개로 뒤덮였고 마음은 심히 어수선했다. 그때 예슈아께서 그들의 눈앞에 나타나셨는데, 그 모습이 과거 그들이 알던 것과 달랐다. 예수님의 모습이 변형되었다. 하지만 성경은 당시의 상황을 이렇게 기록했다. "그들의 눈이 가리어져서 그인 줄 알아보지 못하거늘"(눅 24:16). 누가복음 24장 13절부터 35절은 엠마오로 향하는 두 제자와 동행하시는 예수님의 이야기를 전한다. 나는 이 장면을 이렇게 각색해 보았다.

예수님이 어슬렁거리는 걸음으로 두 제자에게 다가가신다. 물론 그들은 예수님을 알아보지 못한다.

"이보게들! 지금 무슨 얘기를 하는 중인가?"

예수님의 물음에 글로바는 슬픈 표정으로 걸음을 멈춘다. 그리고는 눈을 부릅뜨며 대꾸한다.

"네? 뭐라고요? 진짜 몰라서 묻는 겁니까?"

지난밤에 잠을 이루지 못해서 그런지 그의 목소리에 약간의 짜증이 섞여 있다.

"거, 관광객인 것 같은데… 요 며칠 동안 예루살렘에서 일어난 일을 정말 모릅니까? 그동안 딴 세상에 계셨습니까?" (글로바는 이렇게 말한 것을 후회했을 것이다.)

글로바는 지난 나흘 동안 일어난 일들을 차례차례 이야기했다. 특히 이 모든 사건의 중심인물인 '그분'에 대해 자세히 설명했다. 예수님은 처음 듣는 이야기인 것처럼 놀라는 척하셨다. 그러나 그것도 잠시 이내 무언가를 결심하신 듯, 굳은 표정으로 말씀하셨다.

"아직도 깨닫지 못하느냐?"

예수님은 그들의 무지와 분별력 없음을 질책하셨다. 그리고 구약 성경 전체를 관통하는 실타래를 풀어 가며, 예수님은 자신이 누구인지 드러내셨다. 누가의 표현을 그대로 인용하면 이렇다. "이에 모세와 모든 선지자의 글로 시작하여 모든 성경에 쓴 바, **자기에 관한 것**을 자세히 설명하시니라"(눅 24:27).

참고로 이 구절에서 '모세'는 타나크의 첫 번째 책인 '토라'를 뜻한다. 그러니까 예수님은 '베레쉬트'(창세기에 해당하는 히브리어 성경의 제목)부터 시작하여 선지서 및 모든 성경, 구약 전체를 차례로 다루시며 그 모든 말씀이 자신을 가리킨다는 것을 가르치신 것이다.

예수님은 "태초에 하나님이 천지를 창조하시니라"는 말씀으로, 이 위대한 가르침을 시작하셨을 것이다. 그러다가 잠시 말씀을 멈추고, 이 상황이 얼마나 아이러니한지를 곰곰이 생각하셨을 것 같다. 시간의 개념을 창조하신('태초'라는 시간마저 그분의 손에서 창조되었다) 위대한 예수님이 시공의 제약을 받는 두 사람 앞에 서서, 그것도 첫 사람 아담을 창조할 때 사용했던

'땅의 먼지'를 온통 뒤집어쓰고 이 땅의 역사를 설명하셔야 하다니!

　예수님은 사색을 멈추고 가르침을 이어가셨다. 토라 각 권의 설명을 마친 후 느비임(선지서)으로 넘어가셨다. 이후 케투빔(전도서, 애가와 같은 시가서 및 에스라, 느헤미야, 에스더 같은 몇몇 역사서)을 설명하셨다. 예수님은 자신을 언급하고 있는 구약의 모든 내용을 차례차례 설명해 주셨다.

　어떤 학자들은 '메시아 예언'만 해도 타나크 안에 400개 이상 기록되어 있다고 말한다.[1] 그렇다면 예수님은 어떻게 그 짧은 시간에 이 모든 것을 가르치실 수 있었을까? 나로서는 도무지 이해할 수 없다. 가장 이해하기 어려운 점을 꼽으라면, 두 제자가 예수님을 못 알아보았다는 사실이다. 다른 사람도 아닌 그들의 스승이 그들과 대화하고, 함께 걷고, 함께 시간을 보냈는데 어떻게 몰라볼 수 있단 말인가?

　심지어 이들은 제자였다. 단순한 추종자가 아니었다. 그 당시 '제자'라는 타이틀은 스승이 하는 모든 행동을 따라 하는 사람에게만 붙여졌다. 그 정도로 스승을 잘 아는 사람이 제자이다. 이들은 예수님이 수많은 군중 속에 계셔도 곧바로 알아봐야 했다. 더구나 엠마오로 가는 길에는 군중도 없었다. 오직 그들과 예수님뿐이었다. 그런데 왜 그들은 예수님을 알아보지 못했을까?

　예수님의 부활체(復活體)가 이들이 알던 예수님의 외모와 달랐기 때문일까? 만일 예수님의 새로운 몸이 벽을 뚫고 지나갈 수 있고, 먼 거리를 순간 이동할 수 있는 몸이었다면 짧은 시간 안에 구약 성경의 모든 '계시'를 가르치는 일도 가능했을 것이다. 어떻게 이런 일이 가능한지는 모르겠다(예수님이 구체적으로 어떻게 가르치셨는지 모르는 것처럼). 하지만 이 일이 가능하다고 믿을 수는 있다. 나는 성경 말씀을 안다. 그리고 예수님께서 이 만남을 통해 두 제자의 삶을 변화시키셨다는 사실도 안다.

만일 그날 예수님이 두 제자에게 어떻게 가르치셨는지 (내용과 방법이) 성경에 자세히 기록되었다면 세상은 지금과 사뭇 달랐을지도 모른다. 예수님께서 행하신 교수법을 취했다면, 오늘날 거리의 전도자들, 정글의 선교사들은 예수님을 전하기 위해 그리 애쓰지 않아도 되었을 것이다. 짧은 시간 동안 예수님이 전하신 가르침은 글로바의 마음에 깊이 새겨졌다. 결코 잊을 수 없는 가르침이 되었다.

그리고 예수님이 갑자기 사라지셨다. 글로바와 다른 제자가 입을 모아 말했다. "길에서 우리에게 말씀하시고 우리에게 성경을 풀어 주실 때에 우리 속에서 마음이 뜨겁지 아니하더냐?"(눅 24:32) 누가는 "예수는 그들에게 보이지 아니하시는지라"(눅 24:31)라는 기술에 앞서 "그들의 눈이 밝아져 그인 줄 알아보더니"라는 설명을 첨가했다. 그렇다고 해서 그들의 영적 맹안(盲眼) 상태가 일시적이거나 독특한 경우였다고는 말할 수 없다. 역사 속 대부분의 유대인들이 이와 동일한 '맹안' 상태였기 때문이다. 그들은 예슈아(예수)가 하-마쉬아흐(메시아, 그리스도)이심을 깨닫지 못했다. 오늘날 전 세계 인구의 3분의 2 정도가 예수님을 알아보지 못한다. 어떤 이들은 예수님에 대해 알긴 하지만, 믿지 않기로 선택하여 예수님을 보지 못하고, 또 어떤 이들은 '계시를 전해 주는 사람이 없어서' 아예 예수님을 보지 못한다.[2] 그러나 이것은 어디까지나 통계일 뿐, 진심으로 예수님을 따르는 사람과 그렇지 않은 사람의 숫자는 오직 예수님만 아신다. 바울이 말했다. "그 중에 이 세상의 신이 믿지 아니하는 자들의 마음을 혼미하게 하여 그리스도의 영광의 복음의 광채가 비치지 못하게 함이니 그리스도는 하나님의 형상이니라"(고후 4:4).

문제는 사탄이 믿지 않는 자들뿐 아니라 성도들의 시야도 가리고 있다는 것이다. 사탄이 성도들의 눈을 가려서 공생애 기간의 예수님 모습을 얼마나 크게 오해하게 했는지 깨달았을 때, 나는 정말 큰 충격을 받았다. 지금 나는 예수님을 제대로 알지 못하는 유대인, 무슬림, 무신론자, 여러 다른 종교인에 대해 말하는 것이 아니다. 나는 "예수를 따른다"고 자신 있게 말하는, 자칭 '그리스도인들'에 대해 말하고 있다. 안타깝게도 그들은 예수님이 유대인이셨다는 이 간단한 사실조차 제대로 이해하지 못하고 있다. 그리스도인 중 예수님의 유대인 정체성을 제대로 이해하는 사람이 얼마나 될까?

의도적인 유대인의 뿌리

예수님은 유대인이셨다. 이 사실이 독자들에게 충격이어서는 안 된다. 이와 반대로 수많은 성도가 간단한 사실조차 이해하지 못한다는 사실에는 충격을 받아야 한다. 성도들은 유대인이신 예수님을 버리고 기독교화된 예수님을 받아들였다.

앞으로 나는 기독교가 왜, 어떻게, 예수님의 유대인성을 살균 처리했는지 설명할 것이다. 기억하라! 예수님은 종교를 창시하기 위해 이 땅에 오신 것이 아니다. 종교로서의 '기독교(Christianity)'는 예수님의 목적이 아니었다. 성경에 예수님께서 "나는 언젠가 전 세계 22억 명이 믿는 종교를 창시할 것이다. 그리고 그 종교 안에는 수 조에 달하는 교파와 교단과 기구들이 포함될 것이다"라고 말씀하신 적이 있는가?[3] 성경에 기독교(Christianity)라는 단어는 언급조차 없다.

그러나 '그리스도인(Christian)'이라는 단어는 나온다(행 11:26, 26:28, 벧전 4:16). 그리스도인은 무슨 뜻인가? 그리스도를 따르는 사람이다. 그리스도는 무슨 뜻인가? 그리스도는 히브리어 '마쉬아흐(메시아)'에 해당하는 헬라어이고 그 뜻은 '기름 부음 받은 자'이다. 정리하면, 그리스도인은 '기름 부음 받은 자를 따르는 사람'으로 정의할 수 있다. 누가 '기름 부음 받은 자'인가? 예수, 메시아이다. 그리스도인은 예수를 메시아로 믿고 따르는 사람이다.

'그리스도인'이라는 용어는 신약 성경이 완성되기 전부터 사용되었고 심지어 성경에 등장하기까지 하는데, 왜 '기독교'라는 단어는 성경에 나오지 않는가? 기독교는 신약 성경이 완성된 후, 예수의 추종자들이 일으킨 운동을 정의하기 위해 등장했기 때문이다.

사도행전은 이 '운동'의 초창기 기록을 담고 있다. 그러나 성경은 이 운동에 '기독교' 또는 '종교'라는 타이틀을 붙이지 않았다. 왜냐하면 시스템을 갖춘 종교로서의 기독교는 수 세대가 지난 후에야 등장하기 때문이다.

구약 성경에는 성부 하나님께서 구축해 놓으신 것들이 소개되어 있다. 예수님은 혁명을 일으켜 그것들을 무너뜨리고, 그것과 전혀 상관없는 일을 시작하러 오신 것이 아니다. 예수님의 사명은 기독교라고 불릴 신흥 종교를 창시하는 것이 아니었다. 예수님은 구약 시대, 유대인들에게 주어졌던 계시들을 완성하기 위해 이 땅에 오셨다. 이런 이유로 예수님은 '그리스도인'이나 '기독교'라는 용어를 사용하시지 않았다. 물론 시간 순서상 '기독교'나 '그리스도인'이라는 용어는 예수님의 승천 후에 등장하지만, 예수님이 이런 용어를 사용하지 않으신 것은 예수님 자신이 유대인이었기 때문이다.

선지서의 말씀대로 예수님은 '하-마쉬아흐'(메시아, 기름 부음 받은 자)로서 유대인을 구원하기 위해 오셨다. 예수님께서 말씀하셨다. "나는 이스라엘 집의 잃어버린 양 외에는 다른 데로 보내심을 받지 아니하였노라" (마 15:24). 물론 예수님의 궁극적 계획은 모든 사람을 구원하는 것이다.

이 말씀은 주님의 사역이 '이스라엘의 구원'으로부터 시작된다는 뜻이지, 이스라엘만 구원하신다는 뜻이 아니다. 바울 역시 어느 도시를 방문하든, 가장 먼저 회당에 들어가 유대인들에게 복음을 전한 후에 이방인 사역을 시작하였다. 그는 로마서에서 하나님의 구원이 "먼저는 유대인에게요, 그 다음은 이방인(헬라인)에게라"라고 말했다(롬 1:16).

예수님은 유대인의 구원을 시작으로 사역을 펼치셨다. 그분은 유대인에게 주어진 성경 말씀을 완성하기 위해 이 땅에 오셨다(모든 구약의 말씀이 예수님을 가리키고 있다). 예수님은 종교적 테두리나 상자 안에 갇히실 수 없다. 하지만 그분은 구약 성경을 이루기 위해, '선택받은 백성'에게로 오셨다. 그 자신이 유대인의 혈통으로 이 땅에 내려오신 것이다. 예수님을 '다윗의 자손'으로 부르는 대목은 복음서에만 열다섯 번 정도 나온다. '다윗의 자손'은 예수님의 유대인 뿌리를 나타내는 표현이다.

예수님께서 유대인이 되기로 선택하셨다는 사실이 참 놀랍다. 예수님은 유대인으로 태어나셨다. 인간의 역사 속으로 들어오실 때, 유대인이 되기로 선택하신 것이다. 예수님은 신성과 인성을 동시에 지닌 유대인이 되셨는데, 이는 하늘에서 계획한 그대로 행하신 결과였다. 이로써 예수님은 "구원이 유대인에게서 나온다"는 하나님의 뜻을 완성하셨다(요 4:22).

예수님의 선택이 이러한데, 우리는 왜 그분의 유대인 정체성을 외면하는가? 왜 예수님의 특성을 기독교라는 종교 형틀에 맞추려고 하는가? 어떻게 그분의 선택을 무시할 수 있단 말인가? 그러나 슬프게도 인류 역사 속에서 교회는 이러한 일을 자행해 왔다.

예수님은 '어느 정도' 유대인이셨는가

예수님은 자신의 '유대인 정체성'을 바탕으로 모든 일을 행하셨다. 왜 그렇게 하셨는지 이유를 알려면, 무엇보다 먼저 예수님이 '어느 정도' 유대인이셨는지를 살펴봐야 한다.

예수님은 유대인 왕족이셨다.

예수님은 유대인 중의 유대인이셨다. 그분의 족보를 보면, 예수님이 유대인임을 의심할 수 없다. 마태는 복음서 첫 장, 첫 구절을 이같이 기록했다. "아브라함과 다윗의 자손 예수 그리스도의 계보라"(마 1:1). 예수님은 아브라함의 후손이므로 유대인이시고, 다윗의 후손이므로 왕족이시다. 그분은 구약이 예언한 '메시아를 배출할' 다윗 왕가의 후손으로 태어나셨다. 아브라함의 후손이고 유다 지파 다윗 가문의 후손이시다. 그야말로 '황금 유전자'이다.

그러나 공생애 초창기부터 예수님은 물리적 이스라엘이 아닌, '또 다른 왕국'(하나님 나라)을 선포하셨다. 이에 당시의 제사장과 종교 지도자들은 예수님을 극렬히 반대했다.

예수님은 유대인의 왕으로 태어나셨다.

'유대인의 왕', 이것은 십자가 죄패에 기록된 글귀이기도 하지만, 예수님의 정체를 나타낸 표현이기도 하다. 태어나실 때부터 예수님은 유대인의 왕으로 인식되었다. "헤롯 왕 때에 예수께서 유대 베들레헴에서 나시매 동방으로부터 박사들이 예루살렘에 이르러 말하되 유대인의 왕으로 나신 이가 어디 계시냐 우리가 동방에서 그의 별을 보고 그에게 경배하러 왔노라 하니"(마 2:1-2). 동방박사들은 얼마나 지혜로운가!

예수님은 생후 8일째 되는 날 할례를 받으셨다.

누가복음 2장 21절을 보라. 유대인 남자 아기는 태어난 지 8일째 되는 날 할례를 받는다. 할례는 율법의 규례이자, 하나님의 언약 백성임을 나타내는 신체적 표식이다. 예수님은 생후 8일째 되는 날 할례를 받으셨다.

예수님은 성전에 바쳐지셨다.

할례 후, 요셉과 마리아는 아기 예수를 예루살렘 성전으로 데려가 하나님 앞에 바쳤다(하나님 앞에 보여 드렸다). 이는 장자를 하나님께 성별해 드리는 모세 율법에 따른 예식이다(눅 2:22-23).

예수님은 유대교 관례를 따르는 부모에게 양육받으셨다.

누가복음 2장은 요셉과 마리아가 모세 율법을 얼마나 충실하게 지켰는지 보여 준다. 율법을 수호하는 유대인 부부로서 이들은 출생 40일째 되는 날, 산후 정결례를 위해 성전으로 올라갔다(눅 2:22-24). 부부는 토라의 가르침에 따라 비둘기 두 마리를 바쳤다.

예수님은 매년 유월절을 지키셨다.

요셉과 마리아는 예수님의 어린 시절, 절기 지키는 것을 가정의 규범으로 삼았다. 이들은 매해 유월절을 지내기 위해 예루살렘을 순례했다(눅 2:41). 성경에 나오는 여러 정황을 미루어볼 때, 이 부부는 유대 율법의 적극적 수호자였다. 그들은 유월절 외의 다른 절기도 지키기 위해 예루살렘을 방문했을 것이다. 유월절은 예루살렘으로 올라가서 지켜야 하는 큰 절기 중 하나였다. 가정교육을 통해 절기마다 '아버지의 집'(성전)을 방문하는 것은 예수님의 습관으로 장착되었을 것이다.

예수님은 구약 성경을 읽고 공부하셨다.

신명기 6장 7절(쉐마)의 말씀대로, 유대인 부모는 자녀에게 여호와의 도를 부지런히 가르치고 강론해야 한다. 그리고 동일한 명령에 따라, 모든 유대인 어린이는 부모에게서 타나크를 배우며 자라야 한다.

요셉과 마리아는 율법의 모든 규례를 충실하게 따르는 부모였다. 그러므로 어린 시절 예수님은 요셉에게서 구약 성경을 배우고 함께 말씀에 대해 토론하며 매우 의미 깊은 시간을 보냈을 것이다. 물론 예수님은 집 밖에서도 성경을 배웠을 것이다. 유대인 어린이는 다섯 살이 되면 지역 회당(학교)에 다니기 시작한다. 거기서 주 6일 동안 수업을 받는데, 이들의 학습은 모두(읽고, 쓰고, 계산하는 모든 학습) 토라에 집중되어 있다. 어쩌면 예수님도 이러한 학습 환경 속에서 랍비의 지도를 받으며 모세의 글 전체를 배우고 암송하셨을 것이다.[4]

복음서 기자들은 예수님의 유년 시절에 그리 많은 비중을 두지 않았다. 누가만 예수님의 유년기를 짧게 언급했다. "아기가 자라며 강하여지고 지혜가 충만하며 하나님의 은혜가 그의 위에 있더라"(눅 2:40). 이 구절은 열두 살 이전, 예수님의 유소년기를 요약한 말씀이다. 예수님이 열두 살 되시든 해, 부모가 '어린이 예수'를 성전에 두고 집으로 돌아간 사건은 매우 유명하다. 이 구절은 그 사건 이전의 예수님을 묘사하고 있다. "아이가 자라며 강하여지고 지혜가 충만하여." 그렇다. 어린 시절부터 예수님은 구약 성경을 배우며 하나님의 놀라운 지혜를 습득하셨다. 그러므로 열두 살의 어린 나이였지만, 예수님은 성전의 율법 교사들과 논쟁하실 수 있었다. 이는 결코 놀랄 일이 아니다. "사흘 후에 성전에서 만난즉 그가 선생들 중에 앉으사 그들에게 듣기도 하시며 묻기도 하시니 듣는 자가 다 그 지혜와 대답을 놀랍게 여기더라"(눅 2:46-47).

열두 살 이후, 청소년기에 돌입한 예수님은 느비임(선지서)과 케투빔(성문서)을 공부하고 암송하셨을 것이다. 이것은 유대인 청소년의 일반적 교육 과정이다.[5] 그렇게 청년으로 성장한 예수님은 구약 성경 전체를 마음으로 깨달아 아셨다. 이제는 타나크의 해석을 두고, 랍비들과 충분히 토론할 만한 실력을 갖추신 것이다.

모든 유대인 어린이들이 이러한 교육 과정을 받으며 성장한다. 누가의 표현을 미루어 짐작하면, 예수님은 성경을 잘 아는 유대인 중에서도(또는 타나크를 주교재로 삼아 교육하는 유대 문화권 출신의 사람 중에서도) 탁월하셨다. 어려서부터 구약에 대한 지혜와 깨달음이 남달랐던 것 같다.

마지막으로 사역 초기의 예수님을 보자. 주님은 타나크를 교재 정도로만 인식하신 것이 아니다(이를테면 '기록되었으되'로 운을 떼며 몇 구절을 읊는 정도). 예수님은 성경을 무기 삼아 원수를 무찌르셨다. 사탄은 예수님께서 가장 연약한 상태로 계실 때 다가와 유혹했다. 주님은 어렸을 때 마음에 새긴 구약 성경의 말씀으로 사탄을 물리치셨다(마 4:1-11).

예수님은 유대인 랍비로 여겨지셨다.

예수님은 아버지 요셉을 따라 목수가 되셨다(마 13:55, 막 6:3). 직업은 목수이지만 구약 성경에 대한 이해가 탁월했기 때문에 사람들은 그분에게 '랍비'라는 타이틀을 붙여 주었다. 랍비는 사회 전 계층에서 크게 존경받는 스승이고, 거장이고, 위대한 사람이다. 예수님은 바리새인과 사두개인에게도 랍비로 불리셨다(마 19:16, 22:35-36, 눅 12:13).

타나크에 대한 예수님의 지식이 탁월하지 않았다면, 당시 '율법 수호자'의 엘리트 지위를 거머쥔 바리새인과 사두개인들이 예수님을 '랍비'라고 불렀겠는가? 요한복음 3장 1-2절을 보자. 바리새인이자 유대인의 지도자인 니고데모가 한밤중에 예수님께 나아와 이렇게 말한다. "랍비여, 우리가(바리새인들은) 당신은 하나님께로부터 오신 선생인 줄 아나이다."

그런데 바리새인 중에 니고데모라 하는 사람이 있으니 유대인의 지도자라. 그가 밤에 예수께 와서 이르되 "랍비여 우리가 당신은 하나님께로부터 오신 선생인 줄 아나이다 하나님이 함께 하시지 아니하시면 당신이 행하시는 이 표적을 아무도 할 수 없음이니이다."

예수님은 열두 명의 유대인을 제자로 삼으셨다.
예수님이 선택하여 3년 가까이 곁에 두고 훈련한 열두 제자는 사회 각양 각층 출신이었다. 그들에게 한 가지 공통점이 있다면 유대인이라는 것이다. 예수님이 왜 열두 명을 선택하셨는지 이유를 추측하여 나열하면 족히 여러 권의 책이 될 것이다. 어쨌든 유대인만 제자로 삼으셨다는 사실은 예수님의 사역 대상이 유대인(아브라함의 후손)이라는 증거이다.

만일 그 가운데 이방인이 한두 명 정도 섞여 있었다고 생각해 보자. 그들 모두가 매일같이 겪게 될 혼란과 혼동은 얼마나 컸겠는가? 만일 예수님이 사셨던 곳이 이스라엘이 아닌 다른 문화권이었다면, 혈통이 뒤섞인 그룹 구성도 큰 문제가 되지 않았을 것이다. 그러나 이방인의 존재 자체를 부정하게 여기는 유대 문화권에서는 상황이 다르다. 이스라엘에서 유대인과 이방인의 혼합은 문자 그대로 '불가능'이다. 바꿔 생각하면, 예수님의 이러한 선택은 하나님이 유대인의 구원을 얼마나 중요하게 여기셨는지를 보여 준다고 하겠다(롬 1:16, 먼저는 유대인에게요).

예수님의 주된 사역 대상은 유대인이었다.

우리는 예수님의 사역과 사명이 유대인에게만 한정되지 않았고, 이방인과 온 세상 사람들까지 확장되었다는 사실을 알고 있다. 만일 당신이 유대인이 아니라 이방인 그리스도인이라면, 당신은 확장의 혜택을 입은 것이다. 당신은 하나님께서 유대인과 체결하신 그 언약에 '접붙임'되었다(롬 11:17-24).

그러나 예수님의 초창기 사역 목적은 이방인을 구원하는 것이 아니었다. 이 사실을 잊지 마라. 공생애 중 예수님은 방대한 사역 시간을 유대인에게 할애하셨다. 물론 복음서에는 예수님께서 유대교 전통을 어기고 '부정한' 이방인들에게 손을 대며, 그들을 치유하고 고치고 사랑하신 내용이 나온다. 그 당시에는 상상할 수도 없는 일이었다. 게다가 예수님이 행하신 가장 놀라운 기적 몇 가지는 이방인의 땅에서 일어났다(마 15:30-38). 예수님 역시 이방인들도 구원 얻을 것이라고 명백하게 말씀하셨다.

하지만 이방인과 보내신 시간은 극히 적었다. 예수님이 유대인과 보내신 시간과 이방인과 보내신 시간을 단순 비교해 봐도 예수님의 주된 사역 대상이 누구였는지 알 수 있다. 한번은 딸의 치유를 애원하던 가나안 여인(이방인)에게 예수님께서 말씀하셨다. "나는 이스라엘 집의 잃어버린 양 외에는 다른 데로 보내심을 받지 아니하였노라"(마 15:24). 또 한번은 제자들에게 이방인을 찾아가지 말고 "이스라엘 집의 잃어버린 양에게로 가라"고 말씀하셨다(마 10:6). 이처럼 예수님의 우선순위는 자기 동족인 유대인이었다.

예수님은 '유대인의 왕'으로 유월절에 돌아가셨다.

이방인이었던 동방박사들은 아기 예수를 '유대인(자기 백성)의 영존하시는 왕'으로 선포했다. 정말 지혜로운 사람들이었다. 이후 오랜 시간이 흘렀다. 그리고 거기에 또 다른 이방인 본디오 빌라도가 서 있다. 예수님의 십자가 고난을 내다본 옛 선지자들의 말씀이 성취되는 중, 빌라도는 그 예언들의 꼭두각시가 되어 말씀이 이끄는 대로 이리저리 휩쓸려 다녔다.

로마 총독 빌라도는 예수님께 십자가형을 언도했다. 그리고 그는 십자가에 부착할 죄패에 '유대인의 왕'이라고 적었다(요 19:19-22). 빌라도는 자신의 행동이 얼마나 중요한지 알지 못했다. 어쩌면 예수님을 조롱하기 위해 그렇게 적었는지도 모른다. 아니면 "가이사 외에 다른 왕은 없다"(요 19:15)는 유대인들을 좀 더 흥분시키려고 그렇게 했는지도 모른다.

우리가 확실히 아는 바, 예수님의 체포, 재판, 사형 언도, 십자가 집행 등의 수난 과정은 모두 유월절에 일어났다. 이 모든 사건은 로마 제국의 관심사가 아니라 유대인의 관심 사안이었다. 쟁점은 이것이다. "예수는 자신이 주장한 것처럼 유대인의 왕인가?"

예수님은 유대인의 절기 오순절에 성령을 보내셨다.

예수님께서 성령을 보내주겠다고 약속하셨다. 이 약속은 유월절만큼이나 중요한 유대인의 절기 때 성취되었다. 대부분의 그리스도인은 사도행전 2장에 기록된 '성령 강림'을 '기독교 사건'으로 인식한다. 불과 능력을 대동하여 성령께서 강림하신 후 교회가 출범했기 때문이다.

그러나 이 사건이 일어나기 수백 년 전부터 유대인들은 오순절(칠칠절, 맥추절)을 지켰다. 유대인들에게 오순절은 성령 강림만큼이나 중요한 '토라 수여 사건'을 기념하는 날이었다.

오순절은 유월절(정확하게는 초실절)로부터 50일째 되는 날을 말한다(한자로 오순(伍旬)은 다섯 '오'와 열 '순'을 합한 것으로 '오순'은 50을 뜻한다. -역자 주). 유대인들은 오순절을 안식의 날로 성별하여 지켰는데, 특히 하나님께서 모세에게 토라를 주신 사건을 기억하며 기념한다. 그리고 레위기 23장 15-16절, 21절에 따라, 이날 사람들은 첫 열매의 추수를 기뻐한다(밀의 첫 열매).

오순절 날, 성령께서 강림하시기까지 120명의 성도가 모여서 얼마나 오랫동안 기다렸는지는 알 수 없다(예수님이 승천하신 후 열흘 뒤에 성령이 오셨지만, 그 열흘 내내 한자리에 모여 성령 강림을 기다렸는지는 알 수 없다). 다만 우리는 유월절(초실절) 이후 50일째 되는 날, 성령께서 강력하게 임하셨다는 사실만 알 뿐이다.

예수님을 추종했던 성도들 모두는 유대인이었다. 그들은 율법의 규례대로 오순절을 지켰을 것이다. 어쩌면 한집에 모여 오순절 전통 음식을 나눠 먹으며 수백 년 전 토라를 주신 하나님께 감사드렸을지도 모른다. 성령이 임하기를 기다리면서…….

예수님도 오순절의 중요성을 알고 계셨다. 그동안 오순절은 토라를 비롯한 모든 말씀의 능력이 확연하게 나타난 날로 인식되었다. 그리고 지금 우리는 성령의 능력이 나타난 날로 오순절을 인식한다.

유대교 전승에 의하면, 하나님께서는 맨 처음 오순절(칠칠절) 날, 시내산에 임하여 이스라엘 백성에게 자신을 나타내셨다. 이날 그들은 하나님의 음성을 들었다. 이후 약 1,500년의 시간이 지났다. 그 동일한 오순절날, 하나님은 또다시 '불' 가운데에서 자신을 나타내셨다. 오래전 시내산에서 불과 구름 가운데 말씀을 선포하셨던 것처럼, 이번에도 성령 강림을 통해 그 백성에게 말씀을 선포하셨다. 달라진 점이 있다면, 그날 성도들은 산꼭대기에 임하신 하나님을 '본' 게 아니라, '자신들 속에' 임하신 하나님을 체험했다는 것이다.

예수님은 유다의 사자로서 하늘 보좌에 앉아 계신다.

예수님의 공생애를 기록한 성경의 명확한 설명 덕분에, 그분의 유대인 정체성을 무시하는 것은 아주 어려운 일이 되었다. 그렇지만 어떤 사람은 이렇게 말한다. "이 땅에 계실 동안에는 유대인 정체성을 드러내셨고 또 유대인을 사역의 우선순위로 삼으셨다. 그건 어쩔 수 없다고 하자. 그러나 하나님의 아들에게 공생애는 일시적이지 않는가? 장기적 관점에서 예수님의 유대인 정체성은 그리 중요한 사안이 아니다!"

하지만 성경은 예수님의 유대인 정체성이 지금도 앞으로도 중요하다고 말한다. 한 가지 증거를 살펴보겠다. 요한계시록 5장을 펴보라. 하나님의 보좌 주변에서 모든 천사와 장로와 생물들이 하나님을 찬양하고 있었다. 하나님의 오른손에는 앞뒤로 글이 가득 적힌 두루마리가 들려 있었다. 그런데 이 세상 누구도 두루마리를 펼쳐볼 수 없었다. 이를 알고 요한은 흐느껴 울었다. '두루마리가 펼쳐져야 하나님의 놀라운 계획이 이 땅 위에 실현될 텐데…' 요한의 슬픔은 점점 커졌다. 바로 그때 장로 중 한 사람이 그에게 말했다. "울지 말라. 유대 지파의 사자 다윗의 뿌리가 이겼으니 그 두루마리와 그 일곱 인을 떼시리라"(계 5:5).

이 땅에서 산 시간은 물론이거니와 하늘에서조차 예수님은 '유다 지파의 사자(Lion of Judah)'이시다. 예수님이 이렇게 불리신다는 사실이 놀랍지 않은가? 이 땅에서 유대인이셨던 것처럼, 하늘에서도 예수님은 유대인이시다. 이 사실이 중요한 까닭은 예수님께서 자신에 대한 모든 성경을 이루셨다는 증거, 영원히 이루신다는 증거이기 때문이다.

성경 첫 책 창세기에서 우리는 예수님과 관련된 예언 중 '유다 지파의 사자'로 표현한 구절을 찾아볼 수 있다. "유다는 사자 새끼로다. 내 아들아, 너는 움킨 것을 찢고 올라갔도다. 그가 엎드리고 웅크림이 수사자 같고 암사자 같으니 누가 그를 범할 수 있으랴? 규가 유다를 떠나지 아니하며 통치자의 지팡이가 그 발 사이에서 떠나지 아니하기를 실로가 오시기까지 이르리니 그에게 모든 백성이 복종하리로다"(창 49:9-10). 그리고 성경 마지막 책 요한계시록에서 예수님을 '유다의 사자'라고 표현한 대목을 찾을 수 있다. 성경에 기록된 그 모든 메시아 관련 예언 중 예수님께 붙여진 '유다의 사자'는 천국에서도 그대로 유지되고 있다. 그렇다. 예수님은 유대인이셨다. 그리고 그분은 영원토록 유대인이시다!

예수님은 다윗의 뿌리, 다윗의 후손으로 다시 오실 것이다.

하늘에서 예수님은 '유다 지파의 사자'로 불리신다. 그런데 요한계시록 마지막 장에 예수님의 유대인 정체성을 잘 나타내주는 타이틀 하나가 더 등장한다. 바로 '다윗의 뿌리', '다윗의 자손'이다.

"나는 다윗의 뿌리요 자손이니 곧 광명한 새벽 별이라"(계 22:16).

이 타이틀은 예수님과 다윗을 연결하고 있다. 얼핏 보면 예수님과 다윗이 혈통으로 연결되어 있다는 뉘앙스이지만, 그보다 더 깊은 의미를 내포하고 있다.

첫째, 예수님은 자신을 '다윗의 뿌리'로 소개하셨다. 뿌리는 '근원'이라는 뜻이다. 둘째, 예수님은 자신을 '다윗의 자손'으로 소개하셨다. 자손은 '열매'라는 뜻이다. 예수님은 자신이 다윗의 뿌리임과 동시에 열매임을 나타내신 것이다. 뿌리이면서 열매라는 말씀이다. 과연 이것이 가능한 일인가? 창조자이면서 피조물일 수 있는가? 불가능하다. 원인이면서 결과

일 수 없다. 마찬가지로 뿌리이면서 열매일 수 없다. 그러나 예수님께 불가능은 없다. 오직 예수님만이 이를 가능하게 하신다.

예수님은 모든 민족의 뿌리이시다. 그분은 모든 사람을 창조한 창조주이시다. 하지만 그 자신을 이스라엘의 왕가에 귀속시키셨다. 모든 민족의 뿌리이자 다윗의 뿌리이신 예수님이 스스로 다윗의 열매가 되신 것이다. 마태복음 1장에서 볼 수 있듯이 예수님은 생물학적으로 다윗의 후손이 되셨다. 유대 민족을 창조하신 분께서 스스로 유대인(열매)이 되셨다. 주님은 지금도 유대인으로서 살아 계신다.

종교를 버리다

예수님은 유대인으로 태어나셨고, 유대인으로 사셨고, 유대인으로 죽으셨고 부활하여 지금 유대인으로 하늘 보좌에 앉아 계신다. 그러므로 예수 그리스도를 유대적 컨텍스트(유대인의 문화, 문맥, 배경)로부터 분리하는 것은 매우 어리석은 일이다. 하지만 지난 수 세기 동안 그리스도인들은 이 작업을 해오지 않았는가? 비단 그리스도인만이 아니라 유대인들도 의식적으로 무의식적으로 예수님을 유대 혈통으로부터 분리하려 했다.

그리스도인들은 이방인과 딱히 구별되지 않는 예수님의 면면들을 강조하면서 예수님의 유대인 정체성을 중화하려 노력해 왔다. 예를 들어, '랍비'라는 단어에는 유대인만의 독특한 문화와 특성이 고스란히 배어 있다. 그리스도인들은 이 유대적 풍미를 제거한 채, 교사나 지도자 정도로 치부해 버렸다. 그래서인지 예수님을 랍비로 부르는 데 별 어려움이 없다고 생각한다. 개를 보고 '독일셰퍼드'라고 부르면서 마치 그 개는 혈통 상 독일과는 아무 상관없고, 양 치는 임무와도 무관하다고 생각하는 것과 같다. 그냥 이름만 '독일셰퍼드'인 것처럼 생각하는 것이다.

　예수님에게서 유대인 정체성을 떼어낼 수 없다. 불가능하며 어리석은 일이다. 랍비는 토라의 길을 가르치고, 유대인 생활양식을 모범으로 보이는 사람들에게 주어지는 직임으로 매우 엄격하게 사용되는 유대인만의 용어이다. 실제로 랍비는 유대인의 법과 생활과 신앙 등 모든 영역에서 탁월한 전문가이다. 그런데 왜 그리스도인들은 예수님을 단지 스승으로, 어쩌다 유대인이 되어서 유대인의 삶을 살아가신 분 정도로 여길까? 그들은 성부 하나님께서 성자 예수님을 어느 민족으로 보낼 지 결정하실 때, 행운의 돌림판을 무작위로 돌리신 후 이스라엘로 보내신 것처럼 생각하는 것 같다.

　예수님은 종교를 창시하러 오시지 않았다. 예수님은 자신의 왕국이 이 땅 위, 그 어떤 왕국보다 그 어떤 종교나 시스템보다 더 크다는 사실을 말씀하셨다. 그뿐만이 아니다. 예수님은 인간이 만든 전통과 규칙 등 수많은 유대인을 가로막아 하나님과 인격적 관계를 맺지 못하게 만들었던 요인들도 폐하셨다. 사람들은 종교를 만들었지만, 예수님은 종교를 폐하셨다. 그렇다고 해서 율법까지 폐하신 것은 아니다. 예수님은 오직 인간의 전통만을 폐하셨다. 성경 말씀대로 예슈아께서는 율법을 온전히 이루기 위해 이 땅에 오셨다.

　오랜 세월 기독교는 이 사실을 간과해 왔다. 그 결과 그리스도인의 눈에 유대교는 비신앙적인 종교로 비치게 되었다. 그리스도인들은 유대인이 믿는 하나님과 자신이 믿는 하나님이 같다는 정도만 인식할 뿐 자신이 섬기는 하나님이 유대인의 하나님이라는 사실에는 별로 관심이 없는 것 같다. 그리스도인이 섬기는 하나님은 다른 어떤 이들이 "하나님!" 하고 부르기 훨씬 전부터 유대인들에 의해 "우리의 하나님!"으로 불리셨다.

그렇다면 왜 이런 사태가 발생했는가? 왜 유대교와 기독교는 분리되어 왔는가? 둘의 뿌리는 같은데, 왜 이토록 크게 분열되었는가? 예수님이 새 종교를 창설하러 오신 것이 아니라면, 도대체 왜 이런 사태가 벌어진 것인가? 유대인들은 예수님을 유대인 사회에서 추방하려 했다. 그리스도인들은 또 다른 극단으로 나아가 예수님의 유대인 정체성을 외면하고 있다. 왜 그럴까?

각주

1. 폴 험버, "구약에 기록된 400개의 그리스도 관련 예언400 Prophecies of Christ in the Old Testament" Associates for Biblical Research, 2012. 7. 27, http://www.biblearchaeology.org/post/2012/07/27/400-Prophecies-of-Christ-in-the-Old-Testament.aspx#Article; 알프레드 에더셰임, 《메시아 예수의 삶과 시간The Life and Times of Jesus the Messiah》(Grand Rapids, MI: Christian Classics Ethereal Library, 1953) 2018년 2월 15일 접속 http://www.ntslibraray.com/PDF%20Books/The%20Life%20and%20Times%20of%20Jesus%20the%20Messiah.pdf.
2. 콘래드 해킷, 데이비드 맥클렌던, "기독교는 여전히 세계 최대 규모의 종교 집단이다. 그러나 유럽에서의 성도 수는 계속 감소하는 중이다Christians Remain World's Largest Religious Group but They Are Declining in Europe"(Pew Research Center, 2017. 4. 5, http://www.pewresearch.org/fact-tank/2017/04/05/christians-remain-worlds-largest-religious-group-but-they-are-declining-in-europe/).
3. Ibid
4. 레이 밴더 란, "랍비와 탈미딤 Rabbi and Talmidim", 2018. 5. 14 접속 https://www.thattheworldmayknow.com/rabbi-and-talmidim; 트렌트 C. 버틀러 편집, "성경 시대의 교육 Education in Bible Times", 홀맨 성경 사전, 2018. 5. 14 접속 https://www.studylight.org/dictionaries/hbd/e/education-in-bible-times.html.
5. 밴더 란, "랍비와 탈미딤"

1부

유대교와
기독교가
분열한 이유

3장

질투

The LION of JUDAH

어쩌면 사랑은 '눈먼 열정'일지도 모른다. 그런데 과학이 이 열정의 실체를 밝혀냈다. 그 열정은 다름 아닌 '질투심'이다. 사랑하는 사람들은 질투심으로 인해 눈이 멀어 버린다. 그렇지 않다면 적어도 왜곡된 시각을 갖게 된다.

몇 해 전, 델라웨어 대학의 연구자들이 연애 중인 커플들을 대상으로 재미있는 실험을 진행했다. 실험 참가자들을 남녀로 구분한 후 커튼으로 가려진 방에 들여보냈다. 그리고 컴퓨터 모니터로 여러 장의 사진을 차례로 보여 주었다.

먼저 여성 참가자들에게 개울, 하천 등 평화로운 사진을 보여 주었다. 그리고 중간 중간에 잔인한 장면이 담긴 사진을 섞어 보여 준 후에 특정한 풍경이나 건축물의 사진을 기억하도록 했다. 반면에 남성들에게는 풍경 사진만 보여 준 후 그 광경이 얼마나 아름다운지 평가해 달라고 하였다. 그리고 남성 참가자들에게 한 가지 지침을 더 내렸다. 이제부터가 본격적인 실험이다. 남성들에게는 다른 커플의 여성 참가자들이 얼마나 매력적인지를 평가해 달라고 요청한 것이다. 그러나 진짜 실험 대상은 여성들이었다. 연구자들은 이 사실을 여성 참가자들에게 공지한 후 앞서 진행했던 사진 분별 테스트를 동일하게 반복했다. 맨 처음 실험에서 여성 참가자들은 사진 속 풍경에 집중하며 특정 건축물과 풍경을 아주 잘 구별해 냈다. 하지만 자신의 남자 친구가 상대 커플 여성들의 매력을 평가한다는 말을 들은 후에는 더이상 눈앞의 사진에 집중하지 못했다.[1]

이 실험의 주 연구자인 스티븐 모스트는 말했다. "질투심은 우리의 시각을 왜곡시킵니다. 질투심으로 집중력이 흐트러지면 우리는 바로 앞에 있는 사물조차 제대로 인식하지 못합니다."[2]

2천 년 전, 이스라엘 백성도 예수님 때문에 이러한 시각 왜곡을 겪었다. 어쩌면 예수님도 그들의 시각 왜곡 현상을 바라보며 이와 동일한 결론을 내리셨을지 모른다. "질투심 때문이군!"

예수님은 이스라엘을 구원하도록 하나님께서 보내신 메시아, 수백 년 전 성경에 예언된 메시아셨다. 공생애 중 그분은 셀 수 없이 많은 기적을 행하셨고, 수많은 구약의 예언을 성취하셨으며, 유대인들 앞에서 죄 없는 삶을 살아가셨지만, 사람들은 그분을 제대로 알아보지 못했다. 그들은 예수님을 믿지 않기로 했다. 특히 유대 종교 지도자들은 질투심에 눈이 멀었다. 그래서 자기 앞에 나타나신 메시아를 알아보지 못했다.

무엇이 질투심을 유발했는가? 유대 지도자들은 어떤 사람보다도 타나크를 잘 알았다. 성경에 대한 탁월한 이해를 견지한 채 예수님이 나타내 보이신 여러 증거를 취합하여 해석했다면, 그들은 예수님을 '예언된 메시아'로 인정했을 것이다. 그들이 오랫동안 갈망했던 메시아가 눈앞에 나타나셨다. 그런데 왜 그들은 예수님을 보면서도 그분이 타나크의 온전한 성취자이심을 깨닫지 못했는가?

예수님께서 직접 이 문제를 언급하셨다. "너희가 성경에서 영생을 얻는 줄 생각하고 성경을 연구하거니와 **이 성경이 곧 내게 대하여 증언하**는 것이니라. 그러나 너희가 영생을 얻기 위하여 내게 오기를 원하지 아니하는도다"(요 5:39-40).

유대교와 기독교의 분열을 살펴보기 전에 초대교회 이전의 시간으로 돌아가서 왜 유대교가 예수님을 메시아로 인정하지 않는지 살펴봐야 한다. 자신들이 그토록 소망해 왔던 모든 것이 예수님 안에서 이루어질 텐데, -이스라엘 나라가 다시금 하나님의 소유가 되고, 나라의 옛 영광을 회복하는 것- 이러한 사실을 알면서도 종교 지도자들은 왜 그토록 예수님을 미워했는가? 왜 그들은 사람들을 선동해서 주님을 대적하게 했는가? 예수님의 공생애 초반에도 종교 지도자들의 질투와 분노는 상당했지만, 그 질투심이 임계점에 달한 것은 나사로를 살리셨을 때였다.

사람들의 화를 돋운 기적

나사로 이야기에는 놀라운 요소들이 가득하다. "나사로가 아프다는 소식을 듣고도 예수님은 왜 그에게 곧장 가지 않으셨을까?" "예수님은 왜 지체하셨을까?" "죽은 사람이 살아나는 기적을 더욱 극적으로 연출하려는 의도였을까?" "이 기적을 본 사람들이 예수님을 믿게 하려는 의도였을까?" 이 외에도 우리는 예수님이 나사로의 동생 마르다와 마리아를 만나 나누셨던 대화 내용도 살펴봐야 하고, 예수님이 우셨던 이유도 살펴봐야 한다. 또 예수님이 많은 사람 앞에서 "아버지여!" 하고 큰 소리로 하나님을 부르셨던 이유도 살펴봐야 한다.

하지만 우리가 다루려는 근본 질문은 "타나크를 잘 아는 종교 지도자들이 어떻게 눈앞의 메시아를 알아보지 못했는가?"이다. 이 질문에 답하려면 나사로의 소생 사건 직후 종교 지도자들이 보였던 반응에 주목해야 한다.

이에 대제사장들과 바리새인들이 공회를 모으고 이르되 "이 사람이 많은 표적을 행하니 우리가 어떻게 하겠느냐? 만일 그를 이대로 두면 모든 사람이 그를 믿을 것이요, 그리고 로마인들이 와서 우리 땅과 민족을 빼앗아 가리라" 하니…이 날부터는 그들이 예수를 죽이려고 모의하니라(요 11:47-48, 53).

이 시점에서 예수님의 영향력은 최고조에 이른다. 그동안 놀라운 권위로 사람들을 가르치셨기 때문에 대중에게 예수님은 이미 '랍비'로서, 아니 그 이상의 칭송을 받으셨다. 게다가 소량의 음식으로 수천 명을 배불리 먹이신 일이나 물 위를 걸으신 일, 말씀 한마디로 풍랑을 잠잠하게 하신 일, 수많은 환자를 고쳐주신 기적 등 온 유대 땅과 사마리아와 갈릴리 전역에 소문이 퍼졌으므로 예수님은 '슈퍼스타'이셨다. 이러한 예수님의 인기에 종교 지도자들은 적잖이 화가 나 있었다.

그러던 중 바리새파와 사두개파 사람들, 성전의 제사장들, 장로들, 서기관들을 분노하게 만든 사건이 일어났다. 바로 나사로를 살려 낸 기적이었다. 이 일로 인해 종교 지도자들은 예수님이 대중의 '스타' 수준을 넘어 '전설'이 될 것임을 직감하고 불안해했다.

"만일 그를 이대로 두면 모든 사람이 그를 믿을 것이요"(요 11:48).

그들이 말한 '믿을 것이요'의 진정한 의미가 무엇인지는 알 수 없다. 군중이 예수님을 메시아로 믿으리라 예상했는지, 아니면 그저 예수님을 추종한다는 뜻으로 '믿을 것이요'라고 말했는지 확실하지 않다. 종교 지도자들에게 예수님의 인기는 골칫거리였을 뿐이다.

종교 지도자들은 생각했다. '만일 사람들이 예수의 주장을 받아들인다면 분명 그는 사람들의 사고에 영향을 미칠 것이다. 그가 사람들의 생각을 사로잡으면 그들의 행동에도 영향을 미칠 것이다. 그럼 예수는 추종자들을 선동하여 개혁을 일으키지 않겠는가? 게다가 그는 손수 성전을 무너뜨리겠다며 엄포를 놓지 않았는가?(요 2:19) 정말 그가 혁명을 일으키면 유대 지도자 계층과 로마의 권세가들은 어떻게 되는가?'

종교 지도자들은 대중을 휘어잡는 힘을 권세로 여겼다. 그래서 그들에게 예수님이 지니신 영향력은 실로 엄청난 위협이었다. 당시 종교 지도자들의 권력은 로마의 통치 아래 보장되었다. 이스라엘은 단순한 국가가 아니라 종교 국가였다. 이 말은 종교 지도자들이 유대 사회의 중추 역할을 했다는 뜻이다. 로마 제국도 이 사실을 잘 알았다. 즉, 이스라엘에서 안녕과 질서를 유지하는 최상의 방법이 종교 지도자들을 구슬려 삶는 것임을 알았다.

성전 지도자들, 바리새파 사람들, 사두개파 사람들은 단순한 종교인이 아니다. 그들은 종교 지도자이면서 정치가였다. 이스라엘은 로마의 통치권 아래 있었지만, 어느 정도의 자치권을 부여받았다. 로마는 이스라엘의 종교 지도자들에게 권력을 나눠주는 대신, 그들이 나서서 대중의 반란 조짐을 인지하고 미연에 방지해 주길 바랐다. 그러므로 종교 지도자들이 활약하는 한, 로마는 안심할 수 있었고 이스라엘은 자국 영토 안에서 유대 문화와 관습을 그대로 유지할 수 있었다. 이러한 이유로 종교 지도자들은 유대 사회를 통제하려고, 또 통제권을 잃지 않으려고 무단히 노력했다.

전에도 예수님은 놀라운 기적들을 행하셨다. 그러나 죽은 사람을 살려 낸 기적은 이전의 기적과는 다른 차원이었다. 나사로의 소생 사건에 종교 지도자들은 전례 없던 위압감을 느끼기 시작했다. 이들의 마음속에서는 예수님의 참 능력에 대한 질투심이 들끓고 있었다. 그리고 그 질투심은 언어로 표현되었다. "죽은 사람이 다시 살아났다는 소문이 퍼지면 우리는 끝이다."

어쨌거나 로마에 기생해야 하는 처지였으므로 그들이 가진 권력은 너무나 빈약했다. 언제라도 깨질 수 있는 것이 그들의 권세였다. 반면 예수님의 권세는 이 세상 어떤 것과도 같지 않았다. 주님의 권세는 누구에게도 의존하지 않는, 세상 나라와는 아무 상관없는 초자연적 능력이었다. 종교 지도자들이 인정하든, 거절하든 예수님의 배후에는 하나님이 계셨다. 점점 더 많은 사람이 예수님을 메시아로 – 혹은 '메시아이실 것'이라고 – 믿기 시작했다.

> 만일 그를 이대로 두면 모든 사람이 그를 믿을 것이요, 그리고 로마인들이 와서 우리 땅과 민족을 빼앗아 가리라 하니(요 11:48).

"로마인들이 와서 우리 땅과 민족을 빼앗아 가리라." 얼핏 이들의 말은 순수하게 들리기까지 한다. 종교 지도자들이 이스라엘 민족을 걱정하는 것처럼 보인다. 그러나 복음서 전반에 그려진 그들의 행태를 보면, 당대의 종교 지도자들이 참된 예배자도, 애국자도 아님을 쉽게 알 수 있다. 그들의 말과 행동은 일치하지 않았다. (물론 이스라엘의 모든 종교 지도자가 부패한 것도, 그들 모두가 예수님을 적시한 것도 아니다. 성경은 존경할 만한 바리새인들을 소개한다. 요한복음 3장의 니고데모, 사도행전 5장의 가말리엘, 사도 바울 등이 그렇다. 초대교회 안에 들어온 제사장들도 있었다(행 6:7).)

이들 대부분은 유대인 중 가장 부유한 계층으로, 로마에 뇌물을 주고 그 대가로 권력의 자리에 올랐다. 일례로 로마는 대제사장을 선정할 때, 가장 높은 금액(뇌물)을 제시한(입찰한) 사람을 뽑았다고 한다. 입찰에 참여할 만큼 부유한 제사장 가문은 얼마 되지 않았다. 그래서 몇몇 가문이 이 타락한 제도를 이용하여 제사장직을 대대로 유지하였다.[3]

종교 지도자들은 로마 제국과 유대 민족 사이에서 완충 역할을 했다. 이 같은 요직에는 일반 백성이 상상조차 할 수 없는 엄청난 이익이 있기 마련이다. 그러므로 이 사람들이 "로마인들이 와서 우리 땅과 민족을 빼앗아 가리라"(요 11:48)고 말하며 걱정한 이유 중 하나는, 자신들이 즐기던 이익을 잃게 될 것에 대한 두려움이었다. 지금 로마와 잘 지내고 있는데 혹여 예수라는 사람 때문에 이 균형이 무너지지는 않을까 염려했다.

만일 이 균형이 무너지면 로마는 가만히 있지 않을 것이다. 그들이 와서 이스라엘을 직접 통치하지 않겠는가? 그동안 종교 지도자들에게 허락된 모든 편의는 사라질 것이다. 지도자들은 자신들이 누리던 부와 권력과 화려한 삶이 연기처럼 사라질 것 같아 두려웠다.

무엇이 그들의 질투심에 기름을 끼얹었나

예수님은 바리새인들의 위선을 수없이 꾸짖으셨다. 바리새인들은 하나님의 도(道)와 성전을 중요시한다고 주장했지만, 그들은 개인의 이익을 위해 하나님의 도를 남용했고 성전을 유린했다. 예슈아께서는 그들의 정치 놀음을 질책하셨다. 예수님은 그들이 중요시하는 유대 관습보다 더욱 고상한 가치, 더 높은 대의가 있음을 대중에 공표하셨다. 그들에게 회개할 것을 말씀하신 후 사람을 두려워하지 말고 하나님을 두려워하라고 말씀하셨다. 그러므로 예수님의 말씀은 사람을 두려워하던 종교 지도자들에게 매우 날카로운 칼과 같았다. 예수님은 그들의 지지를 거절하셨고, 그들이 세운 의의 기준을 능멸하셨다. 예수님은 인간이 만든 기준을 폐하시고 참된 의의 기준을 세우셨다.

예수님께서 강력한 말씀과 초자연적인 이적으로(나사로를 살리신 것과 같은) 자신의 의와 권위를 점점 더 많이 드러내실수록 예수님에 대한 종교 지도자들의 미움도 점점 더 커졌다. 예수님께서 철옹성 같은 그들의 성을 부수고 영토를 침범하신 것이다. 위협을 느낀 그들은 특단의 조치를 취해야 한다고 생각했다. 요한이 일찌감치 언급했듯이(요 5:16, 18) 그들의 질투심은 예수님을 죽이려는 살의(殺意)로까지 번졌다.

생각해 보라. 예수님의 행동이 '살인'을 부를 만한 것인가? 지금까지 예수님은 살인당할 만한 일을 행하시지 않았다. 물론 사역 초기 성전을 정화하실 때, 종교 지도자들의 기분을 언짢게 만드신 적은 있었다. 그러나 그때 종교 지도자들은 언짢아했을 뿐이다. 그런데 예수님께서 어느 안식일 날, 중풍 병자를 고치시자 율법을 칼같이 지키던 지도자들의 언짢음은 분노로 변했다. 그들은 예수님을 박해하고 죽일 방도를 찾기 시작했다. "그러므로 안식일에 이러한 일을 행하신다 하여 유대인들이 예수를 박해하게 된지라"(요 5:16). 아무리 안식일이라도 그날 고침받은 사람은 38년 된 병자였다. 그 가련한 사람에게 긍휼을 베풀며 생명을 선사하는 것이 잘못인가? 이성적인 사람이라면 이러한 이유로 예수님을 박해하지도, 죽이려 하지도 않을 것이다.

하지만 종교 지도자들의 사악함은 거기서 멈추지 않았다. 요한은 이들이 예수님을 미워하게 된 이유를 하나 더 언급했다. "유대인들이 이로 말미암아 더욱 예수를 죽이고자 하니 이는 안식일을 범할 뿐만 아니라 하나님을 자기의 친 아버지라 하여 자기를 하나님과 동등으로 삼으심이러라"(요 5:18).

18절이 시사하듯이 예수님의 이 주장은 신학적 파급 효과를 불러일으켰다. 만일 하나님이 예수님의 아버지라면, 하나님에게 아들이 있다는 뜻이고, 하나님에게 아들이 있다는 말은 곧 하나님이 자신의 신성을 누군가와 '나누셨다'는 뜻이다. 그러므로 유대교 지도자라면 누구나 예수님의 이 발언을 신성모독으로 여길 것이다. 그리고 유대교 율법에서 신성모독에 대한 처벌은 사형이다.

종교 지도자들은 율법의 수호자와 단일신론의 수호자를 자처했다. 그들은 "하나님은 한 분이어야 한다. 하나님의 신성은 나뉠 수 없다"고 주장했다. 그래서 그들이 예수님을 죽이려 한 것이고, 그들의 분노 기저에는 자신들을 영적 엘리트로 격상시킨 교만이 있었다. 이를테면 그들은 이같이 생각했던 것이다. '하나님에게는 우리가 필요해. 우리가 율법을 지키며 의의 기준을 보여 줘야만 백성은 하나님도, 율법도 알 수 있어. 우리가 해야 해!'

예수님께서 이들의 마음 깊은 곳에 뿌리내린 영적 교만을 드러내시자 유대 지도자들의 증오심은 더 크게 타올랐다. 표면상 그들이 내세운 예수님께 적대감을 표한 이유는, 안식일 날 병자를 고친 것과 하나님을 자신의 아버지라고 주장했기 때문이다. 게다가 예수님께서 그들의 위선까지 드러내셨으므로 그들의 분노가 더 크게 타올랐다.

그런데 이 모든 분노와 증오의 배후에는 '질투심'이 있었다. 그들은 예수님의 초자연적 능력을, 백성에게 미치는 예수님의 막대한 영향력을, 예수님의 의로운 권위를 질투했다. 마가복음 15장 10절이 이 사실을 잘 말해 준다. "이는 그가(빌라도가) 대제사장들이 시기로 예수를 넘겨 준 줄 앎이러라."

유대교와 기독교, 그 분리의 씨앗이 종교 지도자들의 질투심으로까지 거슬러 올라간다는 사실이 흥미롭지 않은가? 좀 더 넓은 시각으로 보면, 이 질투심이 기독 신앙과 전통 유대교 신앙을 분열시킨 것이다(예수님 당시의 전통 유대교는 현대 유대교의 근간이 되었다).

안식일에 병자를 치유한 사건의 여파는 점점 커졌고 종교 지도자들은 예수님을 죽이기로 모의하기에 이르렀다. 그렇게 분노가 하늘 높은 줄 모르고 치솟던 중 나사로의 소생 사건이 일어났다. 방아쇠가 당겨진 것이다. 예수님께서 활활 타오르는 그들의 증오심에 기름을 끼얹으신 것이다.

종교 지도자들은 예수님의 참된 능력을 시기했다. "그들이 모였을 때에 빌라도가 물어 이르되 너희는 내가 누구를 너희에게 놓아 주기를 원하느냐? 바라바냐, 그리스도라 하는 예수냐? 하니 이는 그가 그들의 시기로 예수를 넘겨 준 줄 앎이더라"(마 27:17-18). 그들은 예수님의 영향력이 점점 커지는 것을 시기했다. 예수님의 인기가 치솟는 만큼 자신들의 입지는 혁혁하게 좁아질 것이기 때문이다. 그동안 그들은 자신들의 이익을 위해 튼튼한 시스템을 구축했는데, 예수님이 이를 무너뜨리실 것 같아 초조하였다. 그러나 예수님께서 그들의 세상을 무너뜨리기 시작하셨다.

유대인들의 반란

종교 지도자들은 예수님의 초자연적 능력이 탐탁지 않았다. 예수님이 초자연적 능력을 발휘하여 대중에 종교적 영향력을 행사하면, 자신들의 종교적 입지가 크게 줄어들기 때문이다. 그들의 걱정은 여기서 멈추지 않았다. 예수님의 정치적 영향력도 종교적 영향력 못지않게 위협이 되었다. 그들은 예수님이 정치력을 행사하는 순간 수많은 추종자가 생기고, 그들이 힘을 모아 이스라엘을 독립시키려 할 것이라고 생각했다. 로마 정부로부터 정치 권력을 부여받은 그들로서는 예수님이, 그의 추종자들이 눈엣가시였다. 언제든 터질 수 있는 시한폭탄으로 생각했을 것이다. 그래서 예수님과 그분의 추종자들이 로마에 항거하지는 않을까, 반란을 일으키지는 않을까 항상 노심초사했다.

종교 지도자들이 유지하려 했던 유대 문화와 관습은 대부분 성전과 연관되어 있었다. 그리고 이스라엘의 특성상 그 땅의 종교적·정치적 영향력은 모두 '성전'에서 나왔다. 이러한 이유로 종교 지도자들은 로마의 통치 아래에서 자신들의 권력 유지(종교적·정치적)를 최우선 과제로 삼았다. 그래야 성전 체제를 유지할 수 있고 또 유대 문화와 관습을 유지할 수 있기 때문이다. 그들이 예수님을 죽이려 했던 것도 성전 체제를 유지하기 위해서였다. 그들은 예수님을 죽이는 것만이(예수님과 같은 혁명가들까지 포함하여) 엄혹한 로마의 통치 아래에서 권력을 유지할 방법이라고 생각했다.

그러나 그들의 생각은 틀렸다. 예수님의 죽음 이후 한 세대가(대략 30년) 채 지나기 전 성전은 무너졌다. AD 70년에 이르러 로마는 더는 이스라엘 땅에 관용을 베풀지 않았다. 이는 유대 민족이 로마에 항거하여 폭동을 일으키고 전면전을 펼쳤기 때문이다. 훗날 역사는 이 사건에 '유대인들의 반란(Jewish Revolt)'이라고 명명하였다.

반란의 시작은 AD 66년으로 거슬러 올라간다. 로마가 유대 땅에 파견한 총독 게시우스 플로루스는 이스라엘 백성에게 많은 조세를 부과했다. 하지만 생각만큼 세금이 잘 걷히지 않자 이를 벌충하기 위해 성전 헌금을 도적질했다. 이에 화가 난 유대인들이 로마에 반기를 들었고, 잠깐이긴 했지만 예루살렘 안에서 로마군을 제압하는 성과를 거두었다. 당시 열심당원들과(유대 땅에 대한 로마의 강제 점령을 끝내려는 정치 집단으로 '셀롯' 또는 '질럿'이라 불렸다) 반로마 혁명 집단은, "우리가 힘을 합치면 유대 땅에서 로마를 영원히 물리칠 수 있다"고 백성에게 확신을 주었다. 마침 수리아에서 추가로 파병한 로마 군대가 이들에게 패하자, 백성의 믿음은 한층 고조되었다.[4]

이때까지 로마의 네로 황제는 유대 땅과 그 인접 지역에 큰 관심이 없었다. 이 지역에 파견된 총독들은 그리 높은 계급의 관료가 아니었으므로 로마 군대 파병을 요청할 만한 자격이 되지 않았다. 네로뿐만 아니라 로마의 황제들 대부분은 유대 땅을 이처럼 낮게 평가하였다. 그러나 AD 67~68년, 유대인들이 예루살렘에서 로마 군대와의 싸움을 이어가자 네로는 유대인들의 반란을 진압하기 위해 당대 최고의 장군인 베스파시아누스와 6만 명의 군사를 파견했다.[5]

베스파시아누스 장군은 네로 황제를 실망시키지 않았다. 그의 군대는 갈릴리 지역을 초토화한 후 약 10만 명가량의 유대인을 죽이거나 포로로 잡아갔다.[6] 이후 그는 유대 지역을 점령했다. AD 69년, 네로가 자살하자 베스파시아누스가 황제의 자리에 올랐다. 베스파시아누스는 아들 티투스를 예루살렘으로 보내 반란 진압 작전을 마무리하게 했다.

그런데 티투스 장군이 반란을 진압하려고 예루살렘에 도착했을 무렵, 성안에서는 유대인들끼리 서로를 공격하고 있었다. 유대 땅 각지의 열심당원들은 나라의 주권 회복을 외치며 마지막 요새인 예루살렘으로 모여들었다. 그러나 친로마 성향의 유대 종교 지도자들은 이들을 지지하지 않았다. 이에 화가 난 열심당원들은 종교 지도자들을 죽이기 시작했다.

게다가 그들은 결사 항전을 외치며 예루살렘 주민이 수년간 먹고도 남을 식량 비축분을 모두 불태워 버렸다. 이처럼 결의에 찬 모습을 보이면, 두려워 숨어 있던 사람들도 자극을 받고 전면에 나설 것으로 생각한 것이다. 착각이었다. 로마 군대가 예루살렘을 포위한 상황에서 가뜩이나 식량 확보가 어려웠는데 열심당원들이 식량을 태우는 만행을 저지르자 이들을 지지했던 대중이 등을 돌리기 시작했다. 유대 역사가들은 예루살렘 안에서의 동족 간 대립이, 예루살렘 밖에서 로마 군대가 가한 공격보다 훨씬

더 큰 피해를 입혔다고 말한다.⁷

AD 70년, 드디어 로마 군대가 예루살렘의 방어벽을 뚫었다. 역사가 요세푸스는 로마 군대를 '마귀에게 사로잡혀 분노와 피에 굶주린 사람들'로 묘사했다. 그들은 분노를 뿜어내며 예루살렘을 파괴했고, 피에 굶주린 양 주민들을 학살했다. 로마 군대는 가옥과 건물들을 부순 후 성전 층계를 밟고 올라섰는데, 당시 성전 안에는 수많은 유대인이 숨어 있었다. 베스파시아누스 황제와 그의 아들 티투스 장군은 성전만큼은 파괴하지 말라고 만류했지만, 군사들의 비이성적인 분노는 극에 달했다. 그들은 성전에 숨은 사람들을 죽이고 불을 질렀다. 결국 하나님의 집은 화염에 휩싸였다. 거룩한 건축물이 불타오를 때 병사들은 손에 잡히는 대로 성전기물을 훔쳐 갔다. 이후 로마로 귀환하여 개선 행진하던 그들은 예루살렘에서 훔쳐 온 전리품들을 대중에 선전해 보였다.⁸

예루살렘은 말 그대로 폐허가 되었다. 그리고 이 전쟁, 이 학살로 인해 100만 명 이상의 유대인이 죽었다. 포로로 잡힌 9만 7천여 명을 포함하여 살아남은 사람들은 사람답게 살 수 없었다.⁹

성전은 단지 종교 건물이 아니었다. 성전은 유대인의 정체성 그 자체였다. 이스라엘은 전적으로 종교 국가였음을 기억하기 바란다. 이스라엘의 정체성과 깊게 연관된 세 요소는 다음과 같다. 첫째, 성전, 둘째, 각종 제사, 셋째, 제사장직이다.

하나님께서는 각종 제사를 통해 자신을 섬기도록 명령하셨다. 욤 키푸르(속죄일)와 같은 성일을 제정하신 분도 하나님이다(욤 키푸르에는 대제사장이 지성소에 들어가 분향하고 이스라엘의 죄를 속하기 위해 염소 두 마리를 하나님께 바치는데 한 마리는 제사로 드리고, 나머지 한 마리는 '아사셀 염소'로 광야에 풀어놓는다).

성전 안에서는 연중 다양한 제의가 진행된다. 의무인 속죄제, 속건제,

화목제, 자원제 및 번제, 소제 등등. 이스라엘 종교 시스템의 핵심은 짐승을 제물로 드리는 희생제를 통해 하나님께 더 가까이 나아가는 것이다. 하나님께서는 이러한 제사 행위들이 오직 '성전' 안에서만 이루어져야 한다고 명시하셨다. 그런데 성전이 없어져서 제사드리는 일이 불가능해지면 이후 유대인들은 어떻게 하나님께 나아갈 수 있겠는가?

게다가 하나님께서는 모든 제사 집전을 제사장들에게 맡기셨다. 율법에 의거하여 레위 지파 중 아론의 직계 후손만이 제사장이 되어 각종 예식과 제의를 행할 수 있다. 그동안 제사장들은 유대 민족의 대표로서 하나님 앞으로 나아갔다. 그러나 성전이 없어져서 제의도 사라져야 한다면, 제사장이 무슨 소용이 있겠는가?

성전 파괴가 유대 민족에게 얼마나 큰 피해인지 알겠는가? 하루 만에 유대 정체성을 떠받치는 세 개의 큰 기둥(성전, 각종 제사, 제사장직)이 무너졌다. 성전을 파괴한 로마 군인들은 이러한 사실을 알 리 없다. 유대 백성은 그렇게 폐허더미와 함께 버려졌다. 또다시 하나님께 버림받은 것 같았다.

새로운 유대인

성전이 무너져서 유대인은 더이상 이전의 생활방식을 유지할 수 없었다. 그러나 대참사를 피해 살아남은 종교 지도자들은 어떻게든 남아 있는 유대인들을 연합하기 위해 최선을 다했다. 물론 쉽지 않았다. 지도자 그룹 자체가 사라질 위기에 놓였기 때문이다.

예를 들어, 성전이 무너진 후 사두개인들은 서서히 자취를 감춰 버렸다. 이는 그들의 생활과 가르침이 성전 건물과 직결되었기 때문이다. 성전 파괴 후 사두개인들의 소멸은 자연스러운 수순이었다. 열심당원들은 어떤가? 그들은 종교 지도자는 아니지만, 정치 지도자 그룹의 일원이었다. 로마에게 제압당한 후, 열심당은 파괴된 성전처럼 와해되었고 결국 사라졌다.

그러나 바리새인과 랍비들은 살아남았다. 그들은 '유대인 정체성 회복'이라는 단 하나의 목적을 위해 AD 90년 얌니아(Yavneh, 야브네)에 모였다. 그래서 이 모임을 일컬어 '얌니아 공회'라고 부른다. 참고로 얌니아(야브네)는 그들이 모였던 지중해 해안가 마을의 이름이다. 예루살렘 성전이 파괴된 후 얌니아는 이스라엘의 영적 중심지로 자리매김했다. 특히 예루살렘이 로마에 포위되었을 때, 가까스로 도망친 랍비 요하난 벤 자카이가 얌니아로 이동하여 그곳에 랍비 기구를 설립했다.

얌니아 공회에 대한 논쟁거리는 많다. 이를테면 단 한 번 모였던 모임인지 아니면 수년에 걸쳐서 모인 회의기구였는지, 회의 참석자들이 유대교 정경(히브리 성경)을 확정했는지, 그러한 공회가 존재하긴 했는지…….

나는 역사가는 아니지만 수많은 랍비 문서를 확인한 결과, AD 90년 얌니아 공회를 통해 '새 유대교'가 촉발되었다는 것만큼은 확실하게 말할 수 있다. 성전 파괴 후 지금까지 계속된 유대교의 모습은 얌니아 공회 때 틀을 갖추었다. 이러한 의미에서 얌니아 공회는 매우 중요하다고 할 수 있다.

유대 학자 피터 시로코프와 엘리 리조킨-에이젠버그가 말했다.

현자들(랍비들)이 특별한 모임을 가졌는지, 또 성경에 대한 그들의 토론이 지속되었는지는 별문제가 되지 않는다. 왜냐하면 얌니아 공회의 중요성은 '유대교 정경의 확립'에 있지 않기 때문이다. 얌니아 공회는 흩어진 유대인들을 위한 '문화적 유대교', '종교적 유대교'를 살려 냈다. 바로 이 점이 얌니아 공회가 지닌 진정한 중요성이다.

AD 70년 이전 유대교는 다양한 분파로 나뉘어 있었다. 그런데 얌니아에 모인 랍비들은 의도적으로 '포괄적 유대교', '다원적 유대교', '비분파적 유대교'를 표방했다. 분파를 없애고 하나의 유대교로 통합하기 위해 비교적 느슨한 기준을 세웠다. 그들은 흩어진 유대인들이 새로운 환경에서 살아갈 때, 토라를 보다 유연하게 적용할 수 있도록 새로운 해석 틀을 제공하였다. 유연한 성경 해석으로 인해, 다양한 토라 해석과 적용 방식이 보장되었고 이에 따라 하나님과 이스라엘의 언약 관계를 새롭게 정립할 길도 열리게 되었다. 랍비들은 제사 제도, 제사장직, 성전이 없는(성전 중심성을 탈피한) 시대에 새로운 유대 신앙과 새로운 유대 생활양식의 가능성을 시사했다.[10]

얌니아 공회의 토론 주제는 '유대 민족의 생존'이었다. "문화, 관습, 전통, 종교 등 유대인의 생활양식이 자손 대대로 이어질 수 있겠는가?" "어떻게 해야 유대인의 생활양식이 지속하겠는가?" "한때는 삶의 큰 영역을 차지했던 각종 제의가 물리적으로 불가능해진 이런 시대에 유대인은 과연 무엇을 할 수 있는가?"

랍비들이 품은 근본 질문은 이것이었다. "성전이 사라진 판국인데, 무엇을 유대인의 정체성으로 삼을 수 있는가?"

벤 자카이와 랍비들의 답은 이것이었다. "새로운 예식과 전통!"

그들은 토라의 외부에서 율법을 보완할 방안을 마련했고 율법을 대체할 만한 새로운 예식도 만들었다. 변화의 스펙트럼은 매우 넓다. '확실한 대체'(이를테면 제단에 숫양의 피를 뿌리는 일이 더이상 가능하지 않으므로 이를 대체할 예식을 만듦)로부터 '새로운 계명의 창출'(이를테면 육류를 먹은 후에는 곧바로 유제품을 섭취하지 않고, 상당한 시간을 기다린 후에 섭취할 수 있다는 것)에 이르기까지 변화의 범위는 매우 넓다. 이러한 '새 기준들'로부터 오늘 우리가 '랍비 유대교(Rabbinic Judaism)'라 부르는 유대교의 새로운 형태가 나오게 되었다. 즉, 얌니아에서 탄생한 것은 유대인에 대한 '새로운 정의'였다. 이때부터 새로운 유대인이 출현하기 시작한 것이다.

과거 종교 지도자들과 동일한 가문 출신들이 새 유대교를 만들어 냈다

유대인들은 민족으로서의 정체성을 되찾기 원했다. 이 목적을 위해 얌니아 공회가 소집되었다. 유대 민족을 하나로 연합하려는 의도에서 출범하였기에 얌니아 공회는 유대 생활양식의 다양한 변화(변이)를 인정해야 했다. 물론 토라를 따라야 했으므로 과거와 유사한 몇몇 근본 요소들이 존재했지만, 새로운 표준들이 크게 대두되기 시작했다. 얌니아 공회가 마련한 새로운 표준들은 이내 새로운 관습과 새로운 전통으로 굳어졌다. 결국 유대교를 새롭게 정의해 주었다. 그런데 누가 이러한 표준을 만들었는가? 유대 민족을 새롭게 정의한 랍비들은 누구인가?

"그들은 누구인가?" 이것은 매우 중요한 질문이다. 특히 예슈아 하-마쉬아흐를 따르는 유대인 성도들에게는 더더욱 그렇다. 왜냐하면 이 새로운 표준에 반(反)예수 편향성이 내재해 있기 때문이다. 예수님이 돌아가신 지 한 세대밖에 지나지 않았음에도, 랍비들이 만든 새로운 유대교에는 나사렛 예수를 무시해도 되고 잊어도 된다는 암묵적 '합의'가 내재해 있었다.

그러므로 AD 90년은 유대 역사의 타임라인 속에서 매우 비극적인 시간대이다. 지나치게 열정적인 랍비들은 하나님의 명령에 따라 이 같은 기조를 잡았노라고 자부했다. 그들은 기독교를 반대하지 않았다. 이유는 간단하다. 아직 종교로서의 기독교가 형성되지 않았기 때문이다. 랍비들의 반감은 오직 '예수'에 대한, 또는 '감히 예수를 따르려는 사람들'에 대한 악감정이었다.

당신이 이 랍비들의 정체를 알면 그리 놀라지 않을 것이다. 유대교를 갱신하기 위해 얌니아에 모였던 지도자들은 예수님을 죽음으로 몰아갔던 종교 지도자의 손자들이었다. 예수님의 공생애 기간 중 종교 지도자들을 움직였던 동인이 예수님에 대한 질투심과 권력 상실에 대한 두려움이었음을 기억하기 바란다(질투심 때문에 그들은 예수를 죽이려 했다). 자연스럽게 그들은 반(反)예수 정서를 아들들에게 또 손자들에게 물려주었는데, 바로 그 손자들이 AD 90년 얌니아에 모여 유대교를 갱신했던 주역이다. 그들은 오늘날 우리가 '정통 유대교'라 부르는 유대 종교를 창시했다. AD 90년 이후 각 세대의 유대인들은 반예수 정서를 후대에 물려줄 수밖에 없었다. 그러므로 오늘날 유대교가 보이는 반예수 감정의 연원은 맨 처음 예수를 죽이려 했던 바리새인들에게까지 거슬러 올라가는 것이다.

유대인들은 예수를 따르는 일이 '유대적이지 않다'고 생각한다. 얌니아 공회 이후 지금까지 유대적인 것은 곧 '예수를 믿지 않는 것'을 뜻해 왔다. 그러나 유대인들은 왜 예수님을 믿어서는 안 되는지 그 이유를 알지 못한다. 예수님을 믿기로 결정하든, 예수님을 믿지 않기로 결정하든, 일단은 그분의 삶을 들여다봐야 할 것 아닌가? 하지만 유대인에게는 그러한 공부 자체가 허락되지 않는다. 게다가 왜 예수님의 삶을 들여다보면 안 되는지, 왜 그분과 관련된 성경(브릿 하다샤, 신약)을 읽으면 안 되는지 그 이유 또한 알지 못한다. 우리는 각자의 가정에서, 지역 공동체에서 "예수님을 믿어선 안 된다"는 점만 연거푸 확인할 뿐이다. 왜 그런가? 그것이 유대인의 전통이고 정체성이기 때문이다. 쉽게 말해, "유대인은 예수를 믿어선 안 된다!"

수많은 유대인이 예수님을 부인하고 있다. 그들은 2천 년 전 형성된 '새 유대교'의 핵심 기반에 반예수 정서가 의도적으로 주입되었다는 사실을 알지 못하고 자신도 모르게 이 증오의 덫에 빠져 버렸다. 참으로 비극적인 일이다.

예수님이 사역하시던 때, 종교 지도자들과 바리새인들은 질투심 때문에 그분을 증오했다. 예수님의 신성한 능력과 구약 성경에 대한 그분의 해박한 지식, 대중의 인기와 사랑을 질투한 것이다. 물론 종교 지도자들 스스로는 '성경을 잘 안다'고 자부했지만 그것은 어디까지나 자기 철학에 매몰된 성경 지식이었을 뿐이다. 열린 눈도, 열린 마음도 없었으므로 예슈아께서 구약의 모든 예언을 성취하셨다는 사실을 알지 못했고 알려고도 하지 않았다.

성전이 건재하던 시대와 성전 파괴 이후의 시대를 모두 겪었던 종교 지도자들은 선조들이 가졌던 반예수 정서를 고스란히 물려받았다. 그도 그럴 것이 그들 모두가 동일한 가문 출신 아닌가? 예수님의 공생애 기간 내내 이스라엘의 지도자들은 예수님께 위압감을 느꼈다. 마찬가지로, AD 90년경 새롭게 일어난 랍비들 역시 예수의 추종자들로부터(특히 '예수님이 여전히 살아 계시다'고 주장하는 그리스도인들로부터) 큰 위압감을 느꼈다. 그래서일까? 이들은 유대인의 기억 속에서 예수님의 존재를 아예 그 잔상까지 완전히 제거하길 원했다. 이렇게까지 예수님을 배척하는 열정으로 그들은 새 유대인 정체성을 만들어 냈다. 새 유대인 정체성 안에서 유대인들은 예수님과 관련된 모든 것을(아주 사소한 요소라도) 철저하게 배척한다. 새 유대교 안에서 유대인들이 예수님을 믿는 일은 가능하지 않다.

AD 90년 얌니아에 모인 랍비들의 계획은 대체로 성공했다. 오늘날 대부분의 유대인은 예수님을 믿어선 안 된다고 생각한다. 즉, 오래전 랍비들이 만들어 놓은 케케묵은 방침을 맹목적으로 받아들이는 것이다. 이유는 간단하다. '유대인은 그러면 안 되기' 때문이다. 오늘날의 유대인들은 과거의 편협성을 고스란히 물려받았다. 그래서 열린 마음으로 타나크를 보지 못한다. 그러니 2천 년 전의 바리새인들과 랍비들이 성공했다고 말하는 것이다. 유대인의 생활양식으로 굳어진 오늘날의 유대교는 예수 신앙과 절대 양립하지 못한다.

그러나 문제가 생겼다. 나 같은 사람이 등장하기 시작한 것이다. 나 같은 사람은 유대교와 예수 신앙, 이 둘의 양립이 가능하다는 것을 보여 주는 '살아 있는 증거' 아닌가? 유대인이면서 동시에 그리스도인일 수 있다. 충분히 가능하다! 유대교와 기독교는 상호 배타적이지 않다.

유대인은 생물학적으로 아브라함과 이삭과 야곱의 혈통을 따라 태어난 사람을 말한다. 그러므로 유대인이 되는 것은 개인의 신념이 아닌 혈통이 결정한다. 하나님께서는 유대인 남자아이가 태어나면 이스라엘 가문에 속했음을 나타내도록 태어난 지 8일째 되는 날 할례를 행할 것을 명령하셨다. 생후 8일 된 아기가 무슨 신념이 있고 믿음이 있겠는가? 그럼에도 그 아이는 할례를 통해 이스라엘 사람으로 여겨진다. 생물학적으로 아브라함과 이삭과 야곱의 후손이기 때문이다.

그러나 그리스도인이 되는 것은 혈통이 아닌 믿음에 달려 있다. 초대 예루살렘 교회의 구성원은 모두 유대인이었다. 혈통으로는 유대인이지만, 신념으로는 예수님을 믿는 자들이었다. 그들이 최초의 교회를 구성했다.

'그리스도(크리스토스)'는 '기름 부음 받은 자'란 뜻의 헬라어로서 히브리어 마쉬아흐(메시아)에 해당하는 단어이다. 하나님이 아들 예수를 '그리스도'로서 이 땅에 보내신 것은 이스라엘만을 위해서가 아니라 온 세상을 위해서였다. 그러므로 하나님은 우리에게 신약 성경을 주시되 히브리어가 아닌 헬라어로 된 신약 성경을 주셨다(헬라어는 당시 만국 통상 언어였다). 예수님은 모든 사람을 위해 보내심을 받은 그리스도이시다. 그러므로 누군가가 그리스도를(기름 부음 받은 예수) 따른다면 그는 혈통과 상관없이, 유대인이든 이방인이든 상관없이 그리스도인이 될 수 있다.

만일 예수님이 그리스도라면(기름 부음 받은 자, 메쉬아흐, 이스라엘의 약속된 메시아라면) 논리적으로 볼 때, 유대인으로서 예수님을 따르는 것만큼 '유대인다운' 일은 없을 것이다. 예수님은 궁극적 유대인이시고, 유대인의 왕이시고, '유대인 중의 유대인'이시다. 이러한 이유로 그분이 달리신 십자가의 죄패에는 이러한 타이틀이 기록되었다. "유대인의 왕 예수"(마 27:37). 예수님은 유대교의 전방위적 성취이시다. 예수님은 진정한 유대인이시다. 그러므로 유대인들이 유대인이신 예수님을 따른다고 해서 유대인의 정체성을 잃어버리는 일은 없다.

부디 이 놀라운 진리가 전 세계 수백만의 유대인을 자유롭게 풀어 주길 바란다. 영안이 열리면 그들 역시 내가 본 진리를 보게 될 것이다. 예슈아는 진정한 메쉬아흐이시다. 그분은 유다의 사자로서, 다윗의 아들로서 지금도 살아 계신다. 유대인들의 주이신 예수님은 참 유대인의 모범을 보여 주셨다. 그러므로 참 유대인이 되려면 그분을 따라야 한다.

각주

1. 스티븐 B. 모스트, J. P. 로렌소, E. 그레버, A. 벨처, C. V. 스미스 "눈 번 질투심? 애정에 대한 불안감은 감정을 요동치게 하여 시각 인식을 방해한다 *Blind Jealousy? Romantic Insecurity Increases Emotion-Induced Failures of Visual Perception*." 《Emotion》 10, no. 2 2010년, pp. 250-256.

2. 지나 브라이너 "연구 결과, 질투심은 실제로 우리의 눈을 멀게 한다 *Jealousy Really Is Blinding, Study Finds.*"《*Live Science*》2010. 4. 14, https://www.livescience.com/10986-jealousy-blinding-study-finds.html.

3. 쉬무엘 사프라이, M. 스턴 편집,《1세기의 유대인들: 역사적 지리, 정치적 역사, 사회 문화 종교적 생활과 제도 제2권 *The Jewish People in the First Century: Historical Geography, Political History, Social, Cultural and Religious Life and Institutions vol. 2*》(라이덴, 네덜란드, 브릴 아카데믹 출판, 1974) pp. 600-612.

4. 조셉 텔루쉬킨《고대 유대사: 유대인들의 반란 *Ancient Jewish History: The Great Revolt*》, 뉴욕: William Morrow and Co. 출판 1991. 2018년 5월 15일 접속 h쎄://www.jewishvirtuallibrary.org/the-great-revolt-66-70-ce.

5. 데이비드 구레비츠, "왜 베스파시아누스와 티투스는 예루살렘을 무너뜨렸는가? 예루살렘 멸망에 대한 로마의 정치적 관점 *Why Did Vespasian and Titus Destroy Jerusalem? The Roman Political Perspective on the Destruction of the City*" TheTorah.com, 2018. 5. 15 접속 http://thetorah.com/why-did-vespasian-and-titus-destroy-Jerusalem/:Telushkin, "Ancient Jewish History"

6. Ibid

7. Ibid

8. ibid

9. Ibid

10. 피터 시로코프, 엘리 리조킨-에이젠버그, "얌니아 공회와 구약 정경 *Council of Jamnia and Old Testament Canon*" Israel Institute of Biblical Studies, 2014. 3. 8, https://blog.israelbiblicalstudies.com/jewish-studies/jamnia/.

4장

신학적 위기

The LION of JUDAH

요즘 리얼리티 TV 쇼가 넘쳐난다. 여러 출연자 중 누군가에게 15분간의 명성을 허락해 준다면, 단연 데이비드 드루 하우(David Drew Howe)여야 할 것이다. 왜냐하면 그는 왕이기 때문이다.

하우는 메릴랜드 프레더릭 출신의 자동차 정비공이자 마흔다섯의 배 나온 아저씨이다. 이런 그에게서 왕손의 풍모는 찾아볼 수 없다. 왕국을 통치하는 위엄보다는 자동차 정비소에서 동료들과 시시덕거리는 모습이 훨씬 잘 어울린다.

어느 날 그는 인터넷 검색을 하다가 자신이 맨섬(Isle of Man)의 왕족임을 알아냈다. 맨섬은 잉글랜드와 아일랜드 사이에 위치한 아주 작은 독립 식민지이다. 영국에 포함되지는 않지만 이 섬의 정치와 외교는 영국이 담당한다.

2008년, 하우는 왕족 지위를 되찾겠다는 일념으로 〈런던 가제트London Gazette〉에 자신의 사연을 기고했다. 하지만 화제를 일으키지 못했고 그는 다시 한번 보도 자료를 낸 후 가족들과 맨섬으로 이주했다. 맨섬의 왕이 되기 위해서였다. 이때 리얼리티 TV 쇼의 제작진이 그의 모든 행보를 카메라에 담았다.[1]

프로그램 제목은 〈서든 로열Suddenly Royal〉이다. 제작진은 하우와 그의 아내와 딸이 지역 시민들의 지지를 받기 위해 노력하는 모습과 왕실 예절과 자문위원들에게 훈련받는 모습을 카메라에 담았다. 하우의 가족은 영국 여왕의 사촌이기 때문에(당신이 제대로 읽은 것이 맞다!) 윌리엄 왕세손과 케이트 미들턴의 왕실 결혼식에도 초대받았다.

그러나 TV 프로그램을 만들기 위해 시작한 하우 가족의 모험은 얼마 지나지 않아 난관에 봉착했다. 그들은 메릴랜드에서 3천 마일이나 떨어진 곳에서 냉랭한 왕족 생활을 이어가느니 차라리 평범한 블루칼라의 일상으로 돌아가는 게 더 낫다고 판단한 것이다. 왕좌에 오르기 위한 10년의 노력을 뒤로한 채 하우는 2017년에 이 여정을 포기했다.[2]

〈서든 로열〉의 가장 재미있는 장면 중 하나는 하우가 맨섬 주민들에게 다가가 "저는 여러분의 왕입니다"라고 자신을 소개했을 때였다. 주민 대부분은 난처해하는 표정을 짓거나 어이없다는 듯 큰 소리로 웃었다. 왕보다는 미국인 관광객에 더 가까운 모습이었기 때문에 하우와 술집에 앉아 대화하던 그 섬의 주민은 웃으면서 "농담이 지나치시네"라고 받아쳤다.[3]

만일 어떤 사람이 갑자기 나타나, "내가 너희들의 왕이다!"라고 외친다면 우리 대부분은 농담으로 여길 것이다. 그런데 그렇게 하신 분이 있다. 자신이 왕임을 나타내신 예수님의 태도와 행위는 결코 웃어넘길 일이 아니었다. 유대인들에게는 매우 심각한 문제였다. 물론 예수님께서 자신이 왕임을 명백하게 밝히신 것은 빌라도에게 심문받으시던 때뿐이었다. 게다가 직접 말씀하신 것도 아니었다. "네가 유대인의 왕이냐?"라는 빌라도의 질문에 "네가 그렇게 말하지 않았느냐?"라며 반문하신 정도였다(눅 23:3).

빌라도는 예수님의 이 말씀을 문제 삼으려 하지 않았다. 그래서 예수님의 죄패에 '유대인의 왕'(요 19:19)이라는 글귀를 적어 십자가에 매단 것 아니겠는가? 그것도 유대 지도자들의 면전에서 말이다. 이러한 빌라도의 행동은 유대인들의 심기를 건드렸다. 그런데 정작 그들의 마음을 불편하게 만든 것은 따로 있었다. 그들이 가장 큰 문제로 여긴 것, 즉 그들의 마음을 가장 불편하게 만든 것은, 예수님이 자신을 '하나님의 아들'이라고 말씀하신 것이다. 예수님께서 "나와 아버지는 하나이니라"라며(요 10:30) 하나님을 아버지라고 주장하셨을 때, 유대인들은 화가 머리끝까지 치밀어 올랐다. 그들은 더 기다릴 것도 없이 그 자리에서 예수님을 죽이려고 했다. 요한은 당시의 긴박한 상황을 이렇게 묘사하였다.

예루살렘에 수전절이 이르니 때는 겨울이라. 예수께서 성전 안 솔로몬 행각에서 거니시니 유대인들이 에워싸고 이르되 "당신이 언제까지나 우리 마음을 의혹하게 하려 하나이까? 그리스도이면 밝히 말씀하소서" 하니 예수께서 대답하시되 "내가 너희에게 말하였으되 믿지 아니하는도다. 내가 내 아버지의 이름으로 행하는 일들이 나를 증거하는 것이거늘 너희가 내 양이 아니므로 믿지 아니하는도다. 내 양은 내 음성을 들으며 나는 그들을 알며 그들은 나를 따르느니라. 내가 그들에게 영생을 주노니 영원히 멸망하지 아니할 것이요 또 그들을 내 손에서 빼앗을 자가 없느니라. 그들을 주신 내 아버지는 만물보다 크시매 아무도 아버지 손에서 빼앗을 수 없느니라. 나와 아버지는 하나이니라" 하신대 유대인들이 다시 돌을 들어 치려 하거늘 예수께서 대답하시되 "내가 아버지로 말미암아 여러 가지 선한 일로 너희에게 보였거늘 그 중에 어떤 일로 나를 돌로 치려 하느냐?" 유대인들이 대답하되 "선한 일로 말미암아 우리가 너를 돌로 치려는 것이 아니라, 신성모독으로 인함이니 네가 사람이 되어 자칭 하나님이라 함이로라." 예수께서 이르시되 "너희 율법에 기록된 바, 내가 너희를 신이라 하였노라 하지 아니하였느냐? 성경은 폐하지 못하나니 하나님의 말씀을 받은 사람들을 신이라 하셨거든 하물며 아버지께서 거룩하게 하사 세상에 보내신 자가 나는 하나님의 아들이라 하는 것으로 너희가 어찌 신성모독이라 하느냐? 만일 내가 내 아버지의 일을 행하지 아니하거든 나를 믿지 말려니와 내가 행하거든 나를 믿지 아니할지라도 그 일은 믿으라. 그러면 너희가 아버지께서 내 안에 계시고 내가 아버지 안에 있음을 깨달아 알리라" 하시니 그들이 다시 예수를 잡고자 하였으나 그 손에서 벗어나 나가시니라(요 10:22-39).

예수님과 논쟁한 유대인들은 자신이 하나님이라고 주장하는(그런 뉘앙스로 말하는) 이 사람(예수)을 돌로 쳐죽이려 했다. 유대인들은 그를 돌로 치는 것이 하나님을 위한 일이라고 진심으로 그렇게 믿었다.

예수님의 말씀을 들은 순간 그들 안에 도사리고 있던 종교의 영이 벌떡 일어섰다. 그들이 소리쳤다. "신성모독이다!" 그들은 율법의 수호자를 자처하고 나섰다. "이 나사렛 사람은 하나님을 자기 아버지라고 주장한다. 또 하나님이 자신과 함께 계신다는 헛소리를 하면서 하나님을 '인간 수준'으로 비하했다. 그는 지금 하나님의 이름과 성품을 더럽히고 있다!" 유대인의 율법에 의하면, 예수님은 하나님의 거룩하고 의로운 이름을 욕되게 하였으므로 죽어 마땅했다.

그리스도인인 우리는 십자가 편에 서 있음으로, 당시 예수님의 발언이 유대 사회에서 얼마나 큰 물의를 빚었는지 알지 못한다. 수 세기 동안 성부 하나님은 이스라엘 백성이 인식할 수 있을 만큼, 자신의 거룩함을 '근본 성품'으로 계시해 오셨다. 그분은 죄를 용납할 수 없는 거룩한 하나님이시다. 하나님께로 가까이 나아가기 위해 죄악 된 백성은 깨끗이 씻음받아야 했다.

하나님은 자신의 거룩함을 알리기 위해 때로는 파괴적인 일까지 서슴지 않으셨다. 웃사가 언약궤에 손을 댄 적이 있었다. 그 순간 하나님께서 그를 죽이셨다(삼하 6:6-7). 아론의 두 아들 나답과 아비후가 마치 다른 신을 섬기듯, 하나님께 나아갔을 때(하나님이 명하시지 않은 불로 분향함) 하나님께서 그들을 불태워 죽이셨다(레 10:1-3). 이 외에도 하나님의 거룩함을 무시했던 사람들이 끔찍한 심판을 받은 사건은 수없이 많다.

여기 나사렛 출신의 목수가 서 있다. 유대 지도자들의 눈에 그는 '나사렛 목수' 그 이상도 그 이하도 아니다. 그런 그가 "나는 야훼 하나님과 특별한 관계를 맺었다"고 주장한다. 하나님의 거룩함을 훼손한 것이다. 적어도 그들의 눈에는 그렇게 보였다.

이 사람은 제사장도, 제사장 가문 출신도 아니다. 누구도 그를 이사야나 예레미야 같은 선지자로 여기지 않았다. 예수를 힐난하는 유대인들이 볼 때, 그의 주장을 뒷받침할 만한 근거는 그가 제시한 특별한 가르침(그러나 그들에게는 매우 공격적인 가르침이었다)과 초자연적인 치유 기적 그리고 세례 중 하늘에서 소리가 울렸다는 '소문' 정도였다.

물론 이 증거만으로도 예수님이 메시아라는 사실은 충분히 입증된다. 만일 유대 지도자들이 열린 마음으로 타나크의 메시아 예언들을 살펴보았다면, 그들은 그 모든 예언이 예수님을 지목하고 있음을 쉽게 알아챘을 것이다. 그들이 예수님의 가르침을 좀 더 자세히 듣고, 아무 편견 없이 그분이 행한 기적을 바라보았다면 분명 진리와 만났을 것이다.

그러나 무언가가 이들이 믿음에 이르지 못하도록 막았다. 그 무언가는 예수님의 말씀 때문에 그들 스스로가 제기한 신학적 논제였다. "어떻게 하나님에게 아들이 있을 수 있는가?" 이 질문이 그들을 가로막았다. 그들은 예수님을 믿지 못했다.

나뉜 하나님(?)

유대 신앙의 핵심은 '한 분 하나님'이다. 유대교의 단일신(monotheism) 신학과 '창조되지 않은 신성' 교리는 유대교를 여느 다른 종교들과 구별시켰다. 즉, '한 분 하나님' 신학은 유대 신앙 체계의 중심에 자리하고 있다.

나는 오하이오주의 보수적 유대교 문화권에서 자랐다. 하지만 하나님에 관해 들어본 적이 별로 없고 그분에 대해 토론한 적은 더더욱 없다. 그럼에도 회당에 갈 때마다 '한 분 하나님'에 대해서 들을 수 있었다. "쉐마 이스라엘, 아도나이 엘로헤누, 아도나이 에하드!"(들으라, 오 이스라엘이여! 주는 우리의 하나님이시며 주는 한 분이시다. 신 6:4) 정통 유대교인들에게 이 말씀은 "하나님이 한 분이시라는 궁극적 증거"이다. 하나님께서 직접 말씀하시지 않았는가? 다시 한번 말하지만, 하나님이 한 분이라는 신학은 유대 신앙의 핵심이다.

이 점은 예수님 시대의 유대 지도자들에게도 마찬가지였다. 예수님은 그저 '나는 하나님의 아들'이라는 뉘앙스를 풍기셨을 뿐인데(직접 말씀하신 것은 단 두 번뿐이다) 그 말씀에 분노한 유대인들이 예수님을 죽이려고 득달같이 달려들었다.

그들은 생각했다. '하나님에게 아들이 있다면, 하나님의 신성이 나뉘는 것 아닌가?' 이는 그동안 그들이 알아 왔고 믿어 왔던 모든 지식에 반(反)하는 개념이었다. "하나님이 아버지이고 동시에 아들이실 수 있는가? 그렇다면 하나님은 한 분이 아니라 두 분인 것 아닌가?" 예수님의 주장은 그들의 신학 패러다임을 뿌리째 흔들어 놓았다.

유대인들은 우상숭배를 극도로 멀리한다. 이스라엘 역사 속에서 우상숭배만큼 큰 문제를 일으킨 것도 없기 때문이다. 그런데 지금 예수님께서 자신을 하나님의 아들이라며 '넌지시' 말씀하신다. 이 말을 들은 순간, 유대인의 머릿속엔 빨간색 경고등이 켜졌다. "저 사람은 우상숭배를 조장하는군! 아무 말도 못하도록 그의 입을 쳐야 한다."

예수님은 종종 하나님을 '아버지'라고 부르셨기 때문에 이를 듣는 유대 지도자들의 심기가 불편해지곤 했다. 하지만 예수님이 자신을 '하나님의 아들'이라 언급하신 것은 단 두 번뿐이고, 그것도 간접적으로(1인칭을 사용하지 않은 채) 말씀하셨을 뿐이다. 요한복음 5장을 펴보라.

내가 진실로 진실로 너희에게 이르노니 내 말을 듣고 또 나 보내신 이를 믿는 자는 영생을 얻었고 심판에 이르지 아니하나니 사망에서 생명으로 옮겼느니라. 진실로 진실로 너희에게 이르노니 죽은 자들이 **하나님의 아들**의 음성을 들을 때가 오나니 곧 이 때라. 듣는 자는 살아나리라. … 내가 아무 것도 스스로 할 수 없노라 듣는 대로 심판하노니 나는 나의 뜻대로 하려 하지 않고 나를 보내신 이의 뜻대로 하려 하므로 내 심판은 의로우니라(요 5:24-25, 30).

나사로가 병들었다는 소식을 듣고 예수님께서 이같이 말씀하셨다. "이 병은 죽을 병이 아니라 하나님의 영광을 위함이요, **하나님의 아들**이 이로 말미암아 영광을 받게 하려 함이라"(요 11:4).

예수님께서 드러내놓고 "**나는** 하나님의 아들이다"라고 말씀하셨는가? 그렇지 않다. 예수님은 자신을 '하나님의 아들'이란 3인칭 표현으로 설명하셨을 뿐이다. 다만, 사람들이 예수님의 특별한 타이틀을 언급하면, 그제야 "내가 그니라"라고 대답하시는 정도였다. 일례로 수가성 우물가의 여인과 대화하실 때 그렇게 하셨다. 그 여인이 "메시아, 곧 그리스도라 하는 이가 오실 줄을 내가 아노니"라고 말했을 때, 예수님께서 "네게 말하는 내가 그라"고 대답하셨다(요 4:25-26). 또 빌라도가 예수님께 "네가 유대인의 왕이냐?"라고 물었을 때도 마찬가지였다. 예수님께서는 간명하게 대답하셨다. "네 말이 옳도다"(눅 23:3). 제자들의 발을 씻기신 후에도 예수님께서 동일하게 말씀하셨다. "너희가 나를 선생이라 또는 주라 하니, 너희 말이 옳도다. 내가 그러하다"(요 13:13).

예수님은 사람들에게 자신의 신적(神的) 타이틀을 강요하시지 않았다. 이 사실을 주목하기 바란다. 예수님의 권위는 강요보다는 하나님과의 깊은 관계에서 우러나왔다. 예수님은 영원토록 하나님과 함께하시므로 굳이 대중에게 공표하지 않고도 하나님과의 '하나 됨'을 나타내실 수 있었다. 만일 예수님께서 자신의 신성 및 성자(聖子, divine sonship)의 위격을 하루빨리 드러내셨다면, 그만큼 유대 지도자들의 분노도 빨리 끓어올랐을 것이다. 그렇다면 이 땅에서 주님의 공생애 기간도 짧아졌을 것이다.

아버지와 아들의 하나 됨

만일 유대 지도자들이 하나님의 말씀을 종교적 지침 정도로 받아들이지 않고 성경에 담긴 진리 그대로를 계시받았다면, 그들의 신학이 잘못되었음을 일찌감치 깨달았을 것이다. 왜냐하면 타나크(구약)에는 – 적어도 구약의 세 개 본문에 – 성부 하나님과 성자 하나님의 '부자' 개념이 언급되었기 때문이다. 안타깝게도 그들은 말씀에 버젓이 나와 있는 '아버지 하나님', '아들 하나님'의 개념을 이해하지 못했다.

이 개념을 설명해 준 첫 번째 본문은 시편 2편이다. 시편 2편은 가장 잘 알려진 구약의 메시아 본문 중 하나이다. 이 시의 몇몇 구절은 마지막 때 펼쳐질 영적 대결을 이야기한다. 먼저 2절을 보자. "세상의 군왕들이 나서며 관원들이 서로 꾀하여 여호와와 그의 기름 부음 받은 자를 대적하며." 장차 이 땅의 여러 왕이 연합하여 "여호와와 그의 기름 부음 받은 자를" 대적할 것이다.

여기서 '기름 부음 받은 자'는 메시아이다. 몇 구절 더 내려가면, 하나님께서 기름 부음 받은 자에게 이같이 말씀하신 것을 볼 수 있다. "**너는 내 아들**이라. 오늘 내가 너를 낳았도다. 내게 구하라. 내가 이방 나라를 네 유업으로 주리니 네 소유가 땅 끝까지 이르리로다"(시 2:7-8). 이 시편은 주께서 세상의 왕과 재판관들에게 전하신 경고의 말씀으로 끝난다. "**그의 아들**에게 입 맞추라. 그렇지 아니하면 진노하심으로 너희가 길에서 망하리니 그의 진노가 급하심이라"(시 2:12). 이 시에 설명된 대로 **아버지 하나님**께서는 **아들 하나님**께 나라와 영광을 주신다.

아버지-아들 하나님의 테마가 담긴 구약의 또 다른 본문은 시편 110편이다. 이 시 역시 메시아 시편이고 몇몇 구절은 신약 성경에 여러 번 인용되었다. 저자인 다윗은 얼핏 혼란스러워 보이는 진술로 첫 구절을 읊는다. "주께서 내 주에게 말씀하시기를 '내가 네 원수들로 네 발판이 되게 하기까지 너는 내 오른쪽에 앉아 있으라' 하셨도다"(시 110:1). 바리새인과의 대화 중 예수님께서 이 구절을 인용하여 말씀하셨는데, '아버지-아들'의 관계를 하나님께 투영한다는 것은 고려 대상조차 될 수 없었던 그들의 신학 때문에 바리새인들은 예수님의 설명을 듣고 어리둥절해 했다.

"이르시되 그러면 다윗이 성령에 감동되어 어찌 그리스도를 주라 칭하여 말하되 '주께서 내 주께 이르시되 내가 네 원수를 네 발 아래에 둘 때까지 내 우편에 앉아 있으라 하셨도다' 하였느냐?"(마 22:43-44) 예수님의 설명 덕분에 우리는 시편 110편을 쉽게 이해할 수 있게 되었다. 이 구절에서 맨 처음 나오는 '주'는 성부 하나님을 지칭한다. 그리고 두 번째로 나오는 '내 주'는 성자 하나님, 곧 메시아를 말한다. 그러므로 시편 110편 1절은 "성부 하나님께서 내 주, 성자 예수님에게 말씀하시기를 '내가 네 원수들로 네 발판이 되게 하기까지 너는 내 오른쪽에 앉아 있으라' 하셨도다"로 해석할 수 있다. 이 시에서 '아들'은 하나님께 능력을 받아 나라들을 심판하는 재판관으로(시 110:6), 또 멜기세덱의 서열을 따르는 영원한 제사장으로 그려졌다(시 110:4).

타나크(구약 성경) 안에는 삼위 하나님의 상호관계를 유추할 수 있는 근거 구절들도 많다. 그중 다니엘서는 마지막 날, 아버지-아들의 관계가 어떻게 풀어질지 시각적으로 탁월하게 보여 준다. 다니엘은 특히 마지막 때, 영원하신 창조주 하나님 '사이'에서 권력 이양(exchange)이 있을 것을 (삼위 하나님의 내재적 통치 이양) 말해 주었다.

그는 하나님을 '옛적부터 항상 계신 이(Ancient of Days)'라고 불렀다. 하나님의 영원성을 설명한 이 호칭은 오직 다니엘서에만 등장한다(단 7:9, 13, 22). 그의 환상 중 옛적부터 항상 계신 이께서 불붙은 보좌에 앉으신다. 천천과 만만의 피조물은 하나님을 섬기기 위해 보좌 앞에 서 있다. 그때 인자 같은 이가 하나님께로 나아간다.

> 내가 또 밤 환상 중에 보니 '인자 같은 이'가 하늘 구름을 타고 와서 '옛적부터 항상 계신 이'에게 나아가 그 앞으로 인도되매 그에게 권세와 영광과 나라를 주고 모든 백성과 나라들과 다른 언어를 말하는 모든 자들이 그를 섬기게 하였으니 그의 권세는 소멸되지 아니하는 영원한 권세요, 그의 나라는 멸망하지 아니할 것이니라 (단 7:13-14).

여기 어떤 일이 일어나고 있는지 볼 수 있는가? 다니엘은 아버지로부터 아들에게 권력이 승계되는 과정을 본 것이다. 아버지께서 온 세상을 아들에게 넘겨주신다. 그 아들에게 결코 소멸되지 않고 멸망하지 않을 나라를 건네주신 것이다. 아들이 영원하신 것처럼 그 나라 역시 영원할 것이다.

이 구절이 중요한 이유는 '인자 같은 이'로 표현된 분이 바로 하나님의 아들, 메시아이기 때문이다. 흥미로운 사실은 예수님을 칭하는 여러 타이틀 중 예수님께서 가장 많이 사용하신 타이틀이 '인자'이다. 예수님은 다니엘서에 나오는 '인자'를 자신에게 적용하시고 언급하셨다.

아버지께서 아들에게 모든 권세와 통치 권한을 주셨다. 아들 역시 하나님으로서 영원한 나라를 통치하신다. 그렇기 때문에 예수님은 제자들에게 이같이 말씀하실 수 있었다. "하늘과 땅의 모든 권세를 내게 주셨으니"(마 28:18).

오직 성자 하나님(예수 그리스도)만이 성부 하나님의 뜻을 행하실 수 있다(요 5:19). 예슈아는 성부 하나님의 거울 이미지(반영, 反影)이므로 "나와 아버지는 하나이니라," "나를 본 자는 곧 아버지를 본 것이니라," "내가 아버지 안에, 아버지께서 내 안에 계시니라"(요 10:30, 14:9, 11)고 말씀하실 수 있었다.

성경은 예수님의 '아들 됨(Sonship)'과 하나님의 '아버지 되심(Fathership)'을 언급한다. 이 독특한 부자(父子) 관계 속에서 성부 하나님이 예수 그리스도를 통해 행하신 일들도 성경에 언급되어 있는데, 성경이 말하는 '성부-성자'의 특징 중 적어도 세 가지 정도는 기억하는 것이 좋다.

1. 성부 하나님은 아들을 통해 세상을 창조하셨다. 사도 요한은 예수님을 '말씀'으로 정의하며 그가 태초부터 '하나님과 함께' 계셨다고 설명한다. 왜냐하면 예수님이 하나님이시기 때문이다. 예수님은 처음부터 하나

님과 함께 계셨다. 세상 모든 만물은 예수님을 통해 창조되었다. 창조된 것 중 예수님 없이 창조된 것은 아무것도 없다(요 1:1-3 참고). 예수님은 하늘에서 방관자처럼 지내다가 자신의 때가 도래하여 이 땅에 내려오신 것이 아니다. 예수님은 처음부터 하나님이셨다. 성경은 이렇게 말한다. "만물이 그에게서 창조되되 하늘과 땅에서 보이는 것들과 보이지 않는 것들과 혹은 왕권들이나 주권들이나 통치자들이나 권세들이나 만물이 다 그로 말미암고 그를 위하여 창조되었고"(골 1:16).

2. 성부 하나님은 아들을 통해 사람들을 구원하신다. 아버지-아들의 관계를 명확히 설명한 요한일서 4장 14절을 읽어 보자. "아버지가 아들을 세상의 구주로 보내신 것을 우리가 보았고 또 증언하노니." 오늘날 사람들이 가장 좋아하는 성경 구절도 이와 동일한 메시지를 전달한다. "하나님이 세상을 이처럼 사랑하사 독생자를 주셨으니 이는 그를 믿는 자마다 멸망하지 않고 영생을 얻게 하려 하심이라. 하나님이 그 아들을 세상에 보내신 것은 세상을 심판하려 하심이 아니요 그로 말미암아 세상이 구원을 받게 하려 하심이라"(요 3:16-17). 우리가 믿는 바, 하나님은 아무도 멸망하지 않기를, 모든 사람이 구원받기를 원하신다. "오직 주께서는 너희를 대하여 오래 참으사 아무도 멸망하지 아니하고 다 회개하기에 이르기를 원하시느니라"(벧후 3:9). "하나님은 모든 사람이 구원을 받으며 진리를 아는 데에 이르기를 원하시느니라"(딤전 2:4). 하나님은 아들 예슈아 하-마쉬아흐를 통해 우리를 구원하기로 선택하셨다(여기서의 구원은 한 번 주어지는 영원한 구원 및 날마다 지속해서 구원을 향해 우리를 인도하시는 하나님의 은혜를 말한다).

3. 성부 하나님은 아들을 통해 다스리신다. 메시아 시편과 다니엘의 환상에서 우리는 하나님의 통치 방식을 보았다. 어느 한 시점에 이르러 성부 하나님은 모든 통치권을 아들에게 넘기실 것이다. 아들은 영원한 왕으로서 하나님 나라를 다스리실 것이다. 요한계시록 11장 15절이 이 사실을 입증해 준다. "세상 나라가 우리 주와 그의 그리스도의 나라가 되어 그가 세세토록 왕 노릇 하시리로다"(계 11:15).

삼위일체

1980년대 초, 나는 조지아주 북부 작은 산기슭에 위치한 토코아 폴즈 대학(Toccoa Falls College)에 다녔다. 감사하게도 그 학교는 성경의 진리 위에 견고하게 서 있었다. 하지만 학생으로서 나는 학교의 지도자들이(교수들) 열린 마음으로 성령의 은사를 바라보지 않는다는 것에 아쉬움을 느꼈다. 특히 방언 은사에 대해서는 상당히 부정적이었다.

성경 과목 수업 중 이런 사실이 확연해졌다. 수업의 주제는 '마귀가 어떻게 사람들을 공격하는가'였다. 커리큘럼에 따라 우리는 축사 사역자의 간증이 담긴 테이프를 들었다. 그는 자신이 축사했던 사람 중 다수가 방언을 받기 위해 노력하다가 귀신에 들렸다고 설명했다. 내게 그의 말은 큰 충격이었다. 비은사주의적인 학풍 때문인지(특히 방언에 대한 부정적 시선) 학업 과정을 수료한 후, 방언에 대한 내 관심은 자연스럽게 사라져 버렸다.

하지만 그 학교에는 오늘날도 성령께서 은사를 주신다고 믿는 학생들이 더러 있었다. 그중에는 내 친한 벗도 있는데, 나는 그를 '존'이라고 부르겠다. 하루는 존이 우리 부부를 저녁 식사에 초대했다. 함께 식사한 후, 존과 나는 성령의 은사들에 관해 이야기했다. 먼저 그는 방언 은사에 대해 언급했다.

아뿔싸! 존은 방언 은사를 받았다고 말하는 것 아닌가? 마음속으로 '존을 경계해야겠다'고 생각했으나 그가 말하는 동안 성령께서 내 마음에 확신을 주시는 걸 느꼈다. "애야, 존의 말은 사실이다. 방언은 실재(實在)한다. 방언은 내가 주는 좋은 선물이란다."

존은 잠시 말을 멈추고 내게 물었다.

"지금 혹시 마음에 어떤 감동이 들지 않니?"

"아니, 아무 느낌 없는데……."

나는 그날 거짓말한 것을 지금까지 후회한다. 존의 설명은 무척 낯설었다. 방언 은사를 위해 기도하면 안 된다고 배웠기 때문에 나는 방언을 두려워했다. 그러나 지금 내 생각은 180도 달라졌다.

물론 "성령 충만하려면 반드시 방언을 해야 한다"는 말에는 절대 동의하지 않는다. 또 "방언을 하면 더욱더 거룩해진다"는 말에도 절대 동의할 수 없다. 그러나 방언은 내 삶의 매우 소중한 '은사'라고 당당하게 말할 수 있다. 하나님께서 내게 은혜를 주시고 또 오랫동안 나를 기다려 주셨음에 감사드린다.

낯선 것을 수용하기란 결코 쉽지 않다. 꺼림칙하고 부담스럽다. 근심과 두려움을 느끼기까지 한다. 심지어 그 낯선 것이 '진리'라고 해도, 우리는 그것을 받아들여야 한다는 정도만 인식할 뿐, 실제로는 받아들이지 못할 때가 많다. 낯선 것의 실체를 제대로 이해하지 못하면 부담감은 배가된다.

예수님께서 성부 하나님과 자신의 관계를 '아버지-아들'의 관계로 설명하셨을 때, 유대 종교 지도자들이 느꼈을 감정이 '이와 같지 않았을까?' 생각해 본다. 그분의 말씀을 듣는 동안, 종교 지도자들은 예수님이 유대인의 신앙을 철저히 배격한다고 생각했을 것이다. 그들은 한 분 하나님을 섬겨왔다. 하지만 예수님의 말씀 속 하나님은 분명 '둘로 나뉜' 하나님으로밖에 볼 수 없으니, 그들이 듣기에 꺼림칙하고 부담스러운 것 아닌가?

오늘날도 유대인들은 그리스도인의 신앙과 삼위일체 교리에 대해 이와 동일하게 반응한다. 정통 유대교 문화에서 성장한 그들은 '쉐마'의 '한 분 하나님'을 신앙의 근간으로 삼는다. 반면 그리스도인은 삼위일체, 곧 성부, 성자, 성령의 하나 됨을 내세운 사도신경을 신앙의 근간으로 삼는다. 정통 유대교도들에게 삼위일체의 개념은 말이 안 되는 교리이다. 그리스도인이 이 교리를 아무리 열심히 잘 설명해도 유대인들에게 삼위일체는 그저 "서로 다른 세 분의 하나님이 존재한다"는 말로밖에 안 들린다. 그들은 결코 '삼신(三神) 신앙'을 받아들일 수 없다.

정통 유대교와 기독교가 분리된 여러 이유 중 중요한 것 하나가 바로 삼위일체에 대한 몰이해(부족한 이해)이다. 오늘날 랍비 유대교(Rabbinic Judaism)를 탄생시킨 얌니아 공회에서 바리새 전통을 따르는 랍비들은 삼위일체 교리에 대해 명확한 선 긋기 작업을 했다.

역사가들은 AD 90년 얌니아 공회가 성사되었을 때, 삼위일체 교리는 유대 지도자들이 경계할 만큼 그리 만연하지 않았다고 주장한다. 삼위일체 개념을 담아낸 최고(最古)의 기록이 AD 110년에 이르러야 나타난다는 것이 그들 주장의 근거이다(안디옥의 교부 이냐시오가 기록한 작품에서).[4]

그러나 삼위일체 개념이 교부(敎父, church fathers) 시대에 이르러서야 대중에 알려졌다고 해서, 그 교리를 교부들이 처음 만들어 냈다고 생각하면 오산이다. 삼위일체 신학의 연원은 예수님이 남기신 말씀으로 거슬러 올라간다. 예수님께서 제자들에게 지상명령을 주셨다. "그러므로 너희는 가서 모든 민족을 제자로 삼아 **아버지와 아들과 성령**의 이름으로 세례를 베풀고 내가 너희에게 분부한 모든 것을 가르쳐 지키게 하라. 볼지어다.

내가 세상 끝날까지 너희와 항상 함께 있으리라 하시니라"(마 28:19-20).

예수님의 이 말씀이 신약에 등장하는 삼위일체에 대한 첫 번째 언급이다. 그러나 예수님의 말씀이 유일한 언급은 아니다. 베드로가 이 땅 도처에 흩어진 성도들에게 전한 인사말을 살펴보자. "곧 **하나님 아버지**의 미리 아심을 따라 **성령**이 거룩하게 하심으로 순종함과 **예수 그리스도**의 피 뿌림을 얻기 위하여 택하심을 받은 자들에게 편지하노니 은혜와 평강이 너희에게 더욱 많을지어다"(벧전 1:2). 베드로의 안부 인사에 성부, 성자, 성령이 언급되어 있음을 확인하라. 사도 바울도 다음과 같은 인사말로 고린도에 보내는 편지를 마무리했다. "**주 예수 그리스도**의 은혜와 **하나님**의 사랑과 **성령**의 교통하심이 너희 무리와 함께 있을지어다"(고후 13:13). 모르긴 해도 삼위일체의 언급이 가장 명확하게 나타나 있는 것은 사도 요한의 서신이 아닐까 생각한다. "(하늘에서) 증언하는 이가 셋이니 (**아버지**와 **말씀**과 **성령**이시라. 이 셋은 하나이시니라)"(요일 5:7). (위 구절의 괄호 속 내용은 KJV에 기록된 말씀으로, 한글 개역 개정에는 나오지 않는다. 저자가 인용한 KJV의 해당 구절을 역자가 번역했다. – 역자 주)

삼위일체의 신비는 하나님이라는 본질(ousia)이 세 위격(hypostasis, 성부, 성자, 성령)으로 존재한다는 개념이다. 위격은 셋이지만 본질은 하나이므로 하나님은 한 분이시다. 이러한 삼위일체의 진리는 창조의 이야기로까지 거슬러 올라간다. 모세가 기록한 창세기 1장을 보라. "**하나님의 영**은 수면 위에 운행하시니라"(창 1:2). 그렇게 창조의 이야기가 열리면서 우리는 성부 하나님이 '말씀'(성자 하나님)을 통해 세상을 창조하신다는 사실을 알게 된다(창 1:1-3). 게다가 하나님께서 사람을 만드실 때에는 이같이 말씀하셨다. "**우리**가 **우리**의 형상을 따라 사람을 만들자"(창 1:26 참고).

정통 유대교의 주장처럼 만일 하나님이 '단수'의 하나님이시라면 '우리'라는 대명사는 어떻게 설명할 수 있다는 말인가? 이를 설명하기 위해 많은 학자들이 다양한 신학 견해를 피력했지만, 각설하고 '우리'라는 대명사는 유대교의 단일신론에 위배되는 개념 아닌가? 혹 하나님이 연세가 많으셔서 자신이 혼자임을 잊고 '우리'라고 말씀하신 것인가?

나는 어느 랍비가 이 구절을 다음과 같이 주해한 것을 읽었다. "하나님께서 하늘의 천사들에게 '우리가 우리의 형상을 따라 사람을 만들자'고 말씀하신 것이다. 그래서 '우리'라는 대명사를 쓰셨다."

그렇다면 우리 존재의 일부분은 천사의 형상을 따라 지음받았다는 말인가? 하지만 바로 다음 구절이 우리가 하나님의 형상대로 지음받았지 천사의 형상대로 지음받지 않았음을 알려 준다. "하나님이 자기 형상 곧 **하나님의 형상대로** 사람을 창조하시되"(창 1:27). 이 구절을 자세히 살펴보라. 성경은 우리가 하나님의 형상대로 지음받은 사실을 강조하기 위해 '하나님이 자기 형상', '곧 하나님의 형상' 이렇게 두 번이나 하나님의 형상을 언급했다. 확실히 하나님께서는 '자신'에게(스스로에게) 말씀하시면서 복수 대명사 '우리'를 사용하셨다. "우리가 우리의 형상을 따라 사람을 만들자"(창 1:26 참고).

하나님이 홀로 계신다면 왜 혼잣말을 하시는가? 너무 외로우셔서 자신의 목소리라도 듣고 싶으셨던 것인가? 절대 아니다. '하나님'이라는 본질 안에 '세 위격'이 존재한다는(내재적 삼위) 신비(미스터리)에 있다.

성경은 하나님을 사랑으로 정의한다(요일 4:8). 그런데 정의상 사랑에는 주체와 대상이 필요하다. 사랑하는 주체와 사랑받는 대상이 있어야 한다는 뜻이다. 천지가 창조되기 전을 생각해 보자. 영원하신 하나님은 그때에도 계셨다. 하나님의 존재 자체가 사랑이시라면, 그때에도, 즉 천지가 창조되기 전에도 사랑받을 존재가 있어야 하는 것 아니겠는가? 그렇지 않으면 하나님의 성품, 사랑은 설 곳이 없다.

성부 하나님은 성자 하나님을 영원토록 사랑하신다. 이 말은 성자 하나님 역시 성부 하나님처럼 영원토록 존재하신다는 뜻이다. 어떤 역본은 요한복음 1장 18절을 "성자께서 '아버지의 품'에 계시다"(KJV)고 번역했고, 다른 역본은 그가 "아버지의 마음 가까이에 계시다"고 번역했다(NLT). 그러나 나는 성부와 성자의 신비한 관계를 다음과 같이 묘사한 NIV의 번역을 좋아한다. "성자께서는 성부와 '가장 가까운' 관계 안에 거하시기 때문에 아버지가 누구인지 (우리에게) 알려 주셨다."

물론 신약에만 성부, 성자, 성령의 관계가 설명된 것은 아니다. 타나크에도 삼위 하나님의 관계가 설명되어 있다. 구약 성경은 삼위 하나님의 친밀함을 설명하기 위해, 땅 위의 가장 유사한 개념을 예로 들어 설명했는데 그것은 결혼이다. 토라는 이같이 명령한다. "이러므로 남자가 부모를 떠나 그의 아내와 합하여 둘이 한 몸을 이룰지로다"(창 2:24). 결혼은 남편과 아내, 각 사람이 연합하여 하나가 되는 과정이다.

"둘이 연합하여 하나가 되다!" 이것은 성부 하나님과 아들 성자 하나님의 관계를 보여 주는 그림이다. 성부와 성자께서는 단일 연합(singular unity)이 아닌 복합 연합(compound unity)을 이루셨고 성령께서는 성부와 성자의 연합을 단단하게 붙들어 주신다. 하나의 신성(Godhead, 본질) 안에 성부와 성자와 성령의 복합 연합이 존재하는 것이다. 각각의 위격은 온전한 사랑과 교제 안에서 서로를 존중하신다.

성육하신 하나님

이 장에서 나는 예수님의 '아들 됨(sonship)' 그리고 그분이 성부와 동일한 신성(equality with God)을 지니셨다는 사실을 설명하기 위해 많은 성경 구절을 인용했다. 그 구절들의 대부분은 요한복음에 기록되어 있다.

많은 이들이 요한을 예수님과 가장 친했던 제자라고 말한다. 그러한 요한이 예수님의 신성을 설명했다는 사실이 의미심장하다. 이는 결코 우연이 아니다. 성령의 영감 안에서 예수님과 가장 친밀했던 요한이 삼위일체의 영원한 미스터리를 공개하였다. 요한은 예슈아를 십자가에 못박은 유대 지도자들에게 "그분이 바로 메시아였다"고 말하기 위해 그같이 했을 것이다. 요한과 모든 종교 지도자들이 유대인이라는 사실을 고려할 때, 이는 충분히 이해할 만한 설명이다. 예수님을 하나님의 아들로 믿지 못하게끔 방해하는 전통 유대교 패러다임을 무너뜨리기 위해 요한은 삼위일체의 신비를 복음서 안에 담았다.

유대인들이 예수님을 하나님으로 믿지 못한 이유, 즉 그들을 넘어뜨린 또 다른 신학적 장애물은 '성육신' 교리이다. "어떻게 하나님이 육체로 나타나실 수 있단 말인가?"

인간 예수를 하나님으로 믿는 일은 "하나님이 신(神)의 지위를 버리고 자기 자신을 피조물로 격하시키셨다"고 믿는 것과 같다. 이는 유대교 신앙을 송두리째 뒤흔들 만한 도전이었다. 유대인들은 '영'으로 존재하는 거룩한 신성이 자신을 낮추어 인간 육체로 태어났다는 개념을 이해하지 못한다. 그들은 영을 가장 고상한 존재 형태로 인식한다. 비유하자면, 빌 게이츠가 인도 뭄바이의 슬럼가에 들어가 살기를 자처하는 격이랄까? 영국 여왕이 왕관을 던져 버리고 매음굴로 들어가 사는 격이다. 유대인의 신앙 체계 속에서 이러한 일은 절대 일어나지 않는다. 그런데도 요한은 다음의 강력한 말씀으로 서슴없이 포문을 열었다.

태초에 말씀이 계시니라. 이 말씀이 하나님과 함께 계셨으니 이 말씀은 곧 하나님
이시니라. 그가 태초에 하나님과 함께 계셨고 만물이 그로 말미암아 지은 바 되었
으니 지은 것이 하나도 그가 없이는 된 것이 없느니라. 그 안에 생명이 있었으니
이 생명은 사람들의 빛이라. 빛이 어둠에 비치되 어둠이 깨닫지 못하더라…**말씀이
육신이 되어 우리 가운데 거하시매** 우리가 그의 영광을 보니 아버지의 독생자의
영광이요 은혜와 진리가 충만하더라(요 1:1-5, 14).

"말씀이 육신이 되어 우리 가운데 거하신다." 바꿔 말하면, "하나님 스스로 인간의 몸을 입으셨다"는 것 아니겠는가? 유진 피터슨은 《메시지 성경》에서 이 구절을 이렇게 번역했다. "그가 육체를 입고 우리 사는 마을로 이주해 오셨다(He put skin on and moved into the neighborhood)." 이것은 전통적 유대교인도, 예수님 시대의 유대교인들은 물론 오늘날의 유대인들도 받아들이기 어려운 개념이다. 그리고 유대교와 기독교를 나눠놓은 또 다른 원인이다. 유대인들이 가진 신성의 개념은 지극히 고상하다. 그렇기 때문에 하나님께서 인간의 형체로 내려오셨다는 말을 듣는 순간, "아, 하나님이 거룩함을 포기하셨다고? 말도 안 돼."라며 비아냥거린다. 유대교인들의 전통적 신관(神觀)에 의하면, 하나님을 친밀하게 아는 일은 불가능하다. 그들에게 하나님은 친밀한 관계를 맺을 대상이, 그런 분이 아니시다. 그들은 이렇게 생각한다. "우리는 하나님께 복종할 수 있다. 그러나 하나님을 친밀하게 알 수는 없다."

나와 친한 랍비가 겪은 일화이다. 과거 그는 랍비 수업을 받던 중 어느 은사주의 교회를 방문했다. 그는 교회 회중이 하나님과 친밀한 관계를 누리고, 하나님께 큰 소리로 사랑을 고백하는 모습을 보며 큰 감명을 받았다. 그날의 체험 이후 그 친구도 이와 같은 방식으로 하나님을 알아가기 위해

노력하기 시작했다. 다만, 유대교의 길을 통해 그같이 하려고 시도했다.

랍비 후보자 훈련이 무르익던 어느 날, 회당 비마(강단)에 올라 강론할 기회가 주어졌다. 단상에서 그는 은사주의 교회를 방문했던 소감을 말한 후, 그 경험을 통해 하나님을 더욱 친밀하게 알고 싶은 열정이 생겼노라고 고백했다. 그리고 자리로 돌아와 앉았는데 회당 예배가 끝난 후, 책임자 랍비가 다가와서 이렇게 말했다. "하나님에 대해 그렇게 말하지 마라. 하나님을 친밀하게 알 수 있다는 가능성조차 언급하지 마라. 우리는 하나님에 '대하여' 알 수 있을 뿐이지, 그분을 친밀하게 알 수는 없다. 우리의 임무는 그저 그분의 말씀에 순종하고 그분의 계명을 지키는 것이다."

이 랍비처럼 수많은 유대인이 하나님과의 친밀한 관계를 놓치고 있다. 얼마나 큰 비극인가? 그들은 하나님께서 율법을 지키라고 명령하셨을 뿐, 자신을 알리지는 않으셨다고 믿는다. 그러나 하나님은 가까이 다가갈 수 있고, 친밀하게 알아갈 수 있는 분이다. 토라가 그 사실을 말해 주고 있다. 출애굽기 33장 11절이다. "사람이 자기의 친구와 이야기함 같이 여호와께서는 모세와 대면하여 말씀하시며."

하나님은 교제하려고 사람을 창조하셨다. 모세가 하나님을 친밀하게 알았듯 우리도 그렇게 하나님을 알 수 있다. 이것이 하나님께서 우리를 창조하신 목적이다. 하나님은 이 친밀한 교제 안으로 끊임없이 우리를 부르신다. 이 땅의 역사는 하나님과 친밀히 만났던 사람들의 이야기로 가득하다. 그들이 하나님과 친밀하게 만났을 때, 그들의 삶은 영원토록 변화되었다. 이러한 관계를 너무나 갈망하신 하나님은 우리와 '얼굴을 마주하려고' 기꺼이 인간의 몸으로 내려오셨다.

창세기 18장에는 아브라함과 하나님의 만남이 기록되어 있다. "여호와께서 마므레의 상수리나무들이 있는 곳에서 아브라함에게 나타나시니라.

날이 뜨거울 때에 그가 장막 문에 앉아 있다가 눈을 들어 본즉 사람 셋이 맞은편에 서 있는지라 그가 그들을 보자 곧 장막 문에서 달려나가 영접하며 몸을 땅에 굽혀"(창 18:1-2).

어떻게 이런 일이 가능한지는 알 수 없지만, 아브라함은 그 세 사람이 범인(凡人)이 아니었음을 직감했던 것 같다. 대부분의 성경 역본에 이들의 존재는 '사람'으로 번역되었지 '천사'나 '초자연적 존재'로 번역되지 않았다. 이 사실이 중요하다. 그들이 '사람의 몸'을 입고 있었다.

창세기 18장 1절은 담담한 어조로 "여호와께서 아브라함에게 나타나시니라"라고 말한다. 그러니 여호와 외의 다른 어떤 영적 존재를 염두에 둘 필요는 없다. 아브라함이 그분을 보자마자 '여호와 하나님'이심을 알아보았다는 사실이 놀랍지 않은가? 엎드려 절한 후, 아브라함이 말했다. "내 주여, 내가 주께 은혜를 입었사오면 원하건대 종을 떠나 지나가지 마시옵고 물을 조금 가져오게 하사 당신들의 발을 씻으시고 나무 아래에서 쉬소서"(창 18:3-5).

아브라함이 18장 3절에서 말한 "내 주"는 18장 1절의 "여호와"이시다. 구약 성경 전역에 등장하는 하나님의 이름 '여호와(또는 야훼)'는 히브리어 알파벳 네 글자로(요드, 헤이, 봐브, 헤이) 이루어진 단어로서 '신명사문자(神名四文字, tetragrammaton)'로 불린다. 유대인들은 이 이름 여호와가 너무나 거룩하기 때문에 절대 발음해서는 안 된다고 생각했다. 지금도 마찬가지이다.

그런데 여호와께서 인간의 몸으로 나타나 아브라함 앞에 서 계셨다. 부인할 수 없는 사실이다. 그가 셋 중 한 분이었는지, 세 사람 모두였는지는 알 수 없다. 많은 사람이 세 사람에 집중하여 이를 타나크에서 발견할 수 있는 삼위일체의 흔적이라고 생각하지만, 그 사실 여부는 지금 우리의 논의에 그리 중요하지 않다. 중요한 것은 하나님이 인간으로 나타나셨다는 사실이다. 하나님이 자신을 낮추어 육신을 입고 이 땅에 나타나신 사건의 기록은 신약의 복음서가 처음이 아니다. 그 기록은 창세기 18장으로 거슬러 올라간다. 하나님께서 그만큼 우리와 친밀한 관계를 갈망하셨다는 증거 아니겠는가?

신학자들은 이를 '신의 현현'이라 부른다. 신의 현현은 간단히 말해, 복음서 이전 성육하여 아기로 태어나시기 전, 그리스도께서 이 땅에 육체로 나타나신 사건을 말한다. 태어나기 전에 이미 존재하고 있었다니, 하나님 외에 누가 그럴 수 있는가? 오직 하나님만이 하실 수 있다.

육체로 나타나 아브라함을 만나주신 후 2천 년이 지났을 무렵, 예수님은 아기로 태어나 우리 가운데 거하셨다. 그 옛날 이스라엘의 조상 아브라함에게 하셨듯이(창 18장), 2천 년 뒤에도 그 하나님께서는 동일하게 이 땅 위를 걸으시고, 말씀하시고, 음식을 잡수셨다. 하나님의 아들 '임마누엘'이 우리 가운데 거하셨다. 하나님이 우리와 함께하셨다.

그리스도인은 예수님의 신성을 인정한다. 또 그분이 삼위 안에서 성자의 위격이심을 믿는다. 그리고 그 성자 하나님께서 성육하셨음을 진리로 믿는다. 이것이 기독 신앙의 근간이다. 그러나 예수님 시대, 유대인들에게 '나사렛 사람' 예수의 주장은 너무 과하게 들렸다. 마음은 딱딱하게 굳었고, 성경에 대한 깨달음도 없었던 그들은 메시아가 눈앞에 나타나셨음에도 알아보지 못했다. 그들은 예수님을 부인했다. 그들의 귓전에 들려온 예수님의 말씀은 좋게 보면 신학적 오류이고, 나쁘게 보면 신성모독이었다. 유대인들은 이 위기를 극복하지 못했다.

나라를 잃고 여기저기 흩어진 유대인들을 연합하기 위해 유대 지도자들이 새로운 유대교 형틀을 만들었을 때, 그들은 예수님과 선을 그었다. "예수는 하나님의 아들이 아니다. 그는 하나님의 아들일 수 없다!"

안타깝게도 그들이 살았을 때 견지했던 신학적 '반항'은 그들의 사후에도, 아니 지금까지도 건재하다. 지금도 여전히 이스라엘은 예수님이 메시아이심을 부인하고 있다.

각주

1. 앨리슨 밀링턴, "왕족이라 주장하는 여섯 명의 평민" Business Insider Nordic, 2017. 3. 9 http://nordic.businessinsider.com/people-who-have-claimed-to-be-royal-2017-3?r=UK&IR=T; 안드레아 모라비토, "왕이 된 메릴랜드 남자를 만나다." 뉴욕 포스트, 2015. 9. 8, https://nypost.com/2015/09/08/meet-the-maryland-man-who-became-a-king/; 로라 로젠펠드 "하우 가족은 얼마나 왕족인가? 갑작스럽게 왕족이 된 그 가족은, 아직은 공식적으로 왕족이 아니다." Bustle, 2015. 9. 16. https://www.bustle.com/articles/110730-how-are-the-howes-royal-the-suddenly-royal-family-isnt-official-quite-yet.
2. "맨섬, '맨섬'의 왕이 온라인으로 왕위를 포기한다고 선언하다." https://www.itv.com/news/granada/2017-03-13/iom-king-of-mann-announces-abdication-online.
3. 에리카 템페스타 "블루칼라에서 파란 혈통(귀족)으로! 자동차 정비공이 온라인 검색을 통해 조상들을 찾다가 자신이 맨섬의 왕족임을 알아내고 왕위를 얻기 위해 4800킬로미터를 여행하다." Daily Mail, 2015. 8. 6 http://www.dailymail.co.uk/femail/article-3186977/Mechanic-discovers-heir-throne-Isle-Man-researching-ancestry-online-travels-3-000-miles-claim-title.html.
4. 유세비우스 《교회사 *The Church History*》, 폴 L. 마이어 번역, (그랜드 래피즈: Kregel Academic and Professional 출판, 2007), iii, p. 36.

5장

변하는 율법

The LION of JUDAH

　시내산에서 내려온 모세의 양손에는 돌판이 들려 있었다. 그의 손에는 두 돌판만 들려 있었지만, 그의 마음에는 하나님께서 말씀해 주신 수많은 계명이 담겨 있었다. 돌판에 적힌 십계명 글귀는 하나님이 친히 기록해 주셨다(출 34:28, 신 10:4). 하지만 하나님이 전하신 다른 계명들은 모세가 (서기관처럼) 지면에 옮겨 적어야 했다. 이렇게 그의 글 속에는 총 613개의 계명이(랍비적 전통에 따라 계수한 계명의 수) 담기게 되었다. 이스라엘의 초기 역사 내용과 함께 이 계명들은 토라(모세오경)를 구성하고 있다.

　그러나 유대인들은 모세가 전해 준 613개의 율법 외에 더 많은 율법이 있다고 믿는다. 랍비 전승에 따르면 성문화(成文化)된 율법 외에도 모세가 미처 기록하지 못한 율법들이 있다고 한다. 랍비들은 지면에 옮기지 못한 율법들이 '이스라엘의 칠십 장로'(출 24장 참고)에게 구전되었다고 주장한다. 이후 각 세대는 기록된 율법은 물론 이 '구전법'을 지키고 암기함으로 다음 세대에 전해 주었다. 오늘날까지 정통 유대교도들은 율법이 '기록된 율법'과(토라 쉐비크타브) '구전법'(토라 쉐바알 페)으로 구성된다고 믿는다. 그들은 이 두 법 모두 하나님의 율법으로 동등한 가치와 중요성을 지닌다고 확언한다.

　그런데 모세로부터 예수님에게 이르는 오랜 세월 동안 구전법은 끊임없이 바뀌어 왔다. 유대 종교 지도자들이 율법과 규례에 손을 대기 시작하면서 새로운 규정들이 자꾸만 추가되고 덧대졌기 때문이다. 이전 세대에서는 '율법의 해석'에 머물렀던 정도였는데, 다음 세대에서는 해석이 전통으로 굳어졌고, 그 전통이 이후의 세대에서는 율법으로 탈바꿈해 버렸다.

예를 들면, 하나님은 모세에게 '사람을 부정하게 만드는 요소'를 구체적으로 가르쳐 주셨다(레 11~15장). 그런데 오랜 시간이 흐르는 동안 종교 지도자들은 '사람을 부정하게 만드는 요소'의 범주 안에 수많은 행동을 첨가해 왔다. 너무 과하다 싶을 만큼 많은 금지조항이 '정결례의 규정'으로 자리잡았다. 신약 성경에 그 폐단을 단적으로 보여 주는 사건이 나온다. 유대인들은 예수님의 제자들이 손을 씻지 않고 빵을 집어 먹었다는 이유로 '불법자'로 규정하는 사건이 그것이다(막 7:2, 5).

당시 윤리 감독관처럼 행세했던 바리새인과 서기관들은 이 문제로 예수님을 비난했다. "왜 당신의 제자들은 장로의 유전(전통)을 지키지 않습니까?"(막 7:4) 이에 대한 예수님의 답변은 부드러울 수 없었다.

> 이사야가 너희 외식하는 자에 대하여 잘 예언하였도다. 기록하였으되 "이 백성이 입술로는 나를 공경하되 마음은 내게서 멀도다. 사람의 계명으로 교훈을 삼아 가르치니 나를 헛되이 경배하는도다" 하였느니라. 너희가 하나님의 계명은 버리고 사람의 전통을 지키느니라. 또 이르시되 너희가 너희 전통을 지키려고 하나님의 계명을 잘 저버리는도다(막 7:6-9).

이후 예수님께서는 그들의 전통이 하나님의 율법과 얼마나 다른지, 또 얼마나 상반되는지 설명하셨다. 당시 종교 지도자들은 부모를 공궤하기 위한 물질도 "코르반!"이라 외치며, "이것은 하나님께 바친 물건이다"라고 선언하면, "네 부모를 공경하라"는 하나님의 계명은 지키지 않아도 된다고 가르쳤다. 그들이 강요했던 코르반(하나님에 대한 헌신) 규례는 자기들의 수입 원천인 성전 기금 납부 강요에 지나지 않았다. 예수님은 이러한 종교 지도자들의 가르침을 질책하셨다.

당시의 종교 행태를 질책함과 동시에, 예수님은 모세의 율법과 구전법을 명확히 분리하셨다. 예수님은 이 둘에 동등한 중요성을 부여하지 않으셨다. 구전법을 일컬어 '사람의 계명'(인간의 전통(유전))이라 낮춰 말씀하셨다(막 7:8). 예수님의 말씀대로라면 성문화되지 않고 전해져 온 구전법은 하나님이 모세에게 주신 법이 아니라, 인간이 종교적 열정으로 만들어 낸 전통이었다. 안타깝게도 이 구전법이 오늘날 정통 유대교의 근간을 이루고 있다. 이처럼 인간의 계명이 하나님의 명령보다 더 중요하게 여겨졌다. 불필요한 디테일에 신경 쓰느라 정작 중요한 주제를 놓쳐 버린 셈이다.

사람들을 표류하게 만들다

스노클링을 좋아하는 부부가 있었다. 그들은 부부가 함께 즐길 수 있는 으뜸 스포츠로 스노클링을 꼽았다. 결혼 후 지금까지 이 부부는 여러 휴양지를 돌면서 스노클링을 즐기고 있다. 그들은 신혼여행을 간 카리브해에서 스노클링을 처음 접했다. 이후 그들은 스노클링의 매력에 푹 빠졌다.

신혼여행이 마무리되던 어느 날 아침, 부부는 남들보다 일찍 일어나 해변으로 나갔다. 사람들로 붐비기 전에 스노클링을 마음껏 즐기기 위해서였다. 리조트에 머무는 동안 이들은 꾸준히 스노클링 강습을 받았다. 가이드를 따라 몇 차례 스노클링을 했다. 수준급 수영 실력과 자신감마저 충만한 이들은 가이드 없이 바다에 들어가기로 했다. 선크림을 바르고,

오리발을 착용하고, 물안경과 마스크를 썼다. 그리고 전날 가이드와 함께 들어갔던 장소를 찾아 입수했다.

눈앞에 펼쳐진 광경은 무척 아름다웠다. 수면을 둥둥 떠다니며 바닷속 놀라운 생태계의 매력에 흠뻑 빠졌다. 마치 다른 세상으로 순간 이동해 들어간 느낌이었다. 형형색색의 물고기들이 나타났다가 사라졌다. 몸집이 큰 바다 생물도 부부의 존재를 의식하지 않고 손닿을 거리 정도에서 유유히 헤엄쳤다. 그렇게 부부는 깊은 바다의 매력을 탐닉했다. 시간이 멈춘 느낌이었다. 그러나 그것이 문제였다.

얼마나 시간이 지났을까? 바닷속 광경에 홀려 자그마치 45분이나 스노클링을 즐겼다. 본인들의 위치를 확인하려고 물 밖으로 고개를 들었을 때 그들은 두려움에 떨었다. 사방을 둘러봐도 리조트는 보이지 않았다. 이런 상황에서 기억해야 할 가장 중요한 원칙은 '침착함'이었다. 부부는 서로에게서 떨어지지 않으려 노력했다. 그리고 한 방향을 정하여 헤엄치기 시작했다. 몇 분 후, 그들의 눈에 희미하게 해안선이 들어왔다. 참으로 감사했다. 이제 어느 방향으로 수영해야 할지 확실히 알았다. 그들은 있는 힘을 다해 헤엄쳐서 해변에 다다랐다. 그렇게 해변을 향해 헤엄치기 시작해서 호텔 방으로 들어가 침대에 몸을 눕히기까지 두 시간 반이 걸렸다. 그들은 얼마나 멀리 표류했는지 알지 못했다. 바닷속 광경에 집중하느라 자신들의 현재 위치도 몰랐고 또 어디에서 출발했는지도 까맣게 잊었다.

마찬가지로 예수님 시대의 종교 지도자들 역시 율법의 세부사항에 집중하느라, 맨 처음 하나님께서 율법을 주신 의도를 까맣게 잊었다. 게다가 그들은 원래의 율법에 자신들이 만든 세칙을 첨가해서 상황을 더욱 악화시켰다. 오늘날 유대인들은 그들이 만든 세칙에 발목이 묶인 채 종교 활동에만 전념하고 있다. 그 결과 하나님의 진리로부터 점점 더 멀리 표류하게 되었다.

이제 왜 예수님께서 종교 지도자들에게 화를 내셨는지 이해하겠는가? 사람들이 내게 묻는다. "예수님께서 다른 죄인들에게는 긍휼과 사랑을 한 없이 베풀어 주시면서 왜 바리새인과 서기관들에게는 신랄한 비판을 가하셨습니까?" 나는 마가복음 7장 또는 유사한 성경 구절을 인용하여 답한다. "이사야가 너희 외식하는 자에 대하여 잘 예언하였도다. 기록하였으되 이 백성이 입술로는 나를 공경하되 마음은 내게서 멀도다. 사람의 계명으로 교훈을 삼아 가르치니 나를 헛되이 경배하는도다 하였느니라. 너희가 하나님의 계명은 버리고 사람의 전통을 지키느니라"(막 7:6-8).

'바리새'의 뜻은 '분리주의자'이다. 그들은 일반 백성이 율법을 제대로 지키지 못한다고 생각하여(성문법이든 구전법이든), 그들을 무시하고 자신과 그들과 분리했다. 하지만 그들 자신도 모든 법을 온전히 지키지는 못했다. 예수님께서 그들에게 말씀하셨다. "너희는 너희도 지지 못하는 짐을 사람들에게 지우는도다"(마 23:4 참고).

성전 서기관과 제사장, 장로들과 사두개인, 바리새인들과 이들 모두를 포함한 종교 지도자 그룹은 자신들을 '하나님의 대변자'로 여겼다. 그들은 율법의 수호자, 유대 문화의 수호자를 자처했다. 그러나 그들의 종교적 열정은 복잡한 시스템을 만들어 놓았을 뿐이다. 그들은 토라의 해변에서 아주 멀리까지 표류해 갔다.

예수님은 그들의 위선을 낱낱이 드러내실 수밖에 없었다. 그들 자신이 하나님의 마음에서 멀리 떠나 있을 뿐 아니라 수많은 사람을 표류하게 했기 때문이다. 정말 그들은 수많은 백성을 표류자로 전락시켰다. 이것이 예수님께서 그들에게 분노하실 수밖에 없었던 이유이다.

율법의 '해설서'가 율법으로 둔갑하다

예슈아께서 유대 종교 지도자들의 잘못을 지적하셨지만, 그들은 돌이키지 않았고 오히려 예수님에 대한 증오를 키워 갔다. 십자가 사건 이후에도 그들은 율법의 핵심을 망각한 채 더 멀리 떠내려갔다. 더 많은 전통을 만들어 낸 것이다. AD 70년의 성전 파괴 사건은 이들이 하나님의 진리로 되돌아갈 기회였다. 그들이 만들어 낸 전통보다 하나님의 마음을 더욱 존중할 수 있는 절호의 기회였다.

하지만 이와 정반대의 일이 벌어졌다. 얌니아 공회 참석자들은 자신들이 만든 '새 유대교'를 중심으로 도처에 흩어진 유대인들을 연합시키고자 했다. 문제는 이 운동의 정체성이 '전통'과 '관습'과 '규례'(구전법의 연장선)로 규정된다는 것이다. 그들은 생각했다. '유대인이 이처럼 계속 흩어져 살면, 이들을 연합하는 데 하나님의 율법으로는 턱없이 부족하다.' 율법 그 이상의 무언가가 필요하다는 생각이 지배적이었다. 그래서 생각해 낸 것이 '율법을 해설해 줄 누군가'였다.

수 세대 전, 유대 종교 지도자들은 구전법을 성문화하는 것에 반대했다. 왜냐하면 구전법을 성문화할 경우 율법 교사의 필요성이 현저히 떨어지기 때문이다. 유대 문화권에서 '교사'는 '책'보다 더 중요하게 여겨진다. 하지만 점점 더 많은 유대인이 타 문화권에서 흩어져 살게 되자, 종교 지도자들은 책보다 교사를 더 중시하는 대의가 한계에 봉착했음을 느꼈다. 일단 랍비의 수가 턱없이 부족했다. 유대인 반란(Jewish Revolt, 또는 Great Revolt)과 성전 파괴 사건 중 수많은 랍비가 목숨을 잃었다. 랍비가 있어도 생활 지역의 상거(相距)가 멀기 때문에 율법의 해석을 듣기 위해 랍비를 찾는 일도 점점 줄어들었다. 결국 일반인들이 율법 교사를 만나는 일은 불가능에 가까워졌다.

이에 유대 지도자들은 구전법과 여러 전통을 성문화하기로 결정했다. AD 200년경 랍비 예후다 하나시(Judah the Prince)는 최초로 구전법을 지면에 옮긴 사람이다. 그는 구전법뿐 아니라 유대교의 다양한 요소도 성문화했다. 그가 기록한 63권의 율법 전집을(물론 다른 랍비들도 기고했다) 일컬어 《미쉬나》라고 한다.[1]

이후 아주 빠른 속도로 미쉬나는 유대인의 생활을 규정하는 주제별 지침서가 되었다. 《미쉬나》에는 신혼부부가 무엇을 어떻게 해야 하는지부터 식이요법, 비고의적 살인에 대한 처벌 규정 등 일상과 관련된 아주 세세한 지침들이 기록되어 있다. 이후 200년 동안 랍비들은 《미쉬나》를 열심히 연구했다. 심지어 하나님의 말씀인 토라보다 《미쉬나》에 쏟는 시간과 열정이 훨씬 더 컸다(그렇게 해야 했던 이유 중 하나는 《미쉬나》의 분량이 토라보다 많았기 때문이다).

AD 400년, 랍비들은 《미쉬나》에 대한 다양한 질의응답과 토론 내용을 취합하여 기록하기 시작했다. 그리고 그 기록들을 모아 한 질의 해설서를 펴냈다. 한 세기 후 랍비들은 그 해설서에 추가적 토론 내용을 덧대어 《미쉬나》에 대한 권위적 해설서를 완성했는데[2] 《미쉬나》(구전법)와 그에 대한 랍비들의 해설서를 합하여 《탈무드》라고 부른다. 대략 6천 쪽에 달하는 막대한 분량이다. 오늘날 《탈무드》는 유대교 학습의 핵심을 차지하고 있다.[3]

물론 토라는 여전히 하나님의 율법으로 흠숭되고 있다. 그러나 사람들은 《탈무드》에도 그와 동일한 무게를 싣는다. 솔직히 오늘날 유대인들은 토라보다 《탈무드》에 더 많은 관심과 시간을 할애한다. 랍비 학교인 '예시바'(유대신학 대학원)의 학생들은 《탈무드》를 공부하는 데 막대한 시간을 들인다.

점점 커지는 간격

어떤 개념을 설명하기 위해 해설서를 펴냈고, 해설한 내용을 좀 더 자세히 설명하기 위해 또 다른 해설서를 썼다. 이후 랍비들은 해설서 안에 추가 설명까지 첨가해서 최초에 설명하려던 '개념'의 의미는 퇴색해 버렸다. 이처럼 하나님이 그들에게 주신 원래의 메시지는 두꺼운 해설서 밑에 파묻힌 것이다.

물론 하나님의 진리는 변하지 않는다. 그러나 안타깝게도 사람들은 그 진리를 '살아 있는 권위'로 여기지 않았다. 그들은 하나님의 진리를 '엄중한 검사를 통과해야 할 미술 작품' 정도로 여겼다. 그 결과 진리 자체보다는 진리에 대한 해석이 더 중요하게 여겨졌고, 이러한 풍조가 유대 문화의 중심에 자리하게 되었다.

다시 한번 말하지만, 예수님은 당시 유대 지도자들이 사람의 전통을 하나님의 율법보다 더 높였기 때문에 그들에게 분노하셨다. 그리고 유대 지도자들은 예수의 추종자들이(처음 추종자들은 모두 유대인이었다) 사람의 전통을 따르지 않는다는 이유로 사회에서 추방했다. 그렇게 유대 땅에서 추방된 교회는 점점 더 많은 이방인을 불러들였다. 유대교와 기독교가 괴리되기 시작했다. 이후로도 유대 지도자들은 전통에 전통을 덧대는 작업에 매진했다. 이러한 전통들이 유대교와 기독교의 간격을 더 크게 벌려 놓았다. 결국 예슈아 하-마쉬아흐를 따르는 일은 유대교와 거리를 두는 일이 되었다. 그렇게 교회는 근원인 유대의 뿌리를 이탈하여 점점 더 멀리 떠나갔다.

맨 처음 기독교는 '풀뿌리 운동'으로 시작했다. 그러나 시간이 지남에 따라, 민초들이 시작한 이 운동은 결국 시스템화되고 기독교라는 종교로 굳어졌다. 이 문제점을 간과해선 안 된다. 기독교의 문제를 외면하면 마치 유대교와 기독교의 분리가 전적으로 유대 지도자들의 책임인 것처럼 되기 때문이다. 사실은 그렇지 않다. 이 둘이 분리된 책임은 둘 모두에게 있다. 실제로 초대교회 안에서 히브리파 유대인과 헬라파 유대인 사이에 분열이 있었고, 유대인 그리스도인과 이방인 그리스도인 사이에도 분열이 있었다. 사탄은 유대 종교 지도자들이 그리스도인을 비난하게 했고, 교회는 유대 종교 지도자들을 비난하게 했다.

앞에서 우리는 예수님의 유대인 정체성을 아주 긴 호흡으로 살펴보았다. 그리고 기독교의 뿌리가 바로 '유대 정체성'에 놓여 있다는 사실도 이야기했다. 자신을 그리스도의 추종자(그리스도인)로 여기는 우리는 모두 유대인에게 오시어 그들과 함께 사셨던 '유대인' 예수를 주(主)로 섬기고 있다. 우리의 구원은 유대인에게서 나왔다. 그리고 그 구원은 먼저 유대인을 위해, 그리고 유대인들에게 주어졌다(요 4:22, 롬 1:16).

그러나 1~2세기, 유대의 종교 지도자들은 예수님을 따르지 못하게 했고, 하나님은 이방인들에게 복음이 전해지도록 계획하셨다. 그 결과 교회 안의 유대인 숫자는 점점 줄었고 교회는 점점 이방인의 문화에 젖어 들어갔다. 교회 안의 이방인 성도와 유대인 성도의 간격도 커졌다. 그 간격이 커질수록 마치 유대 사회 안에서 율법이 왜곡되듯 교회 안에서도 동일한 왜곡 현상이 발생했다(하나님께서 주신 계명을 떠나 인간의 전통으로 옮겨가는 유대 종교의 왜곡 현상처럼 교회 안에도 본질을 떠난 왜곡 현상이 나타나기 시작했다). 초기 교회 시절, 이방인 성도들은 유대인의 회당에 들어가 신앙교육을 받았다. 그러나 몇십 년도 채 지나기 전에 이방인들이 회당에서 이스라엘의 하나님과 신앙의 기본 요소를 배우는 일은 막을 내렸다. 이방인들은 더는 회당에 들어가지 않았다.

유대 지도자들이 만든 전통의 무게에 율법의 진리가 짓눌렸듯, 이방인들 역시 진리의 왜곡을 통해 예수님의 십자가를 변질시켰다. 이방인들은 십자가 복음을 전하면서, 거기에 유대 종교 지도자들에 대한 악감정과 경멸감을 가미했다. 유대 종교 지도자들은 손쉬운 먹잇감이었다. 어쨌든 유대 지도자들이 예수님을 크게 대적한 것은 사실 아닌가? 예수님도 다른 어떤 그룹보다 종교 지도자들에게 가장 크게 분노하시지 않았는가? 사실 유대 종교 지도자들은 예수님의 죽음에 가장 큰 책임이 있다.

그러면 그들에게 얼마만큼 책임이 있다는 것인가? 이 질문은 서서히 일어나는 반유대주의의 불꽃에 기름을 끼얹었다. 작은 불꽃은 이내 큰불로 번져 대대적인 '반유대주의' 감정을 일으켰다. 단지 몇 세대만 지났을 뿐인데, 유대 종교 지도자들은 - 그리고 얼마 안 있어 모든 유대인은 - '그리스도의 살해자'로 불리게 되었다.

요한의 문제

어떻게 반유대주의 정서가 이처럼 빠른 속도로 번질 수 있었는가? 유대인들에 대한 반감이 시작된 데에는 참으로 다양한 원인이 있지만, 그중 하나는 '요한복음'에 근간을 두고 있다.

물론 예수님이 사랑하신 제자 요한은 유대교를 반대하지 않았다. 그도 유대인이었다. 그러나 예수님의 삶을 기록한 그의 글에는 유대인들에 대한 부정적 견해가 가득 들어 있다. 복음서 저자 중 '유대인'이라는 표현을 요한처럼 사용한 사람은 없다. 유대인에 대한 그의 부정적 어투는 오늘까지도 오해를 사고 있다. 사람들은 유대인에 대한 적개심을 정당화할 근거로 요한의 글을 내세우곤 한다.

요한복음 5장에는 베데스다 연못 근처의 38년 된 중풍 병자가 등장한다. 이 사람은 "자리를 들고 걸어가라"는 예수님의 명령을 듣고 두 다리에 힘을 얻어 걷게 되었다. 참으로 놀라운 치유 사건이었다. 문제는 그날이 안식일이라는 데 있었다. 예수님은 안식일에 일을 하셨고 이를 지켜본 유대 종교 지도자들은 심기가 불편해졌다. 이 일로 예수님을 죽이려고까지 했다.

요한복음 5장에 나오는 이 이야기는 다른 복음서에 등장하는 치유 이야기와 비슷하다. 예수님이 등장하고, 치유 사건이 나오고, 예수님을 증오하는 유대 종교 지도자들이 나온다. 그런데 다른 복음서와 요한복음의 기술방식에는 큰 차이가 있다. 다른 기록자들과 달리 요한은 이들을 '종교 지도자'라고 부르지 않고 단순히 '유대인'이라고 했다.

> 그 사람이 유대인들에게 가서 자기를 고친 이는 예수라 하니라. 그러므로 안식일에 이러한 일을 행하신다 하여 **유대인들**이 예수를 박해하게 된지라(요 5:15-16).

요한이 이 사람들의 정체를 제대로 확인하지 못해서 종교 지도자라는 사실을 언급하지 않은 것인가, 아니면 '유대 종교 지도자'나 '바리새인' 혹은 '바리새인과 서기관'을 뭉뚱그려 유대인이라고 표현한 것인가? 확실히 이 구절에 등장하는 유대인들은 문자 그대로의 '모든 유대인'을 지칭하는 것 같지는 않다.

그런데 요한은 7장 1절에서 또다시 같은 뉘앙스로 유대인이라는 표현을 사용했다. "그 후에 예수께서 갈릴리에서 다니시고 유대에서 다니려 아니하심은 **유대인들**이 죽이려 함이러라." 요한복음 10장 31절도 마찬가지이다. "**유대인들**이 다시 돌을 들어 치려 하거늘."

예수님의 십자가 사건을 기록할 때, 요한은 예수님을 체포한 세력과 유대 민족 전체를 구분하지 않을 경우, 추후에 어떤 문제가 생길지 잘 알았을 것이다. 그런데도 그는 다음과 같이 기술했다. "이러하므로 빌라도가 예수를 놓으려고 힘썼으나 **유대인**들이 소리 질러 이르되 이 사람을 놓으면 가이사의 충신이 아니니이다. 무릇 자기를 왕이라 하는 자는 가이사를 반역하는 것이니이다…그들이 소리 지르되 없이 하소서 없이 하소서 그를 십자가에 못 박게 하소서"(요 19:12, 15).

그가 '유대인'이라는 단어를 이렇게 사용해서 반유대주의가 시작된 것인가? 요한이 요한복음을 쓸 때 성령의 영감을 받긴 했을까? 도대체 무슨 일이 일어난 것인가? 단순한 실수인가? 이 실수가 요한복음에만 71번 반복된다.[4] 실수라고 하기에는 지나친 것 같다. 실수가 아니라고 말하는 게 훨씬 더 안전하다. 도대체 무슨 일이 있었던 걸까?

질문에 대한 답은 그가 복음서를 저작한 시기 및 당시의 사회 상황에서 찾아볼 수 있다. 요한복음의 기록 연대와 관련하여 어떤 학자는 AD 70년 정도의 '이른 시기 저작설'을 주장한다. 저작 연대를, 이를테면 성전이 무너지기 직전이나 직후로 보는 것이다. 반면 어떤 학자는 1세기 말이나 2세기 초 정도로 추정한다.

이른 시기로 보든 늦은 시기로 보든, 요한이 복음서를 기록할 동안 유대교 안에는 엄청난 격변이 일어났다. 몇몇 종교 그룹 및 정치 그룹들은 앞으로 형성될 '새 유대인 정체성'에 자신들의 흔적을 남기려고 노력했다. 이를 위해 그들은 크게 다투기도 했는데 최종 승기를 잡은 것은 랍비였다. 랍비들은 AD 90년 얌니아에서 새 유대교의 틀을 조직했다.[5]

앞에서 말했듯이, 얌니아 공회를 주최한 랍비들은 예수님을 죽이려고 모의했던 종교 지도자들의 후손이었다. 이처럼 유대 사회 안에 엄청난 갈등과 대립이 있었고, 새 유대교를 만든 랍비들의 그룹 안에 예수님을 배척하려는 유전자가 있었으므로 요한은 자신의 복음서에 유대인들을 부정적으로 그려 넣을 수밖에 없었다. 요한복음의 독자들은 그가 어떤 그룹을 지칭하기 위해 헬라어 '호이 유다이오이'(대부분의 역본은 '유대인'으로 번역하였다)를 사용했는지 충분히 유추할 수 있을 것이다.

'호이 유다이오이'는 'the Jews' 유대인을 뜻한다. 그러나 이 표현이 구체적으로 지칭하는 대상은 일반 백성이 아니라 유대의 지도자들이다. 그들은 예수님을 극도로 증오한 사람들로 요한의 시대, 그들을 지칭했던 표현이 바로 '호이 유다이오이'였다.[6]

'호이 유다이오이'의 문자적 번역은 유대인이 맞지만 시대 상황을 고려하면 '유대 지도자들'이라고 해야 한다. 요한은 당대의 종교 지도자들을 언급할 때 의도적으로 '호이 유다이오이'라는 표현에 부정적인 뉘앙스를 담아 사용했다. 하지만 모든 '호이 유다이오이'에 부정적 뉘앙스를 담은 것은 아니다. 적어도 두 번 정도는 긍정적인 의미로 사용했다. 그 외 몇 군데에서는 가치중립적으로 사용했다. 그러므로 '호이 유다이오이'(유대인들)라는 표현이 나올 때마다 앞뒤 문맥을 살피면서 '요한은 누구를 지칭하고 있는가?'를 물어야 한다.

다른 제자들처럼 요한 역시 유대인이다. 그리고 "구원은 유대인에게서 나온다"(요 4:22 참고)는 말씀이 기록된 복음서는 요한복음뿐이다. 또 예수님께서 십자가에 달리신 날을 유대인의 명절인 유월절로 명시한 것도 요한복음뿐이다. 요한복음 10장 22절에는 예수님이 '하누카'(수전절)를 지키셨다는 내용도 나온다. 하누카는 마카비 가문이 예루살렘 성전을 수복하여 하나님께 드린 날을 기념하는 절기로 오직 요한복음에만 나온다. 이러한 증거들은 요한이 유대교를 반대한 것도 아니고 유대인 전체를 비난하기 위해 '호이 유다이오이'라는 표현을 사용한 것도 아님을 말해 준다. 그는 당대의 종교 지도자들만을 질책했다.

신약 성경은 예수 그리스도를 믿는 모든 사람을 일컬어 '제사장'이라고 한다(벧전 2:9, 계 1:6). 만일 아무 문맥 없이 '제사장'(사제)이란 단어를 듣는다면, 대부분의 사람은 가톨릭의 사제들을 떠올릴 것이다. 그러나 내가 당신과 대화하면서 '제사장'이라는 표현을 사용했다면 당신은 대화 내용과 문맥을 바탕으로 내가 어떤 그룹을 지칭하는지 분별할 수 있을 것이다. 복음서를 기록하는 동안 요한은 '유대인'이라는 표현을 자주 사용했는데, 이 역시 마찬가지이다. 그가 지칭한 대상은 유대인 전체가 아니었다.

우리는 지난 2천 년간 반유대주의 안경을 쓰고 요한복음을 읽어 왔다. 특히 '유대인'이라는 표현을 볼 때마다 반유대적 정서를 투영했다. 누군가에 의하면, 반유대주의는 역사상 가장 오래된 증오이다.[7] 유대인에 담긴 역사적 편견에 젖어 있어서 당시 요한이 사용한 '호이 유다이오이'를 오늘 우리가 올바르게 이해하기는 쉽지 않다. 말에는 힘이 있기 때문이다. 게다가 말에는 역사적 뉘앙스와 고정관념도 첨가되어 있다. '유대인'이라는 말만큼 많은 의미와 뉘앙스와 심지어 편견까지 담고 있는 말도 별로 없을 것이다.

응축된 용어

어릴 때 우리 가족이 살던 마을의 주민 대부분은 유대인이었다. 유년 시절 이후 우리 가족은 이방인들이 사는 마을로 이사했다. 새로 이사한 집 왼쪽에는 유대인이 살았고, 오른쪽에는 이방인이 살았다.

그곳으로 이사한 지 얼마 안 됐을 무렵이다. 아버지는 뒷마당에 수영장을 만들기 위해 인부들을 부르셨다. 그들은 뒷마당 지형을 살펴보더니 수영장과 테라스를 만들려면 나무 몇 그루를 베어 내야 한다고 했다. 우리 집 뒷마당으로는 수풀이 넓게 우거져 있었다. 옆집들도 마찬가지였다.

그들은 수영장을 만들기 위해 나무 몇 그루를 베다가 실수로 이방인 소유지에 있는 나무 한 그루를 베어 버리고 말았다. 설명했듯이, 우리 집과 양옆 이웃집의 뒷마당으로는 수풀이 크게 우거져 있었다. 만일 그 나무가 그 집에 있는 유일한 나무라면 큰 문제가 되겠지만, 그의 집 부지에는 수십 그루의 나무가 있었다. 그런데 그가 소유한 나무 중 한 그루를 베었다는 이유로 아버지를 고소했다. 그가 제시한 청구서에는 잘린 나무의 가격과 함께 동종의 나무를(베어 버린 나무와 똑같은 종류, 똑같은 크기여야 했다) 헬리콥터로 운반하여 심는 비용까지 포함되어 있었다.

매우 과한 요구였다. 부모님은 몹시 화가 났다. 물론 그의 나무를 벤 것은 잘못이지만, 나무 가격만 물어 주면 되는 것 아닌가? 더구나 수많은 나무 중 한 그루였을 뿐이고 실질적 피해를 준 것도 아니었다. 아무리 생각해도 너무 과한 처사였다. 그가 제기한 소송 때문에 우리는 그의 이웃으로 사는 것이 무척 부담스러웠다. 소송은 수개월 넘도록 진행되었다.

그러던 어느 날, 친구와 뒷마당 수영장에서 물놀이를 하는데 부모님을 고소했던 그 '이웃'이 수영장에 쳐놓은 울타리 근처로 다가와 우리를 노려보는 것이다. 그는 우리를 쳐다보며 아무 말 없이 그냥 서 있었다. 나는 그가 수영장에 들어오고 싶은 것은 아닐까 생각하고 마치 '모든 것을 다 아는' 어린아이처럼 그에게 말을 걸었다.

"원하시면 들어오셔도 돼요."

그는 나를 뚫어져라 쳐다본 후 이렇게 답했다.

"뭐? 농담하는 거냐? 그따위 허튼소리는 유대인 끼리나 해."

"아저씨, 유대인들에게 편견을 갖고 계신 거죠?"

나는 쏘아붙이듯 물었다.

"유대인 놈들이란……."

그는 짧게 말하고 돌아서 갔다.

나는 그 마을에 사는 내내 수없이 인종차별을 당해야 했다. 그래서인지 나는 유대인에 대한 일반 대중의 인종차별적 고정관념이 무엇인지 잘 안다. 사람들은 종종 "야, 쟤는 진짜 유대인 같아"라고 말하거나 "나는 유대인처럼 물건값을 깎으려 했지"라고 말한다. 이런 말을 들을 때마다 마음에 상처를 받았다. 듣는 사람은 상처를 받지만, 말하는 사람은 자신이 타문화에 대해 얼마나 무지하고 무감각한지 알지 못한다.

하지만 좋은 점도 있었다. 어쨌거나 '유대인'이라는 말에 이처럼 많은 의미가 담겨 있다는 사실은 참 매력적이지 않은가? 예를 들어, '유대인' 대신 '그리스도인'을 넣어서 "아, 저 사람은 진짜 그리스도인 같아"라고 말하면 듣는 사람의 기분은 어떻겠는가? '그리스도인'이라는 단어에는 친절, 이타적, 긍휼 등의 이미지가 담겨 있지 않은가? 서구 사회에서 기독교는 심지어 대중문화의 관심사가 되기도 한다(성경을 바탕으로 제작된 영화들만 봐도 알 수 있다). 그리스도인이라는 말이 유대인보다는 훨씬 긍정으로 인식되는 것이 사실이다.

그리스도인에 긍정적 의미가 담기게 된 계기는 무엇인가? 2천 년 동안 지속된 반유대주의 때문이다. 유대교와의 대립 속에서 기독교가 우위를 점했기 때문이다.

수 세기 동안 당연하게 여겨 온 인종차별의 찌꺼기를 제거하기는 어렵다. 반유대 정서가 스며 있지 않은 안경을 찾기도 어렵고, 반유대주의의 안경을 벗고 맨눈으로 요한복음을 읽기도 어렵다. 특히 거기에 기록된 '유대인' 표현을 읽을 때 더더욱 그렇다.

이방인 교회가 크게 성장하던 초창기에도 문제는 동일했다. 다시 말하지만, "구원이 유대인에게서 나온다"는 구절이나(요 4:22) 예수님의 시신이 유대식 장례법대로 처리되었다는 사실의 언급(요 19:40)만 봐도 알 수 있듯, 요한복음은 친유대적 성향이 짙은 문서였으나 교회는 부정적 뉘앙스의 유대인 표현이 나올 때마다 전체 유대인을 떠올렸다. 특정 유대 종교 지도자들과 유대 민족 전체를 동일시한 것이다.[8] 결국 '유대인은 그리스도의 살해자'라는 개념이 이방인 교회의 신앙 속에 자리 잡게 되었고, 몇 세기가 채 지나지 않아 교회는 하나님의 아들을 살해한 책임을 유대인에게 공식적으로 전가하였다. 사실 예수님을 십자가에 못박은 주범 중 하나는 로마인이었으나, 어떤 이유에서인지 교회는 그들을 면책시켜 주고 오직 유대인에게만 살해자 프레임을 씌웠다. 인종차별이 얼마나 견고한 진인지 단적으로 보여 주는 예이다.

그리스도인들의 반유대주의

반유대적 가르침, 반유대적 행동과 십자군 원정에 이르기까지 교회사 속에서 반유대주의의 영향으로 발생했던 사건을 일일이 기록하는 것은 불가능하다. 이 책은 역사 기록에 초점을 두지 않았다. 만일 역사서를 쓰려 했다면 나는 유대인을 향한 그리스도인의 증오심을 몇 장에 걸쳐 자세히 설명했을 것이다.

그렇다고 해서 그리스도인들의 반유대주의를 간과할 수는 없다. 특히 어거스틴, 암브로스, 제롬, 크리소스톰과 같은 초대교회의 지도자들(교부들)이 반유대주의 형성에 끼친 영향을 외면할 수 없다.

어쩌면 독자들은 이 이름들이 낯설 것이다. 오늘날 교회 문화에 이들이 끼친 영향에 대해선 더더욱 생경할 것이다. 그러나 유대인에 대한 이들의 관점과 편견이 서구 사회의 문화와 역사를 형성했다고 해도 과언이 아니다. 당신이 인정하든 인정하지 않든, 그들은 당신에게도 큰 영향을 미쳤다.

현재 우리가 견지한 세계관은 과거 문화와 역사 흐름의 영향을 받는다. 영적 영역에서도 마찬가지다. 하나님의 일을 행할 때도 우리는 자신에게 익숙한 영적 분위기(우리가 성장한 가정 및 교회의 영적 분위기) 안에서 방법을 선택하려 한다. 예를 들면, 유대인 공동체에서 포도주를 마시는 것은 축제와 관련된다. 그러나 침례교나 오순절 계열의 교회에서는 성찬식을 제외한 포도주 음용을 심각한 죄로 여긴다. 술에 대한 당신의 태도는, 그리스도인으로서 당신이 성장해 온 영적 분위기 안에서 결정된다. 어쩌면 당신은 술에 대해 별생각이 없을 수도 있지만, 당신이 속한 교단이 이미 그 태도를 결정해 놓았을 것이다.

마찬가지로 수많은 그리스도인이 인지하지 못한 채 자신이 자라온 영적 환경 속에서 유대인들을 부정적으로 바라보고 있다. 나는 믿음의 선배들이 교회의 역사 및 오늘날의 교회 문화에 얼마나 큰 영향을 끼쳤는지 이야기할 것이다. 또 그들이 유대인을 바라보는 우리의 관점에 얼마나 큰 영향을 끼쳤는지도 말하고 싶다.

이 문제와 관련하여 교회사 속에서 주목해야 할 인물 두 사람을 꼽으라면, 한 명은 초대교회 시대의 교부였던 크리소스톰이고, 다른 한 명은 종교개혁의 중심인물인 마틴 루터이다. 이들은 기독교 문화를 형성하는 데 기여한 수많은 인물 중 두 명에 불과하지만 이들의 영향력은 엄청나다. 물론 이들은 교회 문화에 선한 영향력을 끼쳤다. 그러나 교회 내 반유대주의 정서를 고취했다는 점도 간과할 수 없다. 반유대주의는 하나님의 마음을 근심시켰고, 교회를 잘못된 길로 인도했으며 오늘날 우리 사는 세상의 영적 분위기를 크게 변질시켜 놓았다.

크리소스톰은 초대교회 때 다섯 개의 주요 거점 중 하나인 안디옥의 주교였다. 안디옥 주교는 매우 영향력 있는 자리였다(행 11:19, 22, 13:1, 18:22 참고). 크리소스톰은 4세기 말 그곳의 주교로 임명되었다. 그는 담대하고 유창하고 직설적인 설교 스타일로 큰 인기가 있었고 '황금의 입'이라는 별칭도 있었다. 그는 사재를 털어 가난한 사람을 돕고 병원을 세우기도 했다. 그리고 부자와 권력자들의 죄를 지적하는 일에는 조금도 망설이지 않았다. 그 결과 그에게는 수많은 적이 생겼고, 결국 크리소스톰은 적들에 의해 죽임을 당했다.[9]

이처럼 담대하게 사역을 했고 수많은 선행을 했으며 훌륭한 가르침도 많이 전했지만, 크리소스톰은 유대인들에 대한 신랄한 비판 및 반유대적 설교와 저작을 통해 교회 안에 반유대주의를 가속화했다. 그는 유대인 전체를 일컬어 '사탄의 자식들'이라고 했다(요한복음 8장 44절을 잘못 인용한 것이다). 그 밖에도 유대인들을 향해 '개돼지', '죽여야 할 맹수', '마귀에게 사로잡힌 영혼들'이라고 말했다. 초대교회에는 이미 반유대주의가 만연했는데, 크리소스톰이 이를 한층 격화시킨 것이다.[10] 크리소스톰이 왜 강단에서 유대인들을 공격했는지, 왜 공개석상에서 그들을 잔인하게 비난했는지는 알 수 없다. 확실한 것은 대다수 교부가 그리스도인과 유대인(예수님의 동족)의 간격을 넓히는 정도였던 반면, 크리소스톰은 이 두 그룹 사이의 완전한 분열을 선포했다는 것이다.

그러나 현대 교회 안에 반유대주의를 장착시킨 사람으로서, 가장 큰 영향을 끼친 이는 단연 마틴 루터일 것이다. 그는 16세기 전 유럽을 휩쓴 종교개혁의 선구자이다.

종교개혁은 1517년, 가톨릭 사제였던 마틴 루터가 교회의 만행을 지적한 것에서 시작되었다. 당시 교회는 구원을 판매하는 사업 단체였다. 교회는 나름의 교리를 내세워 면죄부(또는 면벌부, 죄로 인한 처벌을 면하거나 약화할 권리증서) 판매를 정당화했다. 이러한 관행이 진리와 동떨어져 있음을 깨달은 루터는 "구원은 오직 믿음을 통해, 은혜에 의해서만 가능하다"고 주장했다. 그는 가톨릭교회의 그릇된 가르침을 지적하기 위해 '95개조 반박문'을 써서 비텐베르크 성당 문에 게시했다. 바로 그 순간 인류의 역사는 새로운 기독교의 출범을 목격하였다.

그렇게 마틴 루터는 개신교 운동의 선구자가 되었다. 오늘날 개신교 그룹 안에는 침례교, 감리교, 오순절주의, 루터란(루터파), 장로교 등 수천 개의 교파와 수억 명의 그리스도인이 존재한다. 500여 년 전 마틴 루터가 남긴 발자국이 수억 개신교인의 '신앙' 안에 담겨 있다고 하겠다.

그런데 이 사실은 기독교 내의 반유대주의와 관련해서도 매우 중요하다. 종교개혁이 진행되는 동안 유대인들에 대한 마틴 루터의 입장이 바뀌었기 때문이다. 맨 처음 그는 유대인들을 동정하는 태도를 취했는데, 95개조 반박문을 게시한 후 26년이 지났을 무렵 그의 입장이 180도 달라졌다. 그의 태도는 '유대인은 학살 대상'이라는 입장으로 선회했다.

1523년 개혁 초기의 루터는 〈예수님이 유대인으로 태어나셨다는 의미 *That Jesus Christ Was Born a Jew*〉라는 소논문을 펴내어 그동안 가톨릭교회가 유대인을 대해 왔던 방식을 비판했다. 그는 사랑과 친절로 유대인들에게 복음을 전해야 한다고 성도들을 독려했다. 특히 이 글에서 루터는 '예수님의 핏줄이 유대인'이라는 사실을 잊지 말아야 한다고 주장했다.[11]

그러나 유대인을 '개종'하려던 노력이 수포로 돌아가자, 루터는 유대인에 대한 인종차별적 심리를 드러내기 시작했다. 이러한 그의 결심은 역사의 흐름을 바꿔 놓았다. 1543년 죽기 3년 전, 루터는 반유대 정서가 짙게 깔린 책 한 권을 펴냈다. 《유대인과 그들의 거짓말 The Jews and Their Lies》이라는 책이다. 이 책에서 루터는 유대인들을 쥐, 지렁이, 돼지에 비유했다. 그리고 수많은 지면을 할애하여 그들이 사탄과 연대하였다고 설명했다. 그는 유대인에 대한 혐오를 적나라하게 드러냈다. "랍비들을 도리깨질해서 없애라. 그들이 가르치는 것을 금하라. 유대인의 회당과 그들의 학교는 불태워야 한다. 유대인들의 집은 무너뜨려 없애라. 모든 유대인을 한 곳에 감금시켜라."[12]

이 책이 세상에 나올 당시 루터의 영향력은 95개조 반박문을 게시하던 때보다 훨씬 더 컸다. 그의 신학이 개신교 전체의 신학으로 여겨질 정도였다. 그리고 그의 반유대 정서는 개신교 운동의 유산이 되었다.

오늘날까지 루터의 이름이 들어간 교파(루터란)는 반유대주의 정서와 반유대적 신학을 표방하고 있다. 나는 이러한 태도는 잘못되었다고 확신한다. 루터의 그릇된 신념이 파종되어, 여러 개신교 교파들이 '대체 신학'이라는 열매를 만들어 냈다. 대체 신학은 유대인들이 '하나님의 선민' 지위를 빼앗겼기 때문에 그 지위가 이방인 교회에 넘어갔다는 내용의 교리이다. 선민의 자리를 차지하는 사람이 유대인에서 이방인으로 대체되었기 때문에 이를 '대체 신학'이라 부른다. 대체 신학 신봉자들은 하나님이 유대인들에 대해 어떤 미래 계획도, 어떤 목적도 갖고 계시지 않는다고 주장한다.

나는 오늘날 루터란 뿐 아니라 복음주의 계열의 기독 교파 안에도 반유대주의 정서가 매우 짙다는 사실을 안다. 또 그 뿌리가 루터에게 닿아 있음을 본다. 얼마 전, 여러 교단의 목회자들과 이스라엘을 여행했다. 그들 대부분은 한 번도 이스라엘 땅을 밟아보지 못했으므로 기독교의 유대적 뿌리를 배운다는 생각에 흥분해 있었다. 어느 저녁 식사 시간, 나는 유대인들이 예수님을 만날 때 그들의 삶에 어떤 일이 일어나는지 내 간증을 곁들여 이야기했다. 그러자 한 목회자가 농담조로 말했다. "바울이 예수님을 만난 후, 그의 입에서 돼지고기 냄새가 났지요!"

그의 농담은 하나도 재미있지 않았다. 그가 아는지 모르는지 알 수 없지만, 분명 그의 발언에는 무감각하고 배려 없는 반유대주의 정서가 깊게 배어 있었다. 너무나 많은 교회 안에서 반유대주의적 정서가 염증처럼 곪고 있다는 사실이 무척 슬펐다.

전 세계 기독교계에 퍼진 반유대주의는 루터나 크리소스톰, 그 외 여러 신앙의 선배들로부터 기인하였다. 그러나 다음의 사실을 생각하면, 그들의 태도가 얼마나 터무니없는지 알 수 있을 것이다. 이방인들이 어떻게 하나님 나라에 '접붙임' 될 수 있었는가? 예수, 곧 유대인 출신의 메시아 덕분이다. 그렇다. 그들은 유대인 출신의 메시아를 통해 하나님 나라의 일원이 되었다. 유대인들이 넘어졌기 때문에 이방인들이 은혜를 입은 것 아닌가? "그들이 넘어짐으로 구원이 이방인에게 이르러 이스라엘로 시기나게 함이니라"(롬 11:11). 그런데 어떻게 유대인들을 미워할 수 있단 말인가? 유대인을 미워하는 것은 어리석은 일이다. 그럼에도 교회사 2천 년 동안 그리스도인들은 유대인을 미워해 왔다.

물론 초대교회 교부들이 유대인에 대해 증오심을 품은 데에는 나름의 이유가 있을 것이다. 그들이 기독교와 유대교의 단절을 지지한 역사는 '모세 율법' 문제로 거슬러 올라간다. AD 50년, 예루살렘 공의회에서는 이방인들이 율법을 지키지 않아도 교회의 일원이 될 수 있다는 점을 공식화했다. 그전까지 교회의 성도는 유대인뿐이었고 예수님을 믿는 신앙은 유대인들의 운동이었다.

예루살렘 공의회의 결의를 바탕으로 이방인 성도들의 수는 기하급수적으로 늘었다. 그리고 유대인 출신의 복음 전도자들은 그리스도 안에서의 '은혜'는 크게 강조했지만, 유대 '율법'과 계명의 중요성은 퇴색시켰다. 교회에는 점점 더 많은 이방인이 들어왔고 그렇게 두 세대를 지나자, 결국 이방인의 수가 유대인의 숫자를 넘어서게 되었다.

교회 안에서 다수가 된 이방인들은 토라 율법에 의문을 제기하기 시작했다. "하나님께서는 '토라를 따라 살지 않는 사람들'을 하나님 나라로 들여보내셨다. 그렇다면 토라는 도대체 무슨 소용이 있단 말인가? 율법을 지키지 않아도 이방인은 구원을 받는다. 그렇다면 교회 안에서 토라는 무슨 기능을 한단 말인가?"

외부의 박해는 둘째 치고, 율법을 둘러싼 갈등이 교회 내부에서 첨예화되었기에 교회는 자체 분열을 겪어야 했다. 1세기 말, 유대인 성도들은 결국 '토라를 중요시하지 않는 전 세계적 기독 신앙'을 더는 따를 수 없다고 결론 내렸다. 몇몇 유대인 성도는 자신들만의 공동체를 따로 만들어 예수님을 믿었지만, 대다수의 유대인 성도는 점점 거세지는 외부의 압력과 교회 내부의 반유대주의적 분위기 때문에 결국 '예수님의 도'를 버리고 유대교로 돌아갔다. 접붙임 된 가지들(이방인) 때문에 원가지인 자신들이 잘려 나가게 될 줄은 꿈에도 몰랐을 것이다. 접붙임 된 가지들은 지금도 '기독교'라는 종교 나무에서 무럭무럭 자라고 있다.

각주

1. 조셉 텔루쉬킨,《유대교: 구전법 - 탈무드와 미쉬나 *Judaism: The Oral Law - Talmud and Mishna*》 Jewish Literacy (뉴욕: William Morrow and Co., 1991)

2018. 5. 21 접속 http://www.jewishvirtuallibrary.org/the-oral-law-talmud-and-mishna.
2. Ibid
3. 여후다 슈르핀, "탈무드는 무엇인가?*What Is the Talmud?*" Chabad.org, 2018. 5. 21 접속, https://www.chabad.org/library/article_cdo/aid/3347866/jewish/What-Is-the-Talmud.htm.
4. 펠릭스 저스트, "네 번째 복음서에 등장하는 '유대인들'*The Jews' in the Fourth Gospel*" Catholic-resources.org. 2018. 6. 1 접속 http://catholic-resources.org/John/Thems-Jews.htm; 윌라드 M. 스와틀리, "요한복음에 등장하는 '유대인들' *The Jews' in the Gospel of John*" AnabaptistWiki.org 2015. 9. 28 http://www.anabaptistwiki.org/mediawiki/index.php?title="The_Jews"_(in_the_Gospel_of_John.
5. 대니얼 J. 해링턴,《요한의 사상과 신학: 도입*John's Thought and Theology: An Introduction*》미네소타 칼리지빌:Liturgical Press, 1900) p. 26.
6. R. 앨런 컬페퍼, "다원주의 문화에서의 신앙 문서로인 요한복음*The Gospel of John as a Document of Faith in a Pluralistic Culture*" in《요한복음은 무엇? 네 번째 복음서의 독자들과 독서법*What is John? Readers and Readings of the Fourth Gospel*》페르난도 F. 세고비아 편집, 애틀랜타:Scholars Press, 1996) p. 115.
7. "역사 속의 반유대주의: 초기 교회 시대부터 1400년까지*Antisemitism in History: From the Early Church to 1400*" 미국 홀로코스트 기념 박물관, 2018. 5. 21 접속 https://www.ushmm.org/wlc/en/article.php?ModuleId=10007170
8. 엘리 리조킨-에이젠버그, "요한복음에 나오는 '유대인들'은 누구인가?*Who Are the Jews in the Gospel of John?*" 이스라엘 성서학회, 2012. 11. 7, https://blog.israelbiblicalstudies.com/jewish-studies/who-are-the-jews-in-the-gospel-of-john/.
9. 마크 갈리, 테드 올슨 편집,《모두가 알아야 할 131명의 그리스도인*131 Christians Everyone Should Know*》네쉬빌, 테네시: Broadman and Holman Publishers 출판, 2000. pp. 83-86.
10. 요한 크리소스톰, "유대인을 대적하며: 설교 I *Against the Jews: Homily I*" Tertulian.org, 2018. 5. 21 접속, http://www.tertullian.org/fathers/chrysostom_adversus_judaeos_01_homilyI.htm.
11. 버나드 N. 하워드 "유대인들을 대하는 루터의 태도*Luther's Jewish Problem*" The

Gospel Coalition, 2017. 10. 19 https://www.thegospelcoalition.org/article/luthers-jewish-problem.

12. 베로니카 사라고비아, "루터를 칭찬하며 기념하자는 분위기 일변도이지만, 누군가는 그의 반유대주의에 대해 말해야 한다*Amid Celebrations of Martin Luther, Some Want to Talk about His Anti-Semitism*" Tablet, 2017. 10. 31, http://www.tabletmag.com/jewish-life-and-religion/247747/martin-luther-anti-semitism.

6장

이방인의 유입

The LION of JUDAH

　수년 전, 아내 신시아와 나는 다른 도시로 이주했다. 우리 부부는 이 문제를 오랫동안 논의하였다. 이사를 결정해야 할 시간이 이르렀고 우리는 새로운 도시의 여러 집을 살펴보았다. 몇 주 동안 그 지역을 둘러보다가 맘에 쏙 드는 집을 찾았다. 마을에서 떨어진 한적한 곳에 위치한 집이었다. 앞마당에는 작은 연못도 있었다. 우리는 중개업자와 계약서를 작성했다. 그 집을 구매하기 위한 절차가 본격적으로 시작되었다.

　계약서에 서명한 후, 나는 저녁 예배에 늦지 않기 위해 서둘러 돌아왔다. 그리고 예배가 끝난 후, 그 집에 다시 가서 연못 옆에 있는 작은 벤치에 앉아 잠시 기도했다. "아버지, 제가 이 집을 사는 것을 원하십니까? 제가 잘 결정한 것인지, 올바른 방향으로 가고 있는지 사인을 주십시오."

　기도한 후, 내가 살고 있는 아파트로 돌아왔다. 장거리를 운전해서 몹시 피곤했다. 침대에 눕자마자 깊은 잠이 들었고 그날 밤에 아주 무서운 꿈을 꾸었다. 이사하려는 그 집 안에 내가 서 있는 모습이 보였다. 그런데 내 손과 발이 두 개의 나무 말뚝에 꽁꽁 묶여 있는 것이 아닌가? 아주 단단히 묶여 있어서 아무리 발버둥쳐도 빠져나올 수 없었다. 낑낑대다가 깜짝 놀라 잠에서 깼다. 눈을 떴지만 여전히 묶여 있고 제지당하는 느낌이었다.

　매우 강력한 꿈이었다. 보통 깨어 있는 동안 생각했던 것들이 꿈에 나온다고들 말하는데, 나는 이런 생각을 해본 적이 없다. 평상시에 누가 '말뚝' 같은 것을 생각하겠는가? 주님께서 내게 어떤 확실한 메시지를 전하신 것으로 생각했다. "네가 그 집을 산다면 너는 말뚝에 묶일 것이다." 나는 계약을 파기하기로 했다.

역사를 통해 하나님께서는 꿈과 환상으로 사람들의 마음을 바꾸시고 또 그들의 삶을 바꾸셨다. 타나크를 읽어 보자. 환상 중에 하나님께서 아브라함에게 나타나 그의 후손이 하늘의 별처럼 많아질 것이라고 말씀하셨다(창 15:1-5). 또한 그랄 왕 아비멜렉이 사라를 아내로 삼으려 했을 때, 하나님께서 그의 꿈에 나타나 "사라는 아브라함의 아내이므로 그녀를 건들지 말라, 그녀를 아내 삼지 말라"고 경고하셨다. 이처럼 하나님은 꿈을 통해 이스라엘의 어머니로 우뚝 서게 될 사라의 미래를 보호하셨다(창 20:1-7). 그 하나님께서 요셉에게도 예언적인 꿈을 주셨다. 인생 여정에서 그는 여러 가지 불공정한 상황을 겪어야 했다. 그러나 이집트의 총리가 되었을 때, 하나님이 그에게 주신 꿈은 그대로 성취되었다(창 37장).

구약뿐 아니라 '브릿 하다샤'(신약)에서도 우리는 꿈을 통해 말씀하시는 하나님을 만날 수 있다. 마리아가 임신했다는 사실이 드러나자, 요셉은 그와의 정혼을 조용히 파기하려 했다. 바로 그때 하나님께서 꿈을 통해 "두려워 말라. 마리아와의 결혼을 진행하라"고 말씀하셨다(마 1:20). (이후 하나님께서는 아기 예수를 안전하게 보호하도록 이 부부에게 두 번이나 꿈을 주셨다.) 사울이 극적으로 회심하는 동안, 하나님께서는 아나니아에게 강력한 환상을 주셔서 사울을 돕게 하셨다. 사울이 수많은 성도를 처형한 사실을 잘 알고 있는 아나니아는 그와 만나는 것을 두려워했다(행 9:10-16).

이 모든 환상과 꿈 중, 베드로의 환상만큼 이방인에게 큰 영향을 미친 것이 있을까? 당시 베드로는 점심을 기다리며 지붕 위에 올라가 기도하고 있었다. 그때 그의 눈앞에 환상이 열렸다.

베드로의 환상을 제대로 이해하려면 하나님께서 설정해 두신 배경 상황부터 살펴봐야 한다. 사도행전 10장은 고넬료라는 인물을 소개하는 것으로 시작된다. 그는 유대인의 하나님을 경배하는 이방인이었다. 이스라엘의 하나님이 참 하나님이심을 알게 된 그는 모든 가족에게 이 동일한 신앙을 전파했다(그가 살던 곳은 이스라엘 중에서도 로마의 다신 문화가 가장 많이 침투한 가이사랴였다. 이런 곳에서 이방인이 이스라엘의 하나님을 섬겼다는 자체가 이상한 일이다).

그뿐만이 아니다. 그는 가난한 사람들을(특히 가난한 유대인들) 열심히 구제했으며 끊임없이 경건한 태도로 하나님 앞에 나아가 기도했던 사람이다(행 10:2). 이러한 고넬료는 유대인처럼 살았을 것이다. 그는 타나크(구약)의 윤리강령을 따르며 회당 예배에 참석하고 안식일도 엄수했다.

그러나 그에게 한 가지 문제가 있다. 그가 유대인이 아니라 이탈리아 사람이라는 것이다. 게다가 그는 로마 군대의 백부장이었다. 이스라엘의 입장에서 보면 그는 적군의 지휘관이었다. 그는 유대인에게는 이방인이고 원수였다. 두말할 것 없이 고넬료는 '부정한' 사람이었다. 그의 이러한 조건에도 하나님의 사자가 환상 중에 고넬료에게 나타났다. 그는 고넬료에게 "베드로를 초청하라"고 명령했고, 고넬료는 이 말씀에 즉시 순종하여 사환 두 사람을 베드로에게 보냈다. 여기까지가 이 사건의 배경이다. 이제 누가의 설명을 들어보자.

이튿날 그들이 길을 가다가 그 성에 가까이 갔을 그 때에 베드로가 기도하려고 지붕에 올라가니 그 시각은 제 육 시더라. 그가 시장하여 먹고자 하매 사람들이 준비할 때에 황홀한 중에 하늘이 열리며 한 그릇이 내려오는 것을 보니 큰 보자기 같고 네 귀를 매어 땅에 드리웠더라. 그 안에는 땅에 있는 각종 네 발 가진 짐승과 기는 것과 공중에 나는 것들이 있더라. 또 소리가 있으되 "베드로야, 일어나 잡아먹어라" 하거늘 베드로가 이르되 "주여, 그럴 수 없나이다. 속되고 깨끗하지 아니한 것을 내가 결코 먹지 아니하였나이다" 한대 또 두 번째 소리가 있으되 "하나님께서 깨끗하게 하신 것을 네가 속되다 하지 말라" 하더라. 이런 일이 세 번 있은 후 그 그릇이 곧 하늘로 올려져 가니라(행 10:9-16).

당시 베드로는 이 환상에 담긴 메시지를 깨닫지 못했다. 어쩌면 그는 방금 눈앞에 펼쳐진 환상을 떠올리며, '내가 너무 배고파서 헛것을 다 봤나!'라고 했을지도 모른다. 그러나 하나님은 이 환상을 가볍게 여기지 못하도록 세 번이나 동일한 장면을 보여 주셨다. 그럼에도 베드로가 환상의 의미를 깨닫지 못하고 '도대체 이게 무슨 뜻이지?'라며 어리둥절해 하자, 하나님께서는 그에게 "아래층으로 내려가 고넬료의 집안사람들을 만나라"고 친히 말씀해 주셨다.

고넬료가 보낸 사환들은 베드로가 기거하는 집에 '때맞게' 도착하였다. 그렇다. 하나님께서 이 모든 상황을 연출하신 것이다. 베드로는 하나님의 말씀에 순종하여 그들과 함께 이방인 고넬료의 집으로 향했다. 그리고 그의 집으로 들어갔다. 믿음의 큰 발걸음을 내딛은 것이다.

그런데 고넬료의 집 안으로 들어가서 베드로가 했던 말과 행동은 '국제 예절 초급반' 수준에도 미치지 못했다. 그가 집주인 고넬료에게 했던 말이 무엇인지 아는가? 한 번 각색해 보겠다.

"다들 알겠지만, 나는 여기 있어서는 안 되는 사람입니다. 아시죠? 나는 정결한 사람이에요. 하지만 당신들은 부정한 사람이잖아요? 나는 하나님께서 선택하신 유대인입니다. 아주 특별한 사람이지요. 그러나 여러분은 안타깝지만 선민이 아닙니다. 여러분은 부정한 사람들입니다."

그러나 다행히도 베드로의 말은 거기서 끝나지 않았다. "하나님께서 내게 지시하사 아무도 속되다 하거나 깨끗하지 않다 하지 말라 하시기로"(행 10:28). 나는 이 말에 담긴 힘이 어떠한지, 또 이 말이 온 인류에 어떤 영향력을 미쳤는지 알고 있다. 그 힘을 결코 간과할 수 없다. 비록 짧은 문장이지만 베드로는 지금, "하나님께서 큰 은혜로 모든 사람 앞에 천국 문을 활짝 열어 놓으셨다"고 선포한 것이다.

베드로가 이 말을 했던 시점으로부터 약 1500년 전, 하나님께서는 모세를 통해 유대인들에게 아주 강력한 계명을 주셨다. "거룩하라", "스스로를 성별하라", "세상의 오염으로부터 스스로를 지켜 씻어라." 하나님은 유대인들을 통해 자신의 거룩함을 다른 모든 나라에 나타내고자 하셨다. 하나님이 이방인들을 미워하시거나 혹은 인종차별주의자여서 유대인에게만 독점적 규례를 주신 것이 아니다. 그 동일한 율법에는 이방인들을 사랑하고, 친절하게, 긍휼하게 대해야 한다는 지침도 들어 있다. 하나님은 이스라엘이 이방인들에게 피난처가 되기를, 특히 하나님 안에서 참 평안을 찾으려는 이방인들에게 피난처가 되어 주길 바라셨다.

하나님은 이방인을 사랑하신다. 다만 대다수 이방인을 사로잡고 있는 '불경건'을 미워하셨을 뿐이다. 이방인을 사랑하시는 하나님은 그들에게 하나님 나라의 경건한 면면을 보여 주고자 유대인이란 민족을 모델로 선택하셨다.

그러나 안타깝게도 모델로 선택받은 유대인들은 하나님의 명령을 수시로 어겼다. 그들은 우상 숭배자와 통혼했고 우상 숭배자들을 사회 안으로 끌어들였으며 그들의 거룩하지 않은 문화를 고스란히 받아들였다. 구약 성경 곳곳에 기록되었듯이 이스라엘의 타락은 결국 '선민의 몰락'으로 이어졌다. 결과는 참담했다. 바빌론에 멸망한 후부터 예수님의 시대에 이르기까지, 아니 그 후로도 계속 유대인들은(로마 제국의 압제 아래) 나라 없는 민족으로 살아가야 했다.

하지만 로마는 그들이 유대 문화를(종교 관습을 포함하여) 지킬 수 있도록 허락해 주었다. 대다수의 유대인은 '부정한 이방인'의 세계로부터 자신을 보호했다. 이른바 문화적 은둔자로 살아갔던 것이다. 이 말은 대다수의 유대인이 일상 속에서 이방인과 접촉하지 않기 위해, 이방인과는 어떠한 관계도 맺지 않으려고 고군분투했다는 뜻이다. 결코 쉽지 않은 일이었다. 물론 그들에게도 어쩔 수 없이 로마 관료들과 교류해야 했던 순간이 있었다. 또 외국인들이 이스라엘 땅을 방문하는 일도 허용해야 했다. 그럼에도 유대인은 최대한 이방인과의 접촉을 피했다. 유대인이 된다는 말은 곧 이방인의 '오염'으로부터 '내가 사는 세상'을 보호한다는 뜻이었다.

베드로에게도 다르지 않았다. 그런 그에게 이 환상이 열린 것이다. 이 환상은 하나님께서 이방인들을, 단지 유대인이 아니라는 이유로 부정하게 여기지 않으신다는 메시지를 전했다.

예슈아 하-마쉬아흐의 희생으로 인해 이방인들에게 하나님 나라의 문이 열렸다. 오직 예수님만이 이 일을 행하실 수 있었다. 예수님은 율법을 온전히 성취하심으로 부정한 것을 정결하게 하셨다.

초자연적인, 입을 다물게 만드는 표적

예수님을 따른다고 해서 모든 유대인 성도가 이방인 성도를 쉽게 받아들인 것은 아니었다. 고넬료와 교제하고 그 가족에게 세례를 베푼 후 베드로가 예루살렘으로 돌아왔을 때, 이 사실을 알게 된 예루살렘 교회의 유대인 성도들은 베드로를 비난했다. "어찌 너는 무할례자의 집에 들어가 함께 먹었느냐?"(행 11:3) 부정한 이방인과 함께한다는 것은 그동안 유대인이 지지해 왔던 모든 것, 이를테면 윤리 기준, 신학, 생활양식 등에 저촉되는 일이었다. 상황이 이렇다 보니, 베드로의 입장이 난처해졌다. 하지만 그는 담대하게 대답했다. 당시 그가 한 말은 그야말로 혁명이었다.

유대인이 이방인을 수용하는 것이 얼마나 어려운지는 하나님도 알고 계셨다. 그러므로 베드로가 고넬료의 가족에게 행한 것은 노력의 결실이 아닌, 하나님의 뜻에 순복한 결과물이었다. "고넬료를 만난 것은 하나님의 뜻이다!" 유대인들에게 이 사실을 입증하기 위해서는 그들이 부인할 수 없는, 무언가 놀랍고 초자연적 표적을 보여 줘야 했다. 하나님은 이 사실도 알고 계셨다. 이러한 이유로 하나님께서는 고넬료에게 성령을 보내셨다.

만일 베드로가 예루살렘 교회로 돌아와서 "하나님이 내게 이방인의 집에 들어가는 것을 허락하셨소"라고만 말했다면, 그의 대답은 유대인들에게 시답잖게 들렸을 것이다. 그러나 베드로는 모든 유대인이 깜짝 놀랄 만한 (자신에게도 무척 놀라운) 사실을 말했다. "하나님께서 이방인을 정결하게 하셨소. 그리고 무엇보다 이방인들도 우리처럼 성령으로 세례를 받았습니다!"

베드로가 이 사실을 말하기 전에는 유대인 성도들은 성령받는 일이 오직 자신들에게만 허락된 것으로 생각했다. 기억하라. 맨 처음 교회를 구성한 성도는 100퍼센트 유대인이었다. 예수님이 승천하신 직후, 그분을 따랐던 성도 중 이방인은 한 명도 없었다. 사도행전 2장에 기록된 그 영광스러운 오순절 사건도 마찬가지이다. 여기에 사용된 표현과 문구들은 이 사건이 얼마나 유대다운(Jewish) 일이었는지를 여실히 보여 준다. 제자들이 성령을 받고 방언을 말할 때, 현장에서 이들의 말소리를 들은 사람

역시 '경건한 유대인들', '유대인', '유대교에 들어온 사람들'(행 2:5, 10)이 었다(우리말 '유대교에 들어온 사람들'로 번역된 헬라어 '프로셀뤼토이'는 유대교로 개종한 비유대인을 뜻한다). 그날 말씀을 전할 때, 베드로는 청중에게 "유대인들과 예루살렘에 사는 모든 사람들아"(14절), "이스라엘 사람들아"(22절), "형제들아"(29절)라는 호칭을 사용했다. 확실히 그날 베드로는 이방인들에게 설교하지 않았다.

오순절 당일, 3000명가량이 예루살렘 교회의 일원이 되었다. 그날 이후 베드로가 고넬료를 만난 날까지 예루살렘 교회 성도들의 수는 점점 많아졌는데 중요한 것은, 그들 모두가 유대인이었다는 것이다. 물론 교회 안에 들어온 사람 중 태생 자체는 유대인이 아닌 사람도 더러 있었다. 하지만 그들조차 유대인의 규율을 따라 유대교로 개종하여 유대인 범주 안에 편입된 상태였기에 유대인이라 할 수 있었다. 그러므로 맨 처음 성도들은 '예수님의 추종자 = 유대인'이라는 공식을 갖고 있었다.

이러한 예루살렘 교회 앞에서 베드로가 말했다. "이방인에게도 성령이 주어졌다!" "성령이 그들에게 임하시기를 처음 우리에게 하신 것과 같이 하는지라"(행 11:15).

성경은 당시 유대인 성도들의 반응이 완벽한 침묵이었다고 증언한다. "그들이 이 말을 듣고 잠잠하여"(행 11:18). 유대인으로서 내가 단언하는데, 침묵은 전혀 '유대인답지' 않은 반응이다. 우리 문화는 예부터 표현을 잘하는 문화였다. 좋은 일이 생겨 기뻐하든지, 슬픈 일이 있어 애도하든지, 우리 민족은 항상 시끄러운 편이다. 그러므로 침묵은 그곳에 무언가 예기치 못한 아주 중요한 일이 발생했다는 뜻이다. 감사하게도 그 중요한 일이 무엇인지 알아내기 위해 애쓸 필요는 없다. 바로 다음 구절에 소개되기 때문이다. "하나님께 영광을 돌려 이르되 그러면 하나님께서 이방인에게도 생명 얻는 회개를 주셨도다"(행 11:18).

유대인들이 침묵한 이유는 이러한 하나님의 결정에 대해 더는 왈가왈부할 수 없었기 때문이다. 이 같은 유대인의 입장을 가장 잘 설명한 말이 베드로의 입에서 나왔다. "그런즉 하나님이 우리가 주 예수 그리스도를 믿을 때에 주신 것과 같은 선물을 그들에게도 주셨으니 내가 누구이기에 하나님을 능히 막겠느냐?"(행 11:17)

그렇다. 누구도 하나님의 뜻을 거스를 수 없다. 하나님께서 "모든 사람이 구원을 받으며 진리를 아는 데에 이르기를"(딤전 2:4) 원하시면 그것으로 끝이다. 하나님이 말씀하신 '모든 사람'은 "각 나라와 족속과 백성과 방언"(계 7:9), 즉 모든 사람이다. 우리는 하나님의 길이 우리의 길보다 더 높고 좋다는 사실을 안다. 하나님의 길은 우리의 길보다 항상 높다(사 55:8-9).

사느냐 죽느냐

교회가 성장하면서 고넬료가 구원받았다는 중요한 소식은, 가이사랴 지역을 넘어 하나님 나라가 선포되고 확장되는 모든 곳으로 퍼져나갔다. 예루살렘 교회의 유대인 성도들은 하나님께서 '유대인의 믿음'(처음 예수님을 믿은 것은 유대인이었다)을 이방인에게도 허락하셨다고 인정했다.

그러나 유대인 중 자원하여 이방인에게 복음을 전하려는 사람은 거의 없었다. 다시 한번 말하지만, 유대인들은 이방인과 교류하지 않으려고 노력했다. 이방인을 향한 하나님의 구원 계획을 알았다고 해도, 유대인이 이방인에게 나아가기는 그리 쉽지 않았을 것이다.

얼마 후에 유대교 지도자들이 '예수 믿는' 유대인들을 박해하기 시작했다. 이때 유대인 성도들은 박해를 피해 이방인의 땅으로 도망쳤고 그곳에서도 오직 유대인에게만 복음을 전했다. "그 때에 스데반의 일로 일어난 환난으로 말미암아 흩어진 자들이 베니게와 구브로와 안디옥까지 이르러 **유대인에게만** 말씀을 전하는데"(행 11:19).

하지만 안디옥의 양상은 달랐다. 이 거대한 도시의 다문화적 분위기 때문이었을까? 그곳으로 피신한 유대인 성도들은 이방인과 교류 기회가 많았을 것이다. 물론 정말 그랬는지는 확신할 수 없고, 말씀을 통해 추측할 뿐이다. 우리가 아는 사실은 모 교회인 예루살렘 교회가 바나바를 그곳으로 파송할 만큼 안디옥의 교회가 굉장히 커졌다는 것이다. 그런데 안디옥 교회가 커졌다는 사실은 그 지역의 이방인들이 교회 안으로 들어왔다는 증거가 아니겠는가?

훗날 안디옥 교회는 바나바와 바울(유대식 이름으로는 사울)을 따로 세우고, 오늘날의 터키와 시리아 지역의 사람들(유대인과 이방인 모두)에게 복음을 전하도록 그들을 선교사로 파송했다. 첫 번째 선교 여행에서 이들은 놀라운 성공을 거두었는데, 성공의 핵심은 수많은 이방인의 구원이었다. 즉, 이방인들이 복음을 듣고 대거 예수님을 믿었다는 것이다.

그러나 이방인 성도의 수가 늘어나자 유대인 성도들 사이에 이 문제로 인한 분쟁이 있었고 결국 AD 50년에 예루살렘 교회에서 첫 번째 공의회가 소집되었다. 이 내용은 사도행전 15장에 기록되어 있다.

공의회의 핵심 사안은 이방인 새신자들이 '유대인이 되어야 하느냐, 마느냐'였다. 당시 예수님을 믿는 사람 중 바리새인의 한 분파가 있었는데 (바리새인 중 니고데모처럼 예수님을 믿는 사람들이 있었다. 요한복음 3장을 보라) 그들은 "이방인 성도들도 이스라엘의 하나님과 관계를 맺으려면 유대인처럼 할례를 받고 토라를 따라야 한다"고 주장했다. 이에 대해 바나바와 바울은 "말도 안 된다"며 강경한 입장을 표했다. 할례 없이도 하나님의 복이 이방인 성도들에게 임하여 그들의 수가 크게 증가하는 것을 두 눈으로 보았기 때문이다.

예루살렘 공의회에 참으로 많은 것이 달려 있었다. 만일 "이방인이 예수님을 믿으려면 유대교인이 되어야 한다"고 결정할 경우, 바울과 바나바가 선교지에서 경험한 폭발적 교회 성장은 더이상 없을 것이기 때문이다.

여기에서 한 가지 중요한 질문을 하겠다. 예루살렘 공의회에서의 논쟁 이후 상황이 급변했다는 사실을 알겠는가? 오늘날 교회의 회의 주제는 완전히 달라졌다. 당시 예루살렘 교회는 "유대인의 율법을 따르지 않고도 이방인이 교회 안에 들어올 수 있는가?"를 논의했지만, 오늘날의 교회는 "예수님을 믿는다는 유대인이 유대 정체성을 유지해도 되는가?"를 논의하고 있다. 예루살렘 공의회의 논의 주제와 정반대의 패러다임 아닌가? 당시에는 예수님을 믿는 사람이 전부 유대인이었기 때문에 논쟁의 중심은 이방인이었다. "이방인도 예수님을 믿으려면 유대인이 되어야 했는가?" 이방인은 교회 밖의 외부인으로서 그저 교회 안을 들여다보았을 뿐이었다. 그런데 지금은 상황이 역전되었다. 유대인들이 교회 바깥에서 머뭇거리고 있다. 한때, 교회 안에는 유대인 성도만 있었는데, 지금 유대인들은 기독교를 '이방인의 종교'로 여기고 있다(당연한 말이지만 유대인들은 유대교를 자신의 종교로 여긴다).

나는 예수님을 믿으면서도 유대인일 수 있다는 '살아 있는 증거'이다. 사실 나는 예수님을 따르는 것보다 더 유대인다운 일을 생각해 낼 수 없다. 나는 나 자신을 '유대인 그리스도인'이라고 자랑스럽게 소개한다. 하지만 "나는 유대인 그리스도인입니다"라고 말할 때마다, 놀랍게도 유대인과 이방인 모두 동일한 질문을 한다. "예수님을 믿는데, 어떻게 유대인일 수 있지요?" 유대인들은 나를 그리스도인으로 생각하지, 유대인으로 여기지 않는다. 내가 예수님을 따르기 때문이다. 반면에 이방인 성도들은 나를 그리스도인으로 여기지 않는다. 내가 유대인 정체성을 버리지 않았기 때문이다. 두 진영이 내 안에서 충돌하고 있다.

예루살렘 공의회도 이러한 문제의 심각성을 인지했다. 그리고 나처럼, 또 수많은 메시아닉 유대인처럼 공의회 참석자들도 성령의 인도하심 아래에서 이 두 진영을 조화시켰다. 베드로와 야고보(예수님의 형제)가 각각 의견을 개진한 후, 공의회는 이같이 결론 내렸다. "성령과 우리는 이 요긴한 것들 외에는 아무 짐도 너희에게 지우지 아니하는 것이 옳은 줄 알았노니 우상의 제물과 피와 목매어 죽인 것과 음행을 멀리할지니라. 이에 스스로 삼가면 잘되리라. 평안함을 원하노라"(행 15:28-29).

그런데 왜 네 가지 금지 사항인가? 실생활 차원에서 보면, 이 네 가지 조항은 이방인들이 어길 경우 유대인 성도들이 참아주기 힘든 항목들이었다. 즉, 유대인과 이방인의 교류를 무척 어렵게 만드는 요인들이다.

유대인의 율법에서 '우상의 제물 취식', '피 취식', '목매어 죽인 짐승의 고기 취식', '음행'은 사람을 가장 크게 더럽히는 요소이다. 그러므로 공의회는 이방인 성도들에게 "유대인 형제들을 존중해 달라"는 차원에서 네 가지 금기사항을 지켜 달라고 요청했다. 이것으로 공의회는 마무리되었다.

바울도 동일한 취지에서 예수님을 믿는 이방인 성도들에게 이같이 말했다. "그런즉 우리가 다시는 서로 비판하지 말고 도리어 부딪칠 것이나 거칠 것을 형제 앞에 두지 아니하도록 주의하라"(롬 14:13). 그는 음식을 예로 들어 이 원칙을 아주 잘 설명했다. "음식으로 말미암아 하나님의 사업을 무너지게 하지 말라. 만물이 다 깨끗하되 거리낌으로 먹는 사람에게는 악한 것이라"(롬 14:20). 예루살렘 교회의 유대인 성도들은 이방인 성도들에게 '이방인답게' 살 자유를 허락해 주었다. 다만 유대인과 이방인의 원활한 교제를 위해 네 가지 사항만큼은 자제해 달라고 요청했을 뿐이다. 이를 어긴 이방인 성도와 교류할 경우, 유대인 성도들이 율법을 어기게 될 수도 있기 때문이다.

교류했기 때문에 공격당하다

베드로, 야고보, 바나바, 바울 그리고 공의회에 참석한 유대인 성도들은 자신들의 결정이 훗날 어떤 결과를 불러올 지 알았을까?

이미 하나님은 그분의 아들을 통해 이방인을 구원하고 또 그들과 영원한 관계를 맺기로 하셨다. 이후 성령께서 역사하셔서 전 세계 수많은 이방인이 구원을 얻었다. 유대인 성도들은 눈앞에서 하나님의 원대한 계획이 이루어지는 것을 보았다. 오래전 하나님께서 유대인의 조상인 아브라함에게 그 계획을 말씀하셨다. "내가 너로 큰 민족을 이루고…땅의 모든 족속이 너로 말미암아 복을 얻을 것이라"(창 12:2-3).

교회 안의 수많은 유대인은 이방인 형제자매를 환영했다. 비록 그들은 평생 부정한 이방인과는 절대 교류해서는 안 된다고 배웠지만, 예수님 안에서 이방인 성도들을 가족처럼 대했다. 신약 성경 및 역사 자료를 통해 밝혀진 사실에 의하면, 초대교회가 크게 성장한 배경에는 '연합'과 '사랑'의 정신이 있었다. 그들의 연합과 사랑은 예수님을 믿지 않는 사람조차 "그 도(예수 신앙)를 따르는 사람들은 지극한 이타심과 긍휼한 마음으로 불쌍한 사람들을 기꺼이 도우려 했다"고 증언할 정도였다.[1] 방금 출범한 그리스도의 몸 된 교회는 이처럼 아름다웠다.

정말 그랬다. 하지만 그렇게 시작한 교회의 영광은 곧 사라졌고, 이후 교회는 교회 밖의 사람들과 갈등을 빚기 시작했다. 유대인과 이방인이 뜨

겹게 사랑하고 연합하는 새 시대가 열렸으나, 이 새로운 공동체를 대적하는 외부의 분노 역시 뜨겁게 불타오르기 시작했다.

바리새인, 사두개인 그리고 성전 지도자들은 계속해서 '나사렛 사람들'을 박해했다(종교 지도자들은 유대인 중 예수님을 추종하는 성도들을 '나사렛 사람'이라고 불렀다). 사도행전 12장 3절을 읽어 보라. 헤롯이 야고보를 처형했을 때, 유대인들은 크게 기뻐했다. 바나바와 바울의 1차 선교 여행 중 유대인들은(유대 지도자들은 물론 평민들까지) 끊임없이 이들의 복음 사역을 방해했다. 심지어 군중을 선동하여 바울에게 돌을 던지게 한 후, 바울이 죽은 줄 알고 그를 끌어다 도시 밖으로 던져 버렸다(행 13:45, 14:2, 5, 19 참고).

정통 유대인의 눈에 비친 예슈아의 추종자들은 영락없는 신성 모독자였다. 십자가에 달린 랍비를 메시아라고 주장했기 때문이다. 그러나 무엇보다 유대인 성도들이 이방인과 연합하는 모습을 도저히 참을 수가 없었다. 유대인이 보기에 교회는 '나사렛 이단' 센터였고 온갖 부정함의 온상이었다. "부정한 이방인과 연합하면서 스스로를 '하나님의 백성'이라고 부른다는 게 말이 되는가?"

유대인이 이방인과 연합했다는 이유로 그들을 공격한 것은 종교 지도자들만이 아니었다. 당시 이스라엘에는 민족주의자들이 아주 많았다. 그들 중에는 이방인과 교류하는 유대인은 누구든 살해할 것을 다짐했던 극단주의자들도 있었다. 이러한 사람들이 이방인과 연합한 교회를 향해 어떤 압박을 가했는지는 갈라디아서에 기록된 일화를 통해 어느 정도 유추해 볼 수 있다.

바울은 안디옥 교회의 이방인들이 보는 앞에서 베드로를 호되게 꾸짖었다.[2] 평상시 베드로는 이방인과 식사하는 것을 꺼리지 않았다. 그러나 할례당에 속한 사람들이 도착했을 때, 베드로는 그들의 눈치를 보며 슬며시

6장 · 이방인의 유입 | 151 |

자리를 피하더니 유대인과 따로 앉아 식사를 이어갔다(갈 2:12). 그 장면을 목격한 바울은 베드로의 위선을 지적하며 책망하기 시작했다(갈 2:13-14).

이 사건은 당시 유대교 지도자들이 초대교회를 얼마나 괴롭혔는지를 넌지시 보여 준다. 교회의 기둥이라고 할 수 있는 베드로조차 그들을 의식할 정도였다. 이들 유대 종교 지도자, 정치 지도자들은 "예수를 따르면 유대인의 정체성을 잃는다"는 거짓 협박과 함께 교회에 대한 공격을 한층 강화했다.

유대인들의 원수를 저주하다

"예수를 따르면 유대인의 정체성을 잃는다"는 문화적 프로파간다는, AD 90년 얌니아 공회 이후 절정에 달했다. 이 회의 후, 바리새인과 여러 다른 종교 지도자들은 새로운 유대교의 틀을 만들어서 뿔뿔이 흩어진 유대인들을 연합하려고 노력했다. 성전을 중심으로 한 유대 문화의 세 기둥이 – 성전 건물, 제사, 제사장 – 사라졌기 때문에 종교 지도자들은 새로운 '유대 정체성'을 찾아야 했다. 이를 위해 그들은 새로운 관습과 전통을 만들기로 결정했다. 바리새인과 랍비들이 모여 새로운 예식과 기도문을 '개발'한 것이다.

성전은 파괴되었다. 로마 제국은 유대인들을 노예로 삼았다. 이에 점점 더 많은 유대인이 '디아스포라'(흩어진 유대인들)가 되었다. 이 시점에서 종교 지도자들은 유대인이 한마음, 한뜻으로 따를 만한 새 유대교를 만들기로 결의했다. 그러나 이들의 목적은 순수하지 않았다. 유대의 새 문화를 개발한 사람들은 매우 교활했다. 그들은 새로운 예식 기도문 속에 '저주의 문구'를 넣었는데 그 내용은 다음과 같다. "누구든지 바리새인의 가르침을 따르지 않거나 거짓 가르침을 주창하면, 그들은 분리주의자이고 이단이기에 저주받을 것이다."

오랜 세월 동안 역사가들은 이 기도문에 특별한 관심을 보였다. 특히, 유대인들이 이 기도문을 작성했을 때 과연 예수의 추종자들을 '어느 정도' 염두에 두었는가는 역사가들의 관심사였다.

이것은 '비르카트 하-미님(Birkat ha-Minim)'이란 기도문으로 회당에서 주중 기도 모임을 마칠 때 축도로 사용했던 여러 기도문 중 하나였다. 이 기도가 독특한 이유는 이단에 대한 저주의 내용을 담고 있기 때문이다. 즉, 랍비 유대교의 '원수들'로 지목된 사람들에게 하나님의 저주를 퍼붓는 기도이다.

기도문의 작성 연도가 표기된 원본은 없다. 그러므로 1세기, 교회가 크게 일어나는 때, 과연 유대교의 지도자들이 누구를 원수로 지목했는지 정확히는 알 수 없다. 그러나 이 기도문의 후기 개정판을(9~12세기 사이에 만들어진 것으로 추정됨) 보면, 그들이 누구를 유대교의 원수로 여겼는지 충분히 짐작할 수 있다.[3]

배교자들에게 소망이 없을지어다. 거만한 세상 통치자는 우리 시대에 빠른 속도로 뿌리 뽑힐지어다. '노제림(nozerim)'과 '미님(minim)'은 즉시 파괴될지어다. 그들의 이름은 생명책에서 지워질 것이다. 그들의 이름이 의인의 이름과 함께 생명책에 기록되지 말지어다. 오 주여! 거만한 자들을 낮추시는 당신은 복된 주님이시니이다.[4]

위에 나오는 두 단어 '노제림'과 '미님'이 누구를 지칭하는지, 학자들의 호기심이 이 두 단어의 미스터리에 집중되어 있다. 일단 '미님'은 '이

단'으로 번역된다. 문제는 '노제림'이다. 언어학자들은 '노제림'이 '나자린(Nazarene)', 즉 '나사렛 사람들'을 지칭한다고 주장한다. 앞에서 언급했듯이 '나사렛 사람들'은 유대인 중 예수의 추종자들을 비난하기 위한 표현이었다.⁵

AD 374~377년경 교부 에피파니오가 기록한 문서에는 "유대인들이 예수님을 메시아로 믿는 동료 유대인들을 저주한다"는 내용이 나온다. AD 404~410년경으로 추정되는 제롬의 글에도 "유대인들이 모든 성도를, 유대인 성도이든 이방인 성도이든 그들 모두를 저주한다"는 내용이 나온다.⁶

1~2세기 유대교 예식서에 이방인 성도들을 향한 직접적인 저주는 나오지 않는다. 그러나 바리새인과 랍비들이 구축한 새 종교 시스템에서 예수님을 믿는 유대인들은 '귀신 들린 사람'으로 인식되었다. 비르카트 하미님 기도문에 '노제림'의 저주 문구가 첨가된 때가 얌니아 공회 직후였을 것이라는 추측도 있다. 그렇다면 그 목적은 분명, 유대인 성도들을 회당에서 축출하고 다시 들어오지 못하도록 막기 위함일 것이다.⁷

학자들은 비르카트 하미님을 두고 논쟁한다. 그러나 누구도 부인할 수 없는 한 가지 사실은, 이처럼 정치적 논제로 풍성한 예식 기도문이 탄생한 배후에는 특정한 '영'이 도사리고 있다는 것이다. 이 기도문을 작성한 바리새인과 랍비들은 누구인가? 예수님께서 "마귀의 자식들"(요 8:44)이라고 명명하신 사람들의 자손이다. 예수님의 죽음을 모의했던 종교 지도자들의 후손이다. 유대 문화를 통제하고 조종하려는 이들의 사악한 술수는 '적그리스도의 영'에게서 기인했다. 사탄은 예수님의 때에도 바리새인을 통해 왕성히 활동했고 이후 교회를 분열시키는 일에도 어느 정도 성공을 거두었다. 첫째, 사탄은 유대인들을 조종하여 유대인 성도들을 동족 사회에서 쫓아냈다. 예수 신앙을 '유대인 정체성을 포기하는 일'로 인식하게 만들었다. 둘째, 사탄은 '이방인과 교제하여 더럽혀진' 유대인 성도와 '이방인을 멀리하여 정결함을 유지한' 유대인 성도를 분열시킴으로 교회에 대한 공격에 일정 부분 성공을 거두었다.

얌니아에서 출범한 새 유대교의 배후 세력은 '바리새인의 영'이다. 바리새인의 영은 2세기에 이르러 새로운 방식으로 진상을 드러내기 시작했다. 바리새인의 영은 유대인 반란을 주도했고, 유대교와 기독교의 대립을 더욱 가속화했다.

각주

1. "초대교회 성도들은 어떠했는가?*What Were Early Christians Like?*" Christianity.com 2010. 4. 28 https://www.christianity.com/church/church-history/timeline/1-300/what-were-early-christians-like-11629560.html.
2. 그랜트 R. 오스본 편집, "갈라디아서 2장 12절 - 베드로가 이방인 성도들과 내외하다 *Galatians 2:12 – Peter's Separation From Gentile Christians*"《IVP 신약 주석 시리즈》웨스트몬트, 일리노이: IVP Academic 출판 2010.
3. 프레드 스콜닉 편집, "비르카트 하-미님*Birkat Ha-Minim*"《유대 백과사전 2판 *Encyclopaedia Judaica 2nd ed.*》파밍턴 힐즈, 미주리: Thomson Gale 출판 2008, 2018. 5. 21 접속 https://www.jewishviruallibrary.org/birkat-ha-minim.
4. S. 쉑터, "게니자 견본*Genizah Specimens*" Jewish Quarterly Review, OS 10(1898), 657; 스콜닉, "비르카트 하-미님"
5. 스티븐 T. 카츠 편집,《캠브리지 유대교 역사 vol 4: 후기 로마-랍비 시대*The Cambridge History of Judaism: Volume 4, The Late Roman-Rabbinic Period*》뉴욕: Cambridge University Press 출판, 2006. p. 291.
6. 루스 랭어,《그리스도인을 저주한다? 비르카트 하-미님의 역사*Cursing the Christians? A History of the Birkat HaMinim*》뉴욕: Oxford University Press 출판, 2012, pp. 31-34.
7. 카츠,《케임브리지 유대교 역사》

7장

반란

The LION of JUDAH

　예루살렘 공의회는 인류 역사에 영원히 잊지 못할 흔적을 남겼다. 이방인 성도들이 자신을 '유대인화(化)'하지 않아도 괜찮다는 공의회의 결정은 교회뿐만 아니라 온 세상을 바꿔 놓았다. 공의회의 결정에 따라 수많은 이방인이 교회 안으로 유입되었고, 이후 기독교는 전 세계적인 운동으로 도약했다. 초기 교회의 지도자들 모두가 유대인이었는데, 어떻게 이방인들을 그리 쉽게 받아들일 수 있었을까? 지도자들은 그렇다 치고, 이방인을 수용한다는 결정에 일반 유대인 성도들은 이 '예수 운동'의 유대적 특성이 크게 흔들릴 것을 알았을 텐데, 두렵지 않았을까?

　사실 유대인 성도들은 예수 신앙의 유대적 특성이 사라질까 봐 염려했다. 그렇기 때문에 야고보 사도는 다음의 말로 예루살렘 공의회를 마무리했다. "다만 우상의 더러운 것과 음행과 목매어 죽인 것과 피를 멀리하라고 편지하는 것이 옳으니 이는 예로부터 각 성에서 모세를 전하는 자가 있어 안식일마다 회당에서 그 글을 읽음이라"(행 15:20-21). 이방인이 유대인화하지 않아도 괜찮다는 것과 '모세를 전하는 자(의 설교)'는 무슨 상관이 있는가?

　모든 면에서 상관이 있다. 지금 야고보는 매우 담대히 자신의 확신을 고백한 것이다. "비록 이방인들이 유대인화하지 않고 유대인의 길을 따르지 않더라도, 이스라엘의 하나님과 관계를 맺은 이상 그들은 유대인의 하나님이 어떠한 분인지 더 많이 깨닫게 될 것이다."

야고보의 확신은 어디에 근거한 것인가? 매주 회당에서 하나님이 어떤 분인지를 알려 주는 모세의 책 다섯 권이(토라) 낭독되었기 때문이다. 야고보는 타나크가 펼쳐질 때마다, 아브라함, 이삭, 야곱의 하나님이 선포된다는 것을 알았다. 그는 이방인 성도들이 매주 회당에 모여 성경(구약) 말씀을 듣는 한, 그들이 유대인의 하나님에 대해서, '여호와의 도'에 대해서 점점 더 많이 깨닫게 될 것을 확신했다.

야고보의 말은 옳았다. 이방인들이 예수의 추종자가 된 후, 맨 처음 받은 교육은 회당에서 이뤄졌다. 당시 회당은 유대 교육의 중심이었다. 랍비들이 타나크의 교사와 수호자로 나서서 유대인들을 가르쳤던 곳이 회당이다. 당시 이방인 성도들의 신앙이 크게 성장했던 이유 중 하나는 그들이 매주 회당 예배에 참석하여 구약의 하나님에 대해 듣고 배웠기 때문이다. 예수 신앙을 더 많이 배우기 위해, 그들은 예수님이 완성하신 '율법'과 '선지서'에 대해 더 많이 알아야 했다. "내가 율법이나 선지자를 폐하러 온 줄로 생각하지 말라. 폐하러 온 것이 아니요, 완전하게 하려 함이라"(마 5:17). 예수님의 존재 자체가 타나크의 완성이므로 자신을 그리스도인(예수의 추종자)이라고 주장하는 사람이라면 반드시 타나크를 배워야 한다. 물론 과거 이스라엘 백성처럼 율법에 얽매일 필요는 없다.

이방인 성도들은 율법 아래에서 살아갈 필요는 없었으나, 구약 성경 전반에 계시된 성부, 성자, 성령 하나님을 올바로 깨닫기 위해 구약의 율법을(율법서 외의 모든 타나크도 마찬가지) 배워야 했다. 그들은 매주 회당에 가서 하나님에 대해 배웠다. 성경은 당시 이방인들이 구약을 배울수록 점점 더 많은 가르침을 원했다고 증언한다. 그들은 이스라엘의 유일하신 하나님을 알기 원했다. 예를 들면, 바울과 바나바가 안디옥(비시디아)의 회당에서 사역한 후였다. 그들은 유대인의 역사를 요약하여 가르친 후 그곳을 떠나려 했는데, 이방인들이 문 앞까지 달려와 "더 가르쳐 달라"고 부탁했다. "그들이 나갈 새 사람들이 청하되 다음 안식일에도 이 말씀을 하라 하더라"(행 13:42).

어떤 학자들은 "이 이방인들이 정기적으로 회당 예배에 참석했을까?"라며 새로운 본문 해석을 제기한다. 성경은 그들이 '유대인과 함께', '회당 안에서' 사도의 가르침을 받았는지 명시하지 않았다. 이를 근거로 "이방인들은 회당 예배에 정기적으로 참석한 게 아니었다"라고 주장하는 학자들은 그들이 바울과 바나바에게 말할 기회를 얻기 위해 '회당 밖에서' 기다리고 있었다고 설명한다. 그러나 그들의 말처럼 이방인들이 회당 참석자이든, 아니든 상관없이 회당에(회당 근처에) 이방인들이 있었고 또 그들이 이스라엘의 하나님을 알기 원했다는 것은 사실 아닌가?

예루살렘 성전에도 '이방인의 뜰'이라 불리는 장소가 있었다. 이방인들도 거기까지는 출입할 수 있었다. 하나님은 이방인들도 자신의 집 안에 들어와야 한다고 생각하셨고, 성전 설계도를 통해 그 계획을 실천하셨다. 이방인이 성전에 들어와서 하나님에 대해 배우고 하나님을 예배하는 것은 하나님의 갈망이었다. 이를 바탕으로 우리는 회당 역시 성전과 비슷한 구조로 지어졌을 것이라고, 즉 이방인들도 회당에 들어와 모세의 율법을 배울 수 있도록 설계되었을 것으로 추측할 수 있다. 야고보 사도가 이방인들에게 자유를 선포했지만, 예수 신앙의 유대적 특성이 사라질 것을 두려워하지 않은 이유가 여기에 있었다. "이는 예로부터 각 성에서 모세를 전하는 자가 있어 안식일마다 회당에서 그 글을 읽음이라"(행 15:21).

반란이 처벌로

그런데 아주 큰 사건이 일어나 이 아름다운 회당 교육을 방해했다. AD 66년 제1차 유대인 반란이('대반란'이라고 불림) 시작되었다. 팔레스타인 전역에서 유대인들의 봉기가 일어난 것이다. 이 사건은 수많은 회당에 큰 영향을 끼쳤다. 반란이 시작되자 회당은 반란군의 양성소로 변질되었다. 민족주의자들은 회당 연설을 통해 로마의 압제에 대항하는 세력을 일으켰다.

당시 예수 신앙의 유대적 뿌리를 배우기 위해 회당을 찾았던 수많은 이방인 성도도 이 사건에 영향을 받을 수밖에 없었다. 그런데 유대인 반란 사건에 의해 회당이 변질되었다는 것 말고도, 이 사건이 이방인 성도들에게 큰 영향을 미친 또 다른 이유가 있다. 유대인 반란에 대한 로마 당국의 대응으로 인해 기독교와 유대교가 갈라서게 되었다는 것이다.

결국 유대인 봉기는 실패로 끝났다. 그리고 AD 70년 로마는 성전을 무너뜨렸다. 이후 수백만의 유대인이 로마 제국 곳곳으로 흩어졌다. 이전까지 로마는 유대인이 자신의 문화를 지키며 구별된 민족으로 살아갈 수 있도록 배려해 주었다. 물론 공짜는 아니었다. 배려의 대가로 로마는 유대인에게 막대한 세금을 징수하였다. 특히 성전세로 모은 돈을 세금 명목으로 빼앗아 갔다. 그러나 로마 정부가 유대인 반란을 제압하는 과정에서 성전을 무너뜨렸으므로 더는 성전에서 세금을 징수할 수 없게 되었다. 이후 로마는 다른 방식으로 유대인의 목을 죄기 시작했다.

성전 파괴 후, 로마는 '피스쿠스 유다이쿠스(Fiscus Judaicus)'라는 세금을 걷기 시작했다. 피스쿠스 유다이쿠스는 유대인이 존재한다는 이유로, 즉 그들이 유대인이라는 이유로 로마 제국이 부과한 세금이다. 이것은 반유대주의의 절정에 달하는 조치였다. 이 명령에 따라 모든 유대인, 남자,

여자, 어린이, 심지어 노예까지 로마 정부에 반 세겔을 납부해야 했다.

이것만으로도 고통스러운데 로마는 여기에 모욕감까지 얹어 주었다. 전에 유대인들은 반 세겔을 성전에 납부했고 로마는 그것을 세금으로 거두어 갔는데 이제는 같은 금액을 주피터 카피톨리누스 신전에 바치게 한 것이다. 카피톨리누스 언덕의 주피터 신전은 로마 다신 신앙의 중심지였다.¹ 이는 유대교가 표방하는 가치를 철저하게 무시하는 처사였고, 로마 당국 역시 이 사실을 잘 알고 있었다.

유대인에게 이 치욕적인 세금을 처음 부과한 황제는 베스파시아누스였다. 하지만 그는 유대인 중 누구에게 이 세금을 부과할지 명시하지 않고, 뭉뚱그려 유대인에게 부과한다고 말했다.

그러나 그의 후계자인 도미티아누스 황제는 유대인들에게 숨 쉴 만한 여지조차 허락하지 않았다. AD 85년부터 그는 매우 열정적으로, 아주 잔인하게 이 세금을 거두어들였다. 어떤 역사가의 기록에 의하면, 로마 관료 하나가 유대인에게 세금을 징수하기 위해 수많은 사람이 보는 앞에서 90세 노인의 옷을 벗겨 그가 할례받았는지의 여부를 확인했다고 한다.²

도미티아누스는 빠른 속도로 성장하는 기독교(예수 운동)를 탄압했다. 그의 눈에 비친 기독교는 유대인 내부에서 자생한 '이단 집단'이었다. 그러나 이 운동이 이방인 사이에서 크게 성장하는 것을 본 후, 그는 조세 대상을 확대하기로 마음먹었다. 이제 피스쿠스 유다이쿠스의 납부 대상자 목록에는 기존의 유대인은 물론, '유대교로 개종한 사람들'도 포함되었고 이후에는 '유대인처럼 살아가는 사람들' 그리고 '자신의 유대인 정체성을 숨기고 살아가는 사람들'에게까지 그 범위를 넓혀 갔다.³ '유대인처럼 살아가는 사람들'은 누구인가? 예수님을 믿고 경건하게 살아가는 이방인 성도들이다. '자신의 유대인 정체성을 숨기고 살아가는 사람들'은 누구인가? 예수님을 믿는 유대인 성도를 말한다. 한마디로 도미티아누스 황제는 피스쿠스 유다이쿠스 대상을 기독교 신자들에게까지 확대한 것이다. 엎친 데 덮친 격으로, 로마인 중에서 '유대의 길'(교회)로 들어간 사람은(즉 성도가 된 로마인들) 과중한 세금을 부담하는 것은 물론 심한 경우 처형당하기까지 했다.[4]

이러한 처벌은 정통 유대인뿐 아니라 예수를 믿는 성도들의 삶에도 큰 영향을 미쳤다. 로마 관료들이 이 세금을 징수하기 위해 제일 먼저 찾아 들어간 곳은 회당이었다. 그것도 안식일에 찾아갔을 것이다. 이방인 성도들은 과중한 세 부담을 피하기 위해 더이상 회당 예배에 참석하지 않았다. 예루살렘 공의회의 결정에 따라 이방인은 자신을 유대인화하지 않고도 예수님을 따를 수 있었으므로, 이방인 성도들은 들키지만 않으면 도미티아누스의 박해를 피해 예수 신앙을 지킬 수 있었다. 그러나 그들의 영적 형제자매인 유대인 성도들은 박해를 피할 수 없었다. 이 일로 인해 유대인 성도와 이방인 성도의 분열이 깊어졌다.

유대인 정체성이 흐릿해지다

회당을 떠난 이방인 성도는 예수님을 믿는 데 따르는 대가(로마의 처벌)를 피할 수 있었다. 하지만 회당을 떠난 일로 인해 그들은 더 큰 대가를 치러야 했다.

로마의 박해는 점점 강도를 더해 갔으나 지하 세계에서 이방인들의 교회는 쉼 없이 성장했다. 이 사실은 예슈아 하-마쉬아흐의 복음이 얼마나 강력했는지를 보여 준다. 그러나 이방인들이 조세를 피해 회당 출입을 멈춘 순간, 이스라엘의 하나님을 배울 길이 끊겼다. 그분의 성품과 뜻, 과거 이스라엘 민족이 하나님과 함께했던 역사, 유대인의 절기 및 성경의 여러 중요한 내용에 대해 배울 기회의 문이 닫힌 것이다. 그들은 더는 구약 성경을 배울 수 없었고, 구약 성경에 기록된 계시를 깨달을 수 없었다.

예수님은 다음의 말씀으로 구약 성경의 무한한 가치를 설명하셨다. "내가 율법이나 선지자를 폐하러 온 줄로 생각하지 말라. 폐하러 온 것이 아니요, 완전하게 하려 함이라"(마 5:17). 예수님께서 사탄을 물리치실 때 사용한 것 역시, 구약 성경 신명기 말씀이었다. 예수님은 구약에 기록된 메시아 예언을 언급하며 자신이 바로 '그 메시아'임을 나타내셨다. 게다가 구약 성경을 깊게 파면 '새로운 보물'과 함께 '옛 보물'을 발견할 것이라고 말씀하셨다. "그러므로 천국의 제자 된 서기관마다 마치 새것과 옛 것을 그 곳간에서 내오는 집주인과 같으니라"(마 13:52).

예수님은 제자들에게 구약 성경을 배우는 것이 얼마나 중요한지를 말씀하셨다. 그러므로 이방인 교회가 예수 신앙의 유대적 뿌리를 이해하지 못하거나 구약 성경을 알지 못하는 것은 결코 예수님의 뜻이 아니다. 예수님은 교회가 하나님 말씀의 기반 위에 - 구약과 신약 모두에 - 든든히 서 가기를 바라셨다.

오늘날 많은 성도가 자신을 '신약의 그리스도인'이라고 말한다. 사도 바울이 언급한 것처럼 율법(주의)에서 해방되었기 때문에 그들은 오직 하나님의 은혜 안에서만 살아간다는 의미로 그같이 말한다. 그러나 '신약의 그리스도인'이라는 표현 때문에 성도들 대부분은 "우리에게는 신약만 중요할 뿐, 구약 성경은 별 상관이 없다"고 생각한다.

초대교회 성도들에게 구약의 지식이 필요했듯이 오늘날 신약의 그리스도인들에게도 구약의 지식이 필요하다. 우리의 신앙은 신약과 구약의 기반 위에 세워졌기 때문이다. 우리가 믿는 모든 것은 구약을 온전히 이루신 예수 그리스도와 연관되어 있다. 그러므로 구약 성경 역시 중요하다.

그동안 이방인 교회는 앞에서 언급한 여러 가지 이유로(로마의 세금 부과, 박해에 대한 두려움, 회당 출입 중단 등) 신구약의 진리 기반을 제대로 이해하지 못했다. 그 결과 교회는 점점 유대인의 특성을 잃어 갔다. 타나크를 읽지도 않고, 타나크를 설명해 줄 사람도 없고(설명해 줄 사람은 둘째 치고 토론을 이끌 만한 사람조차 없었다), 회당에 참석하지도 않았으므로 이방인 교회의 예배는 점차 간증이나 신비한 체험 그리고 각 사람의 의견에 의존하기 시작했다.

그로 인해 교회 안에 거짓 교리의 문이 활짝 열렸다. 그래서 바울 및 여러 신약 성경의 저자들이 이단과 관련한 신학 주제들을 설명한 것이다. 이방인 교회는 양적으로는 크게 성장했지만, 외부적으로는 반기독교 세력의 박해를 받았고, 내부적으로는 '구약 성경을 알지 못해서' 이단에 휩쓸릴 위험과 마주해야 했다.

기껏해야 백 년 정도밖에 안 지났지만, 기독교 운동 양상은 AD 70년경의 예수 운동과는 사뭇 달라져 있었다. AD 70년에는 유대인과 이방인 성도들이 교제했고 더 나은 교제 방법을 연구했으며 다 함께 회당 모임에 참석했다.

자기들끼리 쫓아내다

회당에 출입하지 못한 것은 이방인 성도들만이 아니었다. 성전 파괴 후 유대인에 대한 로마의 박해가 거세지면서, 그들의 동료 유대인들마저 예수를 따르는 유대인 성도들을 공격하기 시작했다. 그들도 회당에서 쫓겨난 것이다. 이것은 예수님께서 제자들에게 일찌감치 경고하신 그대로였다. "내가 이것을 너희에게 이름은 너희로 실족하지 않게 하려 함이니 사람들이 너희를 출교할 뿐 아니라 때가 이르면 무릇 너희를 죽이는 자가 생각하기를 이것이 하나님을 섬기는 일이라 하리라"(요 16:1-2).

요한도 유대인 성도들이 회당에서 출교당할 것이라고 그의 복음서에 넌지시 기록해 놓았다. "이미 유대인들이 누구든지 예수를 그리스도로 시인하는 자는 출교하기로 결의하였으므로"(요 9:22). 학자들은 요한이 미래의 독자들을(예수님의 사후 독자들) 위해 이러한 설명을 의도적으로 첨가했다고 설명한다.[5]

이들 학자 중 일부는 당시 랍비들이 회당에서 유대인 성도를 솎아내기 위해 일부러 비르카트 하-미님을(얌니아 회의 이후 새 예식 기도문에 포함된 저주 기도) 새 예식서에 첨가했다고 주장한다. 아무리 유대인이라도 예수님을 추종하는 성도라면 이 같은 저주 기도를 꺼렸을 것이다.[6] 이러한 이유로 (비르카트 하-미님 때문에) 유대인 성도들이 자연스럽게 회당을 떠난 것일지도 모른다.[7] 이단 또는 분리 종파 꼬리표를 달게 된 유대인 성도들은 1세기가 끝날 무렵, 대부분의 회당에서 공식적으로 '출입금지' 처분을 받았다.

이후에 일어난 제2차 유대인 반란으로 인해 유대인 성도들의 처지는 훨씬 더 악화되었다. AD 118년 황제에 등극한 하드리아누스는 유대인의 예루살렘 복귀와 성전 재건을 허락했다. 이에 제국 전역에 흩어진 유대인들은 한줄기 희망을 보았고 새 유대교를 창설한 얌니아의 지도자들은 크게 흥분했다. 그들은 역사상 '세 번째 성전'을 짓기 위해 기금을 모으기 시작했다.[8]

그러나 이 계획은 실행되지 못했다. 하드리아누스가 약속을 번복했기 때문이다. 게다가 그는 전보다 더 많은 유대인을 제국 전역으로 강제 이주시켰다. 그뿐만 아니라, 하드리아누스는 예루살렘 성전 터에 로마 신전을 지으려고 했다. 이 사실을 알게 된 유대인들은 분개했다. 설상가상으로 수년 후 임명된 유대 총독 틴네우스 루푸스가 철권 통치를 했고, 이에 유대인들의 불만은 최고조에 달했다. 더는 참지 못한 유대인은 또 다른 반란을 계획했다.[9]

이때 시몬 바르-코크바가 역사의 무대에 등장한다. 수많은 사람이 그를 '오랫동안 기다려 온 메시아'로 여겼다. 그만큼 그는 카리스마 넘치는 정치 군사 지도자였다. 무력으로 이스라엘의 영광을 회복해 줄 정치 지도자를 갈망해 왔던 그들의 눈에 바르-코크바는 모든 자격을 갖춘 인물이었다. 사람들은 그를 다윗의 후손으로 추측하기도 했다. 그의 이름의 뜻은 '별의 아들', '빛의 아들'이다. 그는 '별'과 관련된 메시아 예언에도 부합했다. 그는 자신의 능력과 의지 하나로 군대를 통솔할 수 있는 절대 권력자 스타일이었다.[10]

AD 132년, 바르-코크바는 유대 땅 안에서 세력이 약해진 로마 군대에 대항하여 전방위적 공격을 펼쳤고 그 결과, 유대 땅 안에 있는 로마군의 요새 다섯 개를 점령했다. 이 소식은 로마 제국 방방곡곡에 흩어진 유대인들에게 희망을 안겨 주었다. 바르-코크바는 예루살렘을 수복했고 로마의 손아귀에서 900개 이상의 마을을 되찾았다.

예수님을 따르는 유대인 성도들도 바르-코크바의 전쟁을 지지했다. 아주 짧은 기간이었지만, 유대인 성도들은 자신을 반대해 왔던 동료 유대인과 모처럼 연대했다.

유대교는 단일 운동이 아니라는 사실을 기억하기 바란다. 아주 오랫동안 유대교 안에는 여러 분파가 있었고 따로따로 활동하고 있었다. 예수님 시대만 해도 유대교 안에는 바리새파, 사두개파, 엣세네파, 열심당, 헬라주의자들이 있었다(사실은 이보다 더 많은 분파가 있었다). 그러나 제1차 유대인 반란의 결과, 수많은 그룹이 사라졌고 제2차 반란 즈음에는 바리새파와 몇 안 되는 민족주의자들만 남아 있었다. 유대인 사회에서 '나사렛 사람들'(유대인 성도)은 수많은 분파 중 하나로 여겨졌다.

바르-코크바가 승기를 잡자 유대인 모두가 그를 메시아로 여기기 시작했다. 바로 이 지점에서 유대인 성도들은 심각한 딜레마에 봉착했다. 그들에게 메시아는 바르-코크바가 아니라, 예슈아이기 때문이다. 유대인 성도 대부분은 바르-코크바를 메시아로 인정할 수 없었고 결국 반란 세력과 결별해야 했다. 반란 세력은 자신들을 떠난 유대인 성도들에게 변절자 낙인을 찍었다. 유대인 성도들은 이미 회당에서 쫓겨난 상태였는데, 이제는 유대인과의 '교류 금지' 처분까지 당하게 되었다. 유대인들은 '나사렛 사람들'을 아주 혹독하게 대했다. 이 시점의 유대 사회는 비공식적으로 예수님을 믿는 유대인을 더이상 유대인으로 여기지 않았다.

최종 분리

유대인의 기대와 달리 바르-코크바의 반란은 실패했다. 어차피 절대 이길 수 없는 싸움이었기 때문에 그의 실패는 그리 놀랍지 않았다. 3년간의 반란 전쟁에서 패배한 후, 낙담한 유대인들은 다시 로마 제국 전역으로 흩어졌다. 제국의 군대는 예루살렘을 한 번 더 무너뜨렸다. 이제는 로마 군사들이 그곳에 거주하며 밭을 갈고 농사를 짓기 시작했다. 그렇게 예루살렘은 이방인의 도시로 전락하였다.

하드리아누스 황제는 유대인의 반란에 크게 분노했고 유대인들이 더는 예루살렘에 발을 들여놓지 못하도록 강력한 금령을 내렸다. 게다가 '유대'라는 지역명을 '수리아 팔레스티나'로 바꿨고 심지어 할례까지 불법화했다.[11]

바르-코크바의 반란 세력과 결별한 이후, 유대인 성도들은 정통 유대인 공동체 안으로 들어갈 수 없었다. 처음에는 회당에서 쫓겨났고 이제는 유대인 사회에서 축출되었다. 동족이 내린 강제 추방령은 수백 년이 지나도 계속되었다.

그러던 중 유대교와 기독교의 공식 분리를 선동한 아주 중요한 인물이 등장하였다. 그가 바로 콘스탄틴 황제로 잘 알려진 '플라비우스 발레리우스 아우렐리우스 콘스탄티누스 아우구스투스'이다.

황제의 아들로 태어난 콘스탄틴은 로마 군대의 계급을 밟아 올라 AD 306년 서로마의 황제가 되었다. 당시 로마 제국은 세 권역으로 나뉘었는데 각 권역마다 황제가 있었다. 서로마의 황제가 된 후부터 AD 312년까지, 콘스탄틴은 나머지 두 지역을 차례로 점령했다. 이후 그는 로마 제국 전체를 다스리는 단독 황제가 되었다.

절대 권력의 왕좌를 향한 아주 중요한 전쟁을 앞둔 때였다. 당시 콘스탄틴의 눈앞에 환상이 열렸다. 하늘에 십자가 형체의 빛이 나타났고 그 빛에 이런 글귀가 적혀 있었다. "너는 이 심벌로 정복할지어다!" 이후 그는 꿈속에서 예수님을 보았다(고 했다). 그의 말에 의하면, 예수님이 그에게 "십자가를 만들어 적과의 교전 중 그것을 방패로 삼으라"고 말씀하셨다고 한다.[12] 콘스탄틴은 병사들의 방패에 십자가를 새기고 군기에는 십자가를 그려 넣었다.

그날 일어난 일이 인류 역사의 향방을 바꿔 놓았다. 지난 300년간 예수의 추종자들은 극심한 박해를 겪었다. 숨어서 신앙을 지켜야 했고 들키면 목숨을 잃었다. 하지만 콘스탄틴 황제가 로마 제국을 극단적으로 바꿔 놓았다(그의 어머니가 기독교로 개종하여 콘스탄틴에게 큰 영향을 미쳤다).

AD 313년 2월, 콘스탄틴은 밀란 칙령(Edict of Milan)을 통해 "그리스도인은 박해의 위협을 받지 않고 자유롭게 예배드릴 수 있다"고 선포했다.

로마 제국은 기독교를 수용하고 전적으로 후원했다. 로마가 몰수했던 교회의 재산은 다시 성도들에게 돌아갔다.[13]

그리스도를 따르는 성도들에게 놀라운 시대가 열린 것이다. 반면에 예수님을 믿지 않는 유대인들에게는 악몽이 시작되었다. 시간이 흐를수록 콘스탄틴 황제는 유대적 기반에 뿌리를 둔 기독교보다 '이방인 버전'의 기독교에 더 우호적이었다. 문제는 그가 기독교를 지지한 만큼 유대인에 대한 적개심이 점점 커졌다는 것이다.

AD 325년, 콘스탄틴 황제는 니케아에서 공의회를 소집했다. 제국 전역에 있던 그리스도인 지도자들이 참석한 가운데 종교로서의 기독교 교리가 처음으로 만들어졌다. 그 내용은 '니케아 신경(Nicene Creed)'에 잘 요약되어 있다. 하지만 안타깝게도 니케아 공의회는 기독교를 유대의 뿌리에서 더욱 단호하게 분리했다. 이를테면, '부활절'을 '유월절'에서 분리하여 별개의 기념일로 제정했고, 그 날짜도 유대력 대신 로마력을 따랐다. 그전까지만 해도 이방인 성도들은 유대력에 따라 절기를 지켰다. 이제는 더이상은 그렇게 할 수 없었다.

"부활절 날짜를 새로 제정한 것이 뭐 그리 심각한 일인가?"라고 반문할 수도 있다. 그러나 콘스탄틴과 니케아 공의회가 그렇게 결정한 데에는 반유대주의 정서가 짙게 깔려 있었다. 이것이 문제였다. 콘스탄틴은 유대인을 '가증하고 사악한 사람들'로 규정했다. 심지어는 미친 영에 사로잡혔다고 말했다.

"예수님의 죽음은 전적으로 유대인의 책임이다. 하나님은 그들을 벌하시려고 그들의 '영안을 멀게' 하셨다. 영적으로 무지한 그들에게 우리의 구세주께서 돌아가신 날짜를 정하도록 맡겨서는 안 된다."[14]

이제 막 기독교에 입문한 콘스탄틴이 도대체 무슨 근거로 유대인을 '가증하고, 사악하고, 미친 영에 사로잡힌' 사람이라고 말했을까? 그는 예수님이 유대인 출신의 메시아라는 사실을 알지 못했을까? 그가 가진 성경이 전부 유대인의 저작물인데도 어떻게 그런 말을 할 수 있단 말인가? 콘스탄틴의 발언 속에는 '눈에 보이지 않는 무언가'가 도사리고 있었다.

초대교회가 출범한 지 3~4세대 정도가 지났을 무렵, 이미 유대교와 기독교의 분열은 뚜렷해졌다. 하지만 인종차별 정서를 '언어'에 담아서 기독교와 유대교를 확실하게 분리한 것은 바로 콘스탄틴 황제였다. 그는 단순히 종교적 또는 교리적 분리를 의도한 것이 아니라, '민족'이란 변수를 첨가하여 기독교와 유대교를 분리했다. 그로 인해 유대인에 대한 인종차별적 정서가 로마 제국 전역에 만연해진 것이다. 이후 유대 인종은 모든 로마인에게(황제부터 노예에 이르기까지) 부정적 눈초리를 받게 되었다. 이러한 풍조는 단순한 인종차별을 넘어 유대인을 향한 사회문화적 관점에도 부정적 영향을 주었다.

황제가 편을 들어준 기독교는 빠른 속도로 대중의 인기를 얻었고 결국 AD 380년에 로마의 국교로 선포되었다. 문제는 유대교이다. 황제가 바뀌어도, 시대가 변해도, 유대인에 대한 로마의 악감정은 지속되었다. 콘스탄틴의 후계자들 역시 유대인을 이류 민족으로 취급했다. 유대인은 그리스도인 노예를 소유할 수 없었고 자기 소유의 노예에게 할례를 행할 수도 없었다. 게다가 포교를 통해 누군가를 유대교로 개종시키거나 기독교로 개종하려는 유대인을 방해하면 그들은 사형에 처해졌다.

한동안 로마 제국의 모든 사람이 유대인을 미워하도록 가르침 받았다. 유대인들은 사람들의 분노를 몸소 담당해야 했다. 이후 소집된 여러 차례의 교회 공의회 역시 유대인들을 악마로 규정하였다. 교회는 유대인을 원수로, 예수님의 살해자로 몰아갔다. 이방인 성도들은 예수님의 무고한 피가 유대인의 손에 영원히 묻어 있다고 배웠다.

공의회는 한 걸음 더 나아가 그리스도인과 유대인의 교류를 금지했다. 심지어 예수님을 믿는 유대인 성도도 그들이 유대인이라는 이유로 교회는 그들과 교류해서는 안 되었다. 이제 교회는 유대인 성도들과 함께 유월절을 지켜서도, 절기 동안 유대인 성도에게 선물을 받아서도 안 되었다.¹⁵

이 같은 반유대주의 문화 속에서 어거스틴이나 크리소스톰 같은 교부들이 배출되었고, 마틴 루터 같은 개혁자들이 등장하게 된 것이다. 그러므로 이들이 공적인 자리에서 유대인 혐오 발언을 서슴지 않은 것이 전혀 이상하지 않다. 물론 하나님께서는 이들을 사용하여 교회를 발전시키셨다. 부인할 수 없는 사실이다. 그러나 이들이 로마 제국을 등에 업고 성장한 신흥 종교의 산물인 것은 부인할 수 없는 사실이다. 역사가 거듭 증명하듯이 교회가 정치 권력과 결탁할 때, 교회의 타락과 성서의 오남용 그리고 분열은 예정된 수순이다.

안타깝게도 이 시대에 기독교와 유대교의 분열은 하나님께서 절대 원하시지 않은 영원한 결별로 끝나 버렸다. 두 그룹 모두 하나님의 아들에게 뿌리를 두고 하나로 연합해야 했는데 결국 분열하고 말았다. 그런데 본의 아니게 예수님이 그 분열의 기점이 되셨다. 전에 예언하셨던 것처럼 말이다(눅 12:51-53 참고).

각주

1. 리처드 갓헤일, 새뮤얼 크라우스, "피스쿠스 유다이쿠스 *Fiscus Judaicus*" Jewish Encyclopedia.com 2018. 5. 21 접속, http://jewishencyclopedia.com/articles/6157-fiscus-judaicus.
2. 마리우스 히엠스트라, 《피스쿠스 유다이쿠스와 그 길의 분리 *The Fiscus Judaicus*

and the Parting of the Ways》 튀빙겐, 독일: Mohr Siebeck 출판, 2010. p. 24.

3. 히엠스트라, 《피스쿠스 유다이쿠스와 그 길의 분리》 p. 36.

4. Ibid, p. 28.

5. J. 루이스 마틴, 《제3편 사복음에서의 역사와 신학 *History and Theology in the Fourth Gospel, 3rd ed*》 루이빌, 켄터키: Westminster John Knox Press, 2003), p. 56; 레이먼드 E. 브라운, 《*The Gospel According to John I-XII*》 Anchor Bible Series, vol. 29 가든시티, 뉴욕: Anchor Bible 출판, 1966 LX-LXXV,LXXXV.

6. Ibid. p. 63.

7. 스콜닉 '비르카트 하-미님'

8. "고대 유대사: 바르-코크바 반란 *Ancient Jewish History: The Bar-Kokhba Revolt*" Jewish Virtual Library, 2018. 5. 21 접속, http://www.jewishvirtuallibrary.org/the-bar-kokhba-revolt-132-135-ce.

9. "고대 유대사"

10. "시몬 바르-코크바 *Shimon Bar-Kokhba*" Jewish Virtual Library, 2018. 5. 21 접속, http://www.jewishvirtuallibrary.org/shimon-bar-kokhba.

11. 엘리자베스 스펠러 《하드리아누스를 따라서: 2세기 로마 제국 여행 *Following Hadrain: A Second-Century Journey Through the Roman Empire*》 옥스퍼드, 영국: Oxford University Press 출판, 2004. p. 218.

12. 유세비우스 팜필리우스, 《유세비우스 팜필리우스: 교회사, 콘스탄틴 대제의 인생, 콘스탄틴을 높이는 연설 *Eusebius Pamphilius: Church History, Life of Constantine the Great, Oration in Praise of Constantine*》 뉴욕: Christian Literature Company, 1890) p. 803.

13. "콘스탄틴은 십자가 환상을 보았다 *Constantine Sees a Vision of the Cross*" History Channel, 2018. 5. 21 접속, https://www.historychannel.com.au/this-day-in-history/constantine-sees-a-vision-of-the-cross.

14. 팜필리우스 《교회사》 p. 928.

15. "콘스탄틴 황제와 유대인들 *Emperor Constantine and the Jews*" Jewish Currents, 2018. 2. 26, http://jewishcurrents.org/emperor-constantine-and-the-jews.

2부

예수님은 어떻게 성경적 유대교를 완성하셨는가

8장

하나님의 본연

The LION of JUDAH

　6학년 때, 매주 금요일에 '쇼 앤 텔(Show and Tell)'이라는 발제 시간이 있었다. 특정한 물건을 가져와 친구들에게 보여 주고(show) 왜 그 물건이 자신에게 중요한지를 설명하는(tell) 수업이었다. 발표자는 가져온 물건을 친구들에게 건네고 건네받은 아이는 자세히 관찰한 후 옆 사람에게 전달한다. 반 친구들 모두가 차례차례 관찰하는 동안, 발표자는 그 물건의 중요성을 설명해야 한다. 나는 6학년 때 그 학교로 전학을 갔으므로 이 수업은 반 친구들을 잘 알 수 있는 기회였다.

　하루는 어떤 친구가 모형 비행기를 가져왔다. 그 아이는 훗날 비행기 조종사가 되겠다며 자신의 꿈을 당차게 이야기했다. 모형 비행기는 꽤 멋졌다. 옆 친구가 잠깐 살펴본 후 내게 건넸다. 나는 자세히 보고 싶었는데 모형 비행기를 건네받은 순간, 수업을 마치는 종이 울렸다. 나는 쉬는 시간에 운동장에서 뛰어놀 생각뿐이었다. 무심결에 그 모형 비행기를 책상 서랍에 넣고 운동장으로 달려갔다.

　쉬는 시간이 끝났다는 종이 울렸고 우리는 모두 교실로 돌아왔다. 선생님께서 누가 마지막으로 모형 비행기를 갖고 있었는지 물었다. 나는 내 서랍에 넣어둔 사실을 까맣게 잊었다. 몇 차례 더 물었지만 아무도 대답하지 않자, 선생님의 목소리에 화가 섞이기 시작했다. 결국 선생님은 모두에게 "책상 서랍을 열라"고 하셨다. 아뿔싸! 내 책상 서랍에서 모형 비행기가 모습을 드러냈다. 고의가 아닌 그야말로 순전한 실수였다. 하지만 선생님은 내 말을 믿지 않았다. 남의 물건을 훔쳤고 거짓말까지 했다며 나를 교장실로 보냈다.

그것은 선생님의 오해였다. 나는 거짓말이나 도둑질 같은 것에 아주 예민하게 반응하는 아이였다. 하지만 그 학교로 전학 간 지 얼마 되지 않았고 선생님도 나에 대해 잘 알지 못했기 때문에 어쩌면 오해는 당연한 일이었다.

우리는 하나님에 대해 온전히 알지 못하기 때문에 종종 사실이 아닌 것을 사실로 받아들이곤 한다. 예수님을 알기 전, 나는 하나님의 성품에 대해 아는 것이 별로 없었다. 내 주변의 유대인들도 하나님이 어떤 분인지 알지 못했다. 그들은 하나님의 본연과 정반대되는 성품을 생각해 내고는 그것을 하나님에 대한 지식으로 오해했다. 당신이 유대인이든 이방인이든 하나님의 본연에 대해 알지 못하면 당신은 왜곡된 시선으로 하나님을 바라보거나 아예 그분을 보지 못할 것이다.

예수님의 공생애 기간 중 이와 동일한 일이 일어났다. 메시아의 도래를 기다려 왔고 구약에 기록된 메시아 예언을 수백 가지나 알고 있으면서도 유대인들은 예수님을 몰라봤다. 메시아께서 눈앞에 나타나셨지만, 그들은 알아보지 못했다. 예수님 시대의 유대인들은 하나님의 율법을 엄수했고, 하나님의 뜻과 명령을 잘 알았으며, 하나님의 말씀도 기억하고 있었다. 그러나 정작 예수님이 나타나셨을 때, 그들은 그가 누구인지 알아보지 못했다. 물론 종려 주일에 예수님께서 예루살렘에 입성하실 때, 그들은 "할렐루야!" "호산나!"를 연달아 외쳤고 "복되도다! 주의 이름으로 오시는 이여!"(막 11:9)라고 노래하며 예수님을 환호했다. 예수님을 정치적 메시아로 착각하여 이같이 환호한 것이지만 말이다.

하지만 그런 환호마저도 일시적이었다. 바리새인들의 농간에 넘어간 환영 인파는 예루살렘 입성의 감동이 채 가시기도 전(일주일도 안 되어) 예수님을 대적하는 폭도로 돌변했다. 그들은 빌라도에게 큰 소리로 요구했다. "예수를 십자가에 못 박으라!"(막 15:13)

그토록 하나님께 헌신했던 민족이면서 어떻게 예수님을 몰라볼 수 있단 말인가? 여러 이유가 있지만, 그중 중요한 한 가지 이유를 꼽자면, 오늘날의 유대인들처럼 당시의 유대 민족 역시 하나님의 본연을 제대로 이해하지 못했다는 것이다. 그들은 자신을 '선민'이라 여겼고 하나님을 잘 안다고 착각했다. 하지만 그들은 하나님의 성품을 이해하지 못했다. 단지 하나님의 성품 중 일부만을, 그것도 아주 제한적으로 알았을 뿐이다.

유대교와 기독교가 분리된 핵심 원인 중 하나는 예수님께서 유대인들에게 던지신 '신학적 도전'이었다. 예수님은 자신을 '성육한 하나님의 아들'이라고 말씀하셨다. 이 말씀이 사실이라면(물론 사실이지만) 하나님에 대한 유대인들의 지식은 오류로 판명될 수밖에 없다. 유대인들의 신앙에 의하면 하나님에게는 아들이 있을 수 없고, 또 하나님은 인간의 형체로(죄인인 인간의 육체) 현현하실 수도 없기 때문이다. 그러므로 '성육한 하나님의 아들'이란 예수님의 자기 계시는 유대인들이 도저히 인정할 수 없는 내용이었다.

예수님을 메시아로 인정하기 위해서 유대인들은 토라에 기록된 하나님의 계명과 타나크 전체에 기록된 메시아 예언을 꼼꼼히 살펴보며, 예수님께서 그 모든 구절을 어떻게 완성하셨는지 따져봐야 한다.

예수님은 성부 하나님의 완벽한 '반영(reflection)'이시다. 그분은 하나님의 '거울 이미지'이다. "예수께서 이르시되 빌립아, 내가 이렇게 오래 너희와 함께 있으되 네가 나를 알지 못하느냐? **나를 본 자는 아버지를 보**

앉거늘 어찌하여 아버지를 보이라 하느냐?"(요 14:9) 이 구절을 근거로 우리는 "예수님을 보면 하나님을 알 수 있다"고 말할 수 있다. 이 땅에서 예수님이 나타내신 모든 모습은 육체 안에 거하신 하나님의 모습이었다.

하나님을 잘 이해하기 위해 우리는 하나님의 본연부터 알아야 한다. 그런데 하나님의 본연을 이해하지 못하도록 방해하는 것이 있다. 우리가 구약의 하나님과 신약의 하나님을 분리하여 생각한다는 점이다.

사람들은 마치 하나님이 두 분인 것처럼 생각한다. 다른 본연을 지닌 서로 다른 두 존재인 것처럼 생각한다. 이를테면 그들의 생각 속에 구약의 하나님은 '거룩함'을 강조하시는 분이고, 신약의 하나님은 '은혜'를 강조하시는 분이다. 즉, 성도들은 예수님을 바라볼 때 구약 성경에 계시된 하나님과 전혀 다른 '딴판인' 분으로 인식한다. 그들은 구약의 하나님을 거룩한 하나님, 심판하시는 하나님으로 여기는 반면, 예수님은 사랑과 은혜가 충만하신 하나님으로 여긴다.

하나님의 본연을 살피기 위해 먼저 '거룩함'과 '은혜' 이 두 성품부터 이야기하겠다. 이후 우리가 가진 성경이 구약과 신약에 나타난 하나님의 성품을 어떻게 조화시켜 보여 주는지 확인하고 마지막으로 예수님께서 구약과 신약을 어떻게 완성하셨는지 살펴보겠다. 결론부터 말하면, 하나님의 성품은 분열될 수 없다. 하나님의 성품은 일관적이다. 타나크의 하나님과 브릿 하다샤의 하나님은 동일한 하나님이시다. 히브리서 13장 8절 말씀을 보라. "예수 그리스도는 어제나 오늘이나 영원토록 동일하시니라."

가장 고귀한 하나님의 성품

하나님의 핵심 성품은 거룩이다. 거룩함의 히브리어 '코데쉬'의 문자적 의미는 '구별', '성별', '분리'이다(또는 '일반적이지 않은'이다).[1] 하나님의 지고한 거룩함은 그분의 본연 중 가장 중요한 속성이다. 거룩함이 없으면 하나님이 하나님이실 수 없기 때문이다(좀 더 낮은 차원의 존재 혹은 일반적 존재로 전락할 수밖에 없다). 그분은 거룩하시고 성별되신 분이기에 하나님이다.

타나크에는 하나님께서 "나는 거룩한 하나님"이라고 말씀하신 구절이 수없이 등장한다(레 11:44-45, 19:2, 20:26). 불타는 떨기나무 가운데에서 하나님과 처음 만났을 때, 모세는 하나님이 거룩하신 분임을 알았다. 하나님께서 그에게 이같이 말씀하셨기 때문이다. "이리로 가까이 오지 말라. 네가 선 곳은 거룩한 땅이니 네 발에서 신을 벗으라"(출 3:5).

하나님은 '성별됨'(구별됨)의 궁극적 원천이시다. 즉, 하나님은 자신을 제외한 모든 존재와 완벽하게 구별되신다. 누구도 하나님을 창조하지 않았다. 반면에 하나님은 모든 존재의 근원이자 만드신 창조주이시다. 성경의 첫 번째 책, 첫 번째 구절이 이 사실을 말해 준다. "태초에 하나님이 천지를 창조하시니라"(창 1:1).

물론 우리 주변의 모든 피조물은 하나님의 독특한 특징들을 반영하고 있다. 만물에는 하나님의 위엄과 찬란함과 아름다움이 담겨 있다. 인간인 우리도 하나님의 특징을 '닮아' 있지 않은가? 그러나 누구도, 어떤 존재도 하나님과 같을 수는 없다. 하나님께서 이렇게 선포하셨다. "나는 여호와라. 나 외에 다른 이가 없나니 나 밖에 신이 없느니라"(사 45:5). 이러한 이유로 우리는 하나님을 거룩하신 분이라 부른다.

이사야서 45장 7절을 보면, 하나님의 성별됨을 좀 더 이해할 수 있다. "나는 빛도 짓고 어둠도 창조하며 나는 평안도 짓고 환난도 창조하나니 나는 여호와라 이 모든 일들을 행하는 자니라 하였노라." 간단히 말해, 하나님은 자신을 창조주이자 유일한 존재라고 말씀하신다.

태초에 하나님께서(다른 어떤 존재가 아니라 하나님이) 하늘과 땅을 창조하셨다. 하나님은 제1 원인(cause: 다른 이를 존재하게 만드는 존재)이시다. 누구도, 어떤 존재도 하나님을 존재하시게 할 수 없다. 하나님은 자신의 존재를 아무에게도 기대지 않으신다. 바꿔 말하면, '하나님은 스스로 계신 분'이다.

하나님 외의 다른 모든 것은 창조되었다. 오직 하나님만이 창조되지 않은 영원한 생명으로서 항상 존재하셨다. 이것이 하나님이 지니신 특별한 점이다. 이사야서 45장은 하나님과 같은 분이 없음을 수없이 증언한다.

하나님의 거룩은 유대교의 근간이다. 지금도 유대인들은 끊임없이 하나님의 거룩함을 강조한다. 하나님은 구별되시는 분이고, 가장 높으신 분이고, 그 어떤 것과도 같지 않은 존재이시다. 이러한 이유로 유대인들은 쉐마를 강조한다. "들으라, 이스라엘! 주는 우리의 하나님이시다. 주는 한 분이시다"(신 6:4).

성경 전역에서 하나님의 수많은 성품 중 거룩함이 가장 많이 강조되었다는 사실을 알고 있는가? 세 번 연거푸 언급된 하나님의 성품은 오직 '거룩' 뿐이다. 이사야 선지자의 눈앞에 하늘 보좌가 펼쳐졌고, 그의 귀에 하나님을 찬양하는 소리가 들려왔다. 그가 들은 첫 마디는 "거룩, 거룩, 거룩!"이었다. "거룩하다, 거룩하다, 거룩하다, 만군의 여호와여! 그의 영광이 온 땅에 충만하도다"(사 6:3).

하나님의 보좌를 둘러선 천사들은 '거룩' 말고 하나님의 여러 다른 성품을 노래할 수 있었다. 그러나 그들은 "존귀하시다, 존귀하시다, 존귀하시다"라고 하거나 "전능, 전능, 전능"이라고 외치지 않았다. 그들은 하나님의 사랑이나 정의, 의에 대해서도 말하지 않았다. 하나님의 존전에서 그분에 대해 선포한 그들의 첫 번째 외침은 "카도쉬, 카도쉬, 카도쉬",

"거룩하다, 거룩하다, 거룩하다"였다.

이 일은 구약 성경 이사야서에 기록되어 있다. 만일 당신이 구약과 신약에 괴리가 있다고 생각한다면, 신약 성경에는 하나님의 또 다른 성품이 강조되었으리라고 예상할 것이다. 이를테면 예수님이 보여 주신 긍휼이나 치유 능력 또는 인류를 향한 구원의 은혜 등을 상상할 것이다.

신약 성경 요한계시록을 보라. 과거 이사야처럼, 사도 요한 역시 천상의 보좌 방으로 들려 올라갔고(요한의 묘사는 이사야보다 훨씬 더 자세하다) 그의 귀에 맨 처음 들려왔던 말은 "거룩하다, 거룩하다, 거룩하다!"였다. 이사야가 들었던 찬양과 동일했다. 요한의 증언에 의하면, 하나님의 보좌를 둘러선 생물들은 이렇게 찬양하기를 멈추지 않았다고 한다. "그들이 밤낮 쉬지 않고 이르기를, '거룩하다, 거룩하다, 거룩하다, 주 하나님, 곧 전능하신 이여! 전에도 계셨고 이제도 계시고 장차 오실 이시라!'"(계 4:8) 하루 24시간, 7일 내내, 천사들은 쉬지 않고 하나님의 본연을 선포했는데, 그 첫마디가 바로 '거룩'이었다.

이 독특한 하나님의 성품에 대해 이 책 한 장 전체를 할애해도 모자랄 것이다. 나는 하나님의 가장 고귀한 성품인 거룩함이 구약과 신약 모두에서 동일하게 강조되었다는 사실을 이야기하고 싶다. 타나크와 브릿 하다샤는 언제나 동일하신 하나님을 보여 준다. 하나님은 인격 분리 장애를 겪지 않으셨다. 만일 구약의 하나님이 거룩하지 않다면, 신약에서도 거룩하지 않으셨을 것이다. 하나님은 동일하신 분이다. 그러나 어떤 이유에서인지 예수님의 정체성을 논할 때, 유대인과 그리스도인 모두는 하나님의 동일한 성품을 외면한다.

예수님의 거룩함

인간이 되셨지만, 예수님은 본연의 신성 중 어느 것 하나도 내려놓지 않으셨다. 빌립보서는 성육(成肉)하신 예수님을 이같이 설명했다. "그는 근본 하나님의 본체시나……."

그러나 예수님은 "하나님과 동등됨을 취할 것으로 여기지 아니하시고 오히려 자기를 비워 종의 형체를 가지사 사람들과 같이" 되셨다(빌 2:6-7). 이것이 육체 안에 거하시는 하나님, 곧 예수 그리스도가 지니신 심오한 미스터리이다.

예수님은 완벽한 하나님이면서 동시에 완벽한 인간이셨다. 신학자들은 이러한 신비를 일컬어 '위격적 연합(hypostatic union)'이라고 말한다(위격적 연합이란 예수님께서 신성과 인성을 동시에 완벽하게 지니셨음을 나타내는 표현으로 하나의 위격(성자) 안에 신성과 인성이 연합되어 있는 것을 뜻한다. -역자 주).

예수님은 하나님으로서의 완벽한 본연을 지니셨다. 하늘에 자신의 신성이나 거룩함을 두고 이 땅으로 내려오신 것이 아니다. 예수님은 성부 하나님의 거룩과 동일한 거룩함(구별됨)을 지니고 이 땅을 살아가셨다. 예수님이 귀신 들린 사람과 대면하신 사건을 살펴보라. 거기서 우리는 그분의 '거룩'(속성)을 엿볼 수 있다. 예수님이 가버나움 회당에서 사람들을 가르치실 때였다. 전례 없는 권위를 발하며 말씀을 전하시는데, 한 귀신 들린 사람이 갑자기 비명을 지르는 것 아닌가? "아! 나사렛 예수여, 우리가 당신과 무슨 상관이 있나이까? 우리를 멸하러 왔나이까? 나는 당신이 누구인 줄 아노니 하나님의 거룩한 자니이다"(눅 4:33-34). 이 남성의 몸 안에 숨어 있던 마귀는 영적 존재였다. 영적 존재인 마귀는 예수님의 거룩한 성품을 잘 알기 때문에 그 현장에서 잠자코 있기가 매우 불편했을 것이다. 괴로움을 견디다 못해 마귀는 수많은 사람이 보는 앞에서 발작을 일으킬 수밖에 없었다.

예수님의 거룩함이 드러난 또 다른 사건을 살펴보자. 돌아가시기 전날 밤, 일단의 무리가 겟세마네 동산으로 올라와서 기도하시던 예수님을 체포했다. 이때 그분의 거룩한 성품이 빛났다. 그들이 도착하자 예수님께서 "너희는 누구를 찾느냐?"고 물으셨다. 그들은 나사렛 예수를 찾는다고 답했다. 이때 예수님께서 하신 말씀을, 대부분의 영역 성경은 세 단어로 번역하였다. "I Am He(내가 그니라)." 그러나 헬라어 본문에는 단 두 단어만 기록되었다. '에고(I) 에이미(AM).' I AM.

예수님께서 "내가 그니라"라고 답하셨을 때, 군인들이 어떻게 되었는지 아는가? "예수께서 그들에게 '내가 그니라' 하실 때에 그들이 물러가서 땅에 엎드러지는지라"(요 18:6).

"내가 그니라."

이 문장을 좀 더 정확히 번역하려면, 아주 오래전 호렙산의 불붙은 떨기나무를 기억해야 한다. 하나님은 그곳에서 모세 앞에 나타나셨다. 당시 모세는 하나님의 이름을 여쭈었고 하나님은 모세의 질문에 이같이 대답하셨다. "나는 스스로 있는 자이다(I AM WHO I AM, 나는 나다)." 예수님께서 말씀하신 "내가 그니라(I AM)"라는 문장은 엄밀히 말해, "나는 스스로 있는 자이다"와 같다. 예수님은 군인들에게 "응, 그래. 잘 찾아왔네. 맞아. 너희가 찾는 사람이 바로 나야"라는 취지로 말씀하신 것이 아니다. "내가 그니라." 예수님은 지금 하나님의 거룩한 이름 '야훼'를 말씀하셨다.

"내가 그니라 - 야훼"

유대인들은 이 이름을 너무나 거룩하게 여겨서 발음하지도 기록하지도 않는데, 예수님께서 이 이름을 발설하신 것이다(예부터 유대인들은 '야훼'

라는 이름을 극도로 경외해 왔다. 오늘날도 마찬가지이다. 유대인의 기도문에 하나님은 '야훼'라는 이름 대신 '아도나이'라는 호칭으로 불리신다). "예수께서 그들에게 '내가 그니라' 하실 때 그들이 물러가서 땅에 엎드러지는지라." 예수님이 자신의 이름, 곧 하나님의 거룩한 이름을 말씀하시자, 그 이름에 담긴 능력이 그날 밤 겟세마네 동산에 모여든 무리를 고꾸라뜨린 것이다. 오늘 우리는 이처럼 거룩하신 하나님과 대화할 수 있고 교제할 수 있다. 이 사실이 놀랍지 않은가?

하루는 제자들이 예수님께 나아와 기도를 가르쳐 달라고 요청했다. 이때 예수님은 가장 먼저 하나님의 '거룩한 성품'에 집중할 것을 말씀하셨다. "하늘에 계신 우리 아버지, 아버지의 이름을 거룩하게 하시며"(눅 11:2 참고). 주기도문의 도입부이다. "아버지의 이름을 거룩하게 하시며!" '거룩'은 성별됨, 구별됨, 지극히 고상함을 뜻한다. 그렇다. 하나님의 이름은 지극히 거룩하다.

거룩하시기 때문에 하나님이 하나님이신 것이다. 구약 시대 하나님께서는 몇몇 사람을 선택하여 그들에게 자신의 거룩한 성품을 계시하셨다. 그리고 신약 시대에 이르러 하나님께서는 예수 그리스도를 통해 온 세상에 자신의 거룩함을 드러내셨다. 예수님은 거룩의 본질이시다. 그러므로 예수님은 성부 하나님의 영광을 받기에 합당하신 분이다.

모세를 통해 전달된 하나님의 은혜

예수님을 생각할 때, 가장 먼저 거룩함을 떠올리는 성도는 많지 않을 것이다. 대부분은 사랑, 친절, 긍휼, 능력, 권세 등을 떠올릴 것이다. 요즘 성도들은 거룩, 의, 공의 등은 구약의 언어로, 은혜, 사랑, 긍휼 등은 신약의 언어로 간주한다. 이 중에서도 특히 은혜는 신약과 가장 밀접한 단어라고 생각한다.

많은 사람이 구약의 하나님과 은혜를 연결하지 못한다. 이는 신약의 예수님과 거룩함을 연결하지 못하는 것과 마찬가지이다. 다시 한번 말하지만 하나님은 변하지 않으신다. 구약의 하나님이 거룩하다면 신약의 하나님도 거룩하시고, 신약의 하나님이 은혜롭다면 구약의 하나님도 은혜로우시다. 사람과의 관계 속에서도 하나님은 '어제, 오늘 그리고 영원토록' 동일하시다(히 13:8 참고). 이 말은 십자가의 예수님이 은혜로 충만하신 것처럼, 구약의 하나님 역시 은혜로 충만하시다는 뜻이다.

예수님이 하나님의 현현이라면, 또 그분이 우리를 하나님과 화목하게 하심으로 가장 큰 은혜를 나타내 보이셨다면, 구약의 하나님도 은혜로 충만하신 것 아니겠는가? 구약의 하나님이라고 해서 어떻게 신약의 하나님보다 '덜' 은혜로우실 수 있겠는가? 그럴 수 없다. 하지만 많은 사람이 이 사실을 깨닫지 못하고 구약의 하나님을 '분노하시는 분'으로 바라본다. 구약의 하나님도 은혜로우시다는 사실을 살펴보자.

하나님께서 모세를 불러 "내 백성을 인도하라"고 말씀하셨다. 모세에게 지도자의 사명은 결코 쉽지 않은 임무였다. 하나님도 이 사실을 잘 알고 계셨다. 실제로 모세가 이 일에 착수하기 전, 하나님은 모세의 인내심이 한계에 다다를 것을 말씀하셨다. 하나님도 이스라엘을 목이 곧은 백성이라고 말씀하셨다(출 32:9).

모세가 시내산에 올라 하나님과 교제하며 율법을 받을 때였다. 산 아래의 유대인들은 하나님의 부재와 지도자 모세의 부재에 조바심이 났다. '보호자의 부재'라는 두려움을 이기지 못하고 결국 그들은 눈에 보이는 대로 하나님을 만들었다. 금송아지를 빚고 그 앞에 경배했다. 하나님은 이처럼 방자한 이스라엘을 가만 놔두실 수 없었다. 모세에게 말씀하셨다. "그런즉 내가 하는 대로 두라. 내가 그들에게 진노하여 그들을 진멸하고 너를 큰 나라가 되게 하리라"(출 32:10).

만일 이스라엘 백성 없이(그들의 방해 없이) 하나님과 단둘이 동행한다면 모세는 더없이 행복했을 것이다. 모세에게 이스라엘 백성은 다루기 힘든 사람들이었다. 조금만 힘들면 버럭 화를 냈으니 말이다. 그러나 모세는 이스라엘을 진멸하겠다는 하나님의 말씀을 듣고 중재자로 나서서 이렇게 아뢰었다. "아브라함과 이삭과 야곱에게 주셨던 약속을 기억해 주십시오. 만일 주께서 오늘 이 백성을 멸하시면 이집트 사람들이 하나님을 조롱할 것입니다."

모세의 말이 끝나자, 하나님께서 뜻을 돌이키셨다. 성경은 이 사건의 물줄기가 크게 선회하였음을 보여 준다. "여호와께서 뜻을 돌이키사 말씀하신 화를 그 백성에게 내리지 아니하시니라"(출 32:14). 신학자와 변증가들은 이 구절을 묵상하면서 "인간이 전지하신 하나님의 생각을 바꿀 수 있는가?"라는 질문을 한다. 나는 여기서 이 주제를 논할 생각은 없지만, 이 사건을 통해 하나님의 은혜가 제대로 드러나게 되었다는 점은 꼭 말하고 싶다.

모세는 이스라엘의 중보자로 나서서 "이 백성을 진멸하지 말아 달라"며 하나님께 간구했다. 그는 '이스라엘의 죄'와 '하나님의 분노' 사이에 섰다. 그리고 하나님께 자비를 베풀어 주시기를 부탁하였다. 이스라엘은 죽임당할 만했는가? 그렇다. 그들은 십계명의 첫째, 둘째 계명을 어겼다. 우상숭배에 가담했다. 마음을 돌이켜 하나님을 대적하기까지 했다. 율법대로라면 그들의 죄는 사형에 해당한다.

그런데 무엇이 이들의 형벌을 가로막았는가? 하나님의 은혜가 하나님의 분노를 가로막았다. 은혜는 받을 자격 없는 사람에게 하나님께서 거저 주시는 선물이다(받는 사람이 아무리 노력해도 결코 얻을 수 없는 것이 은혜이다. 속성상 은혜는 '거저 주시는' 선물이다).

하나님은 이스라엘 백성이 정직하지도 충직하지도 않다는 것을 알고 계셨다. 그들의 마음을 다 아시는 하나님은 그들이 우상숭배에 가담할 것도 일찌감치 알고 계셨다. 이스라엘 백성의 입장에서 생각해 보자. 당시 모세의 시내산 체류 기간은 끝이 없어 보였다. 조바심을 견디지 못한 이스라엘 백성은 자신들의 속마음을 있는 그대로 다 드러냈다. 하나님이 모세를 오랫동안 붙잡아 두실수록 이들이 죄에 빠질 확률은 점점 더 높아졌다. 그렇다고 해서 하나님이 이스라엘을 벌하기 위해 모세를 오랫동안 붙잡아 두셨다고 생각해서는 안 된다. 하나님은 이스라엘 백성이 자신의 죄성을 다 드러내기까지 기다리셨다가 그들이 죄를 범하면 그들에게 은혜를 베풀어 주실 계획이었다. 즉, 은혜를 베풀어 주시려고 하나님께서 모세를 시내산으로 불러 아주 오랜 기간 머물게 하신 것이다.

율법과 은혜는 상반되는 개념이 아니다. 이 둘은 양립할 수 있다. 모세는 죽어 마땅한 백성을 위해 중보했다. 그 결과 하나님의 은혜가 그들에게 임했다. 그로부터 1500년이 훨씬 더 지났을 무렵, 예수님께서 이 땅에 오셔서 죽어 마땅하고 영벌받아 마땅한 인간을 위해 중보하셨다. 사람들을 대신하여 십자가에 달려 돌아가셨다. 그리고 인류사에 전례 없던 은혜가, 그 놀라운 은혜가 이 땅에 임했다.

모세는 아무 잘못도 하지 않았지만, 자신을 죄인 된 이스라엘과 동일시하며, 심지어 자신을 조롱하고 정죄했던 이스라엘과 자신을 동일시하며 그들을 위해 중재자로 나섰다. 그는 하나님께 나아가 백성의 죄를 용서해 달라고 간구했다. 자신의 이름이 생명책에서 지워져도 좋으니, 부디 그들만은 살려 달라며 애원했다. "그러나 이제 그들의 죄를 사하시옵소서. 그렇지 아니하시오면 원하건대 주께서 기록하신 책에서 내 이름을 지워 버려 주옵소서"(출 32:32).

예수님께서 중보하신 '그 백성'은 훨씬 더 악랄했다. 그들은 예수님을 조롱했다. 예수님을 때리고 증오하다 못해 결국 살해하기까지 했다. 그럼에도 예수님은 그들을 위해 자신의 생명을 내어 드리며 아버지 앞으로 나아가 그들의 죄를 용서해 달라고 애원하셨다.

예수님은 이 땅에 발붙이고 살았던 사람 중 유일하게 죄가 없으신 분이다. 율법을 어기신 적이 없기 때문에 율법으로는 절대 죽임당하지 않을 분이었는데 우리가 어긴 율법 때문에 죄 없으신 예수님이 죽임당하셨다. 십자가에 달리심으로 예수님은 우리의 죄를 자기 몸에 짊어지셨다. 그렇게 예수님은 하나님의 본연을 – 은혜를 – 나타내셨다.

오해하지 마라. 예수님이 이 땅에 머물러 계신 동안, 하나님이 갑자기 은혜로 충만해지신 것이 아니다. 하나님은 정죄하시는 구약의 하나님에서 친절하신 신약의 하나님으로 돌변하신 것이 아니다. 처음부터 하나님은 은혜의 하나님이셨다. 시내산에서 모세와 대화하시던 중 하나님께서 은혜의 성품을 드러내시지 않았는가.

하나님께서는 아무 공로 없는 그 백성이(사실은 죄로 인해 죽어야 했던) 은혜 받을 길을 만들어 두셨다. 그 길은 바로 예수 그리스도이다. 하나님은 우리의 형벌을 그 아들에게 전가하신 후, 우리가 그 아들 안에서 영생을 누리도록 계획하셨다. 이것이 바로 놀라운 주의 은혜(amazing grace)이다.

모든 율법을 다 지키셨음에도 예수님은 하나님의 은혜를 드러내기 위해 율법의 형벌을 받으셨다. 그런데 이러한 은혜가 이미 모세의 때에 그림자로 예시되었다. 예수님의 그림자(archetype)였던 모세를 통해 예시된 것이다. 이 사실이 놀랍지 않은가? 모세는 백성의 잘못을 짊어지고 하나님 앞으로 나아가 그들 대신 형벌을 받으려 했다. 그러나 하나님께서는 백성의 범죄가 아닌 그의 책임감을 보시고, 이를 정의 실현의 근거가 아닌 은혜 베풀 기회로 삼으셨다. 모세가 중재한 이 사건은 장차 예수님을 통해 하나님이 보여 주실 가장 큰 은혜의 전조였다.

어떤 변증가가 말했다. "그날 하나님이 모세의 말을 들으셨던 까닭은 장차 예수님이 십자가에서 외칠 말씀을 미리 들으셨기 때문이다. 아버지여 저들의 죄를 용서하여 주옵소서!"[2] 하나님은 모세가 이스라엘을 중보하게 놔두셨다. 왜냐하면, 언젠가 자기 아들도 온 인류를 중보할 것을 알고 계셨기 때문이다. 모세의 중보, 예수님의 중보, 이 두 개의 신구약 사건에서 하나님의 '은혜'가 '공의'를 이겼다(약 2:13 참고). 왜 그런가? 본질상 하나님은 은혜의 하나님이기 때문이다. 받을 자격 없는 사람에게 은혜를 베풀어 주시는 분, 그가 우리의 하나님이시다.

은혜가 임한 자리에서

하나님의 은혜를 체험하지 않고는 하나님이 어떤 분이신지 제대로 알 수 없다. 하나님은 거룩하시다. 천상의 보좌 주변을 둘러선 생물들은 항상 "거룩! 거룩! 거룩!"을 큰 소리로 외친다. 그분의 거룩함은 구약과 신약을 가리지 않는다.

이처럼 거룩하신 하나님 앞으로 나아갈 때, 우리는 그분이 은혜의 하나님이라는 사실도 기억해야 한다. 우리는 인간이고 그분은 하나님이시다. 피조물인 인간이 하나님 앞에 나아가려면 반드시 은혜부터 입어야 한다. 하나님은 거룩하시다. 우리는 거룩하지 않다. 거룩하지 않은 우리가 하나님 앞에 나아가면 죽을 수밖에 없다. 그러므로 거룩하신 하나님이 거룩하지 않은 우리를 만나시려면, 먼저 우리에게 은혜부터 베풀어 주셔야 한다.

모세는 하나님과 대화한 후 이 사실을 깨달았다. 산에서 내려오자마자 그는 백성의 진영 바깥에 장막 하나를 세우고 거기서 종종 하나님과 대면하곤 했다. "모세가 항상 장막을 취하여 진 밖에 쳐서 진과 멀리 떠나게 하고 회막이라 이름하니…사람이 자기의 친구와 이야기함 같이 여호와께서는 모세와 대면하여 말씀하시며"(출 33:7, 11). 이것은 하나님의 임재 안으로 들어가는 이야기이다. 사실 모세는 하나님의 임재 안에 머물러 있는 것을 좋아해서 그 임재의 무궁한 가치를 잘 알았다. 그래서 하나님의 임재가 없다면, 그는 이스라엘 민족에게 아무런 희망이 없다고 결론 내렸다. "모세가 여호와께 아뢰되 주께서 친히 가지 아니하시려거든 우리를 이곳에서 올려 보내지 마옵소서"(출 33:15). 모세의 이 말에 하나님께서는 이스라엘 백성과 동행하실 것을 약속하셨다. 또 모세에게 자신을 더 많이 계시해 주시겠다고 말씀하셨다. 여기서 주목할 점은 "하나님이 '어떻게' 자신을 계시하시는가"이다.

시간의 흐름상 이즈음이면, 하나님께서 모세에게 율법의 세부사항을 아주 길게 말씀하신 후였을 것이다. 당시 모세는 주님과 함께 40일간 시내산에 머물렀다. 40일 동안 하나님께서는 그에게 십계명을 포함하여 이스라엘 백성이 지켜야 할 구체적 지침까지, 즉 율법 전체를 말씀해 주셨다(출 24:18).

그런데 하나님께서 말씀하신 율법 대부분은 복과 저주의 조건이었다. 그러므로 모세가 하나님께 "당신의 영광을 보이소서"라고 요청했을 때, 그 대목을 읽는 성도들은 하나님께서 재판관으로, 또는 교사로, 또는 방금 주신 계명의 해설자로서 모세 앞에 나타나실 것으로 예상한다. 정말 그런가? 하나님은 엄격한 잣대로 혹은 흑백 논리로 모든 것을 판단하는 분이신가? 하나님께서 모세에게 나타나 율법에 사용된 전문 용어들을 설명하셨는가? 아니다! 출애굽기 34장은 우리의 예상과 전혀 다른 광경을 소개하고 있다.

> 여호와께서 구름 가운데에 강림하사 그와 함께 거기 서서 여호와의 이름을 선포하실새 여호와께서 그의 앞으로 지나시며 선포하시되 "여호와라, 여호와라, 자비롭고 은혜롭고 노하기를 더디하고 인자와 진실이 많은 하나님이라. 인자를 천대까지 베풀며 악과 과실과 죄를 용서하리라. 그러나 벌을 면제하지는 아니하고 아버지의 악행을 자손 삼사 대까지 보응하리라"(출 34:5-7).

이날 하나님은 자신의 본연을 모세에게 나타내셨다. 그런데 하나님께서 자신의 성품으로 가장 먼저 소개하신 것이 무엇인가? 다름 아닌 자비와 은혜였다(하나님의 자비(긍휼)는 그분의 은혜라는 성품에서 흘러나온다).

자비의 히브리어는 '라훔'인데 그 근원은 '자궁'이다. '라훔'은 엄마가 뱃속 아기에 대해 갖는 긍휼과 사랑의 감정을 뜻한다. 자비는 '무관심', '냉담함'의 정반대 개념이다. 하나님께서 모세에게 자신을 계시하셨을 때, 가장 먼저 드러내신 성품은 은혜이고 긍휼이었다.

하나님은 모세에게 '라훔'을 느끼셨다. 왜냐하면 그것이 하나님의 본연이기 때문이다. 마찬가지로 하나님은 그분의 백성 이스라엘에게 '라훔'을 느끼셨다. 비록 그들이 순종하지 않았고, 고집을 부리고, 마음이 완악하고, 불평했지만, 또 순간순간 하나님을 대적했지만 하나님은 그들을 긍휼히 여기셨다. 하나님은 은혜로우신 분이다. 받을 자격 없는 사람들에게 사랑과 자비를 베풀어 주시는 분이다. 그 백성이 벌을 받는 게 공의롭고 적법한 처사일 때에도, 그렇게 처벌받아도 아무 핑계를 댈 수 없는 그 백성을 하나님은 사랑하신다. 젖가슴에 아이를 품은 엄마처럼 하나님은 열정적인 사랑으로 그 백성을 안아 주신다.

수 세대가 지난 후, 다윗은 시편에서 하나님의 이러한 성품을 노래했다. 다윗은 하나님과 독특한 관계를 맺고 있었다. 그래서인지 그는 하나님을 은혜와 사랑의 하나님으로 인식했다. 모세가 하나님과 얼굴을 마주하며 교제했던 친구였다면, 다윗은 '하나님의 마음에 합한 사람'이었다(행 13:22). 하나님과의 친밀한 관계 때문에 그는 자신이 체험한 하나님을 이같이 소개할 수 있었다. "그러나 주여, 주는 긍휼히 여기시며 은혜를 베푸시며 노하기를 더디하시며 인자와 진실이 풍성하신 하나님이시오니"(시 86:15). 시편 18편 35절에서 다윗은 이같이 노래했다. "주의 온유함이 나를 크게 하셨나이다." 하나님의 거룩은 구약 성경 전반에 걸쳐 명시되어 있다. 다윗은 그러한 하나님의 거룩하심을 알고 있었다. 그러나 그는 하나님의 거룩함 뿐 아니라 하나님의 은혜에 대해서도 잘 알고 있었다.

모세의 토라이든, 다윗의 시이든, 이사야의 예언이든, 사도 요한의 글이든, 그 모든 성경이 '하나님은 한 분'이라는 진리를 우려내고 있다. '쉐마'는 우리에게 하나님의 성품을 알려 주는 시금석이다(이러한 쉐마가 유대인들에게 매우 중요하다). 쉐마에 의하면, 하나님은 동일하신 분이다. 그렇다면 그분의 거룩은 은혜와 상반되는 개념이 아니다. 하나님의 사랑이 그분의 공의나 심판의 권세를 무효화한다고 생각하는가? 절대 아니다. 성경 전체에 그려진 하나님은 변함없는 분이고 동일하신 분이다. 시내산 꼭대기에서 불 가운데 임하셨던 하나님은(God), 육체로 태어나 갈릴리와 유대, 또 그 너머 지역으로 건너가 사람들을 치유하셨던 예수님과 동일한 하나님(God)이시다.

우리가 이 계시를 좀 더 깊이 알고, 하나님의 본연을 올바르게 이해한다면 하나님의 성품을 설명해 놓은 성경 말씀들이 일관되다는 사실을 깨닫게 될 것이다. 성경의 일관성을 깨달을 때, 마치 손에 장갑이 맞듯 구약 성경이 신약 성경에 꼭 맞아 들어간다는 사실을 알게 될 것이다. 우리가 하나님의 얼굴을 찾으며 하나님께 가까이 나아갈 때, 하나님께서는 성령을 통해 자신의 성품을 더 많이 계시해 주실 것이다.

각주

1. Bible Study Tools, s.v. "코데쉬*Qodesh*" 2018. 3. 6 접속, https://www.biblestudytools.com/lexicons/hebrew/nas/qodesh.html.
2. 매트 슬릭, "신명기 9장 13-14절, '내가 그들을 진멸하도록 나를 내버려 두라 *Deuteronomy 9:13-14, 'Let Me Alone That I May Destroy Them*'" Christian Apologetics and Research Ministry, 2018. 3. 6 접속 https://carm.org/deuteronomy-913-14-let-me-alone-i-may-destroy-them.

9장

율법과
은혜

The LION of JUDAH

모세가 시내산에 올라가 하나님과 대면하다니! 나는 이 광경을 상상조차 못하겠다. 하나님께서 그의 앞을 지나셨다는 것이나 모세가 그 영광의 무게에 압도당했다는 것은 상상하기 힘들다.

모세가 이르되 "원하건대 주의 영광을 내게 보이소서"…여호와께서 구름 가운데에 강림하사 그와 함께 거기 서서 여호와의 이름을 선포하실 새 여호와께서 그의 앞으로 지나시며 선포하시되 "여호와라, 여호와라, 자비롭고 은혜롭고 노하기를 더디하고 인자와 진실이 많은 하나님이라. 인자를 천대까지 베풀며 악과 과실과 죄를 용서하리라. 그러나 벌을 면제하지는 아니하고 아버지의 악행을 자손 삼사 대까지 보응하리라"(출 33:18, 34:5-7).

어떻게 하나님이 강림하시면서, 모세와 함께 그 자리에 서 계시면서, 모세의 앞을 지나실 수 있단 말인가? 게다가 하나님께서 "여호와의 이름을 선포하셨다"는 말의 의미는 무엇인가? 하나님께서 모세에게 자신의 이름을 알리시고, 자신에 대해 소개해 주셨다는 뜻인가? 아니면 우리가 알지 못하는 무언가가 더 있다는 말인가?

일단 모세가 본 것이 하나님의 '등'이었다는 사실은 잊지 말자. 하나님께서 그에게 말씀하셨다. "내 영광이 지나갈 때에 내가 너를 반석 틈에 두고 내가 지나도록 내 손으로 너를 덮었다가 손을 거두리니 네가 내 등을 볼 것이요, 얼굴은 보지 못하리라"(출 33:22-23).

그날 시내산에서 일어난 일은 우리 이해의 한계를 훨씬 넘어선다. 출애굽기 34장에 묘사된 장면을 시각화하기는 어렵더라도 하나님께서 자기 성품의 다양한 면면을 모세에게 드러내셨다는 사실 만큼은 기억해야 한다. 유대인들은 이를 '하나님의 열세 가지 성품'이라고 이름 붙였고, 하나님께서 언급하신(출 34:6-7) 각각의 성품에 특별한 관심을 기울여 왔다. 유대인들의 연구에 의하면, 열세 가지 성품에는 주권, 긍휼, 용서, 넘쳐나는 사랑과 친절 등이 포함된다.

하나님께서는 자신을 엄격한 입법자로서가 아니라, 긍휼과 사랑의 하나님으로 나타내셨다. 물론 하나님은 '인자를 천대까지 베풀며', '악과 과실과 죄를 용서하시지만' 그렇다고 '벌을 면제하시지는 않는다.' 하나님은 우리에게 죄의 열매를 거두게 하신다.

"그러나 벌을 면제하지는 아니하고 아버지의 악행을 자손 삼사 대까지 보응하리라."

왜 하나님께서 그리 긍정적이지 않은 말씀으로 자기 계시를 마무리하셨는가? 왜 하나님은 자신의 영광 및 찬양받기 합당한 모든 성품을 말씀하신 후, 마지막에 죄를 벌하는 성품을 언급하셨는가? 하나님의 율법과 은혜가 양립할 수 있음을 알기 원하면, 반드시 이 질문에 대답해야 한다.

사람들은 구약을 대할 때 하나님의 분노와 심판에 집중한다. 그러나 신약으로 넘어갈 때면 갑자기 미소를 지으며, 사랑과 은혜와 긍휼이 충만한 하나님을 만나리라 기대한다. 구약과 신약의 하나님이 다르다고 생각하는 모양인데 이것은 사실이 아니다. 나는 독자들 모두가 하나님을 언제나(신구약 모두에서) 동일하신 분으로 깨달아 알기를 바란다. 예수님은 성부 하나님을 보여 주기 위해 이 땅에 내려오신 살아 있는 모범이셨다. 예수님이 은혜의 하나님이시라면, 구약의 성부 하나님 역시 은혜의 하나님이시다.

그러나 다수의 성도는 율법의 거룩과 예수님의 은혜를 정반대의 개념으로 생각한다. 그들의 사고 속에 구약과 신약의 하나님은 각각 다른 분으로 존재하시는 것이다. 그들은 구약에 기록된 하나님의 계명(율법)이 신약에 기록된 은혜와 양립할 수 없다고 생각한다. 그들에게 은혜란 예슈아 하-마쉬아흐에게서만 발견되는 독점적 성품이다. 이처럼 많은 성도가 하나님을 근본적으로 오해하고 있다. 그들은 타나크에서는 오직 율법의 하나님만 찾으려 하고, 브릿 하다샤에서는 오직 은혜의 하나님만 찾으려 한다. 아쉽게도 그 오랜 역사 속에서 기독교는 성도들의 오해를 제대로 해결해 준 적이 없다.

기독교 내 반유대주의의 유입은 교회의 신학을 바꿔 놓았다. 일례로 반유대주의는 율법에 대한 기독교의 관점을 변질시켰다. 유대인으로만 구성된 초대교회는 율법을 하나님의 계명으로 이해했다. 그러나 어느덧 유대인들이 교회를 떠나고, 이방인으로만 구성된 교회가 나타나기 시작했다. 이들 이방인 교회는 율법을 던져 버려야 할 짐으로 여겼다.

예수님께서는 바리새인과 종교 지도자들이 율법 본연의 선한 목적은 잊은 채 자기 의를 내세우려고 율법을 지켰기 때문에 그들을 꾸짖으셨다. 그러나 이방인 교회는 예수님께서 율법을 잘 지킨 유대 지도자들을 질책하셨다는 이유로, 율법을 '쓸모없는 것', '폐지된 것'으로 인식했다. 크나큰 오해였다. 그들은 율법 본연의 선한 목적을 알지 못했고, 또 바리새인에 의해 율법이 오남용되었다는 사실도 알지 못해서, 바리새인과 함께 율법까지 폄하했던 것이다. 목욕물과 함께 아기를 버린 셈이다.

결국 율법을 은혜의 반대 개념으로 인식한 성도들의 오해는 교회사 내내 지속되었다. 율법에 대한 교회의 부정적 태도와 신학이 반영된 한 가지 사례를 이야기하겠다. 바로 성경 번역이다. 1611년 킹 제임스 성경(KJV)이 완성되었다. 이는 원어 성경을 영어로 번역하여 사용하게 된 놀라운 계기였다. 하지만 킹 제임스 성경은 반유대적 요소가 담겨 있는 영국 교회의 교리와 당시의 사회문화를 그대로 보여 주고 있다. 어떤 구절의 번역에는 잘못된 신학이 배어 있다. 그 결과 성경을 대하는 성도들의 관점에도 그릇된 신학이 스며들게 되었다.

예를 들면, 킹 제임스 성경의 요한복음 1장 16-17절은 이렇게 번역되었다. "우리가 다 그분의 충만하심에서 받았으니 은혜를 대체하는 은혜이니라. 율법은 모세를 통해 주셨다. *그러나* 은혜와 진리는 예수 그리스도를 통해 왔다(And of his fullness have all we received, and grace for grace. For the law was given by Moses, *but* grace truth came by Jesus Christ)." 이 구절에서 접속사 '그러나'가 비스듬히 누워 있는 것을 보라. 수 세기 동안 킹 제임스 성경에는 접속사 '그러나'가 이탤릭체로 인쇄되어 왔다. 이는 번역에 사용된 원본(고대 사본)에는 이 단어가 없지만, 문맥을 위해 번역자들이 일부러 첨가했음을 말해 준다. 번역자들은 비교 접속사를 넣어야 이 구절의 의미가 더욱 명확해진다고 생각한 것이다. 그러나 당대에 팽배한 신학상의 오류 때문에 그들은 이 구절을 오해했다.

이 사실을 염두에 두고 해당 구절을 다시 한번 살펴보자. "우리가 다 그분의 충만하심에서 받았으니 은혜를 대체하는 은혜이니라. 율법은 모세를 통해 주어졌다. *그러나* 은혜와 진리는 예수 그리스도를 통해 왔다." 킹 제임스 성경 번역자들은 모세의 '율법'과 예수님의 '은혜'를 정반대의 개념으로 여기고 있다. 이제 알겠는가? 마치 하나님의 율법과 하나님의 은혜가 상극의 개념인 것처럼 상정한 채 번역을 진행한 것이다.

　슬프게도 반율법적 사고는 킹 제임스 성경이 제작되던 시대의 반유대주의 신학과 맥을 같이한다. 유대인들에 대한 편견, 즉 '모든 유대인은 그리스도를 살해한 죄인'이라는 편견 때문에 성경 번역자들은 유대 율법에 대한 대항마로 예수님의 은혜를 소개한 것이다. 더 슬프게도 교회는 이러한 반율법주의, 반유대주의를 수용했다. 그렇게 킹 제임스 성경에 잠입한 반유대주의는 이후 수 세대 동안 교회의 신학 속에 깊이 스며들었다.

　굳이 킹 제임스 성경만 꼬집어 말하는 것은 아니다. 사실 모든 성경 번역본이 한계를 지니고 있다. 또 문화적 영향 때문에 번역 오류가 속출한다. 모든 역본에는 오역이 있기 마련이다. 성경은 2천 년 넘는 시간에 걸쳐 기록된 문서이므로 오늘날의 언어로 바꿀 때 오류가 있을 수 있다는 것은 어느 정도 예상된다. 그러나 잘못된 신학에 따라 '그러나'라는 세 글자가 첨가되었고 이것이 교회의 신앙과 하나님을 대하는 성도들의 관점에 큰 영향을 끼쳤다는 사실은 절대 간과할 수 없다. 하나님의 율법은 은혜와 상반되는 개념이 아니다. 나는 이 구절을 기록한 요한의 본래 의도가 다음과 같다고 생각한다. "율법이 하나님 은혜의 발현임을 나타내기 위해서!" 하나님이 율법을 주신 것은 자신의 은혜를 드러내기 위해서이다.

은혜 위의 은혜

　요한이 예수님을 설명하기 위해 사용한 특이한 표현에 주목하라. "우리가 다 그의 충만한 데서 받으니 **은혜 위에 은혜**러라"(요 1:16). "은혜 위에 은혜", 이 표현의 의미는 무엇인가?

　요한은 오랜 시간에 걸쳐 점진적으로 드러난 하나님의 은혜에 단계(또는 수준)가 있음을 말하고 있다. "은혜 위에 은혜"에서 첫 번째 은혜는 '율법'을 지칭한다. 이스라엘에 복을 주시기 위한 계명 또는 삶의 방식으로서의 율법이다. 이처럼 요한은 율법을 '은혜'로 표현했다. 어떻게 율법이 은혜일 수 있는가? 율법은 은혜의 예비적 상징으로 장차 예수님을 통해 온전히 계시될 예정이었다. 바꿔 말하면, 율법 역시 은혜라는 것이다.

모세의 시대, 이스라엘은 야만적인 세상 속에서 살았다. 그들이 살던 땅에는 법도, 경찰도, 통제 관할 구역도 없었고 정의를 구현할 공정한 시스템도 없었다. 사회는 무법천지였다. 사람들을 통제할 도구가 전무했다. 예를 들어, 누군가가 내 낙타를 훔쳐 갔다고 하자. 복수 차원에서 그를 찾아가 그의 아내와 자녀를 없애고 그의 집을 불태워도 그 사회 안에는 막을 장치가 없었다.

그러나 하나님이 율법을 주셨다. 새로운 표준이 세워진 것이다. "눈에는 눈, 이에는 이!" 바꿔 말하면, 범죄에는 처벌이 따른다는 뜻이다. 누군가가 내 낙타를 훔쳐 갔다고 해서 함부로 그의 집을 불태울 수 있는가? 율법이 주어졌으니 더는 그렇게 할 수 없다.

인류 역사 속에서 모세의 율법은 이스라엘을 법치국가, '새 표준의 나라'로 격상시켰다. 율법은 잔인한 입법자가 제안한 규율이 아니다. 율법은 하나님의 성품을 반영하는 지침으로 백성 이스라엘을 당대의 야만 사회로부터 건져 냈다. 은혜의 율법을 통해 이스라엘 백성은 '하나님 나라'에서 살 수 있게 되었다.

내가 나의 하나님 여호와께서 명령하신 대로 규례와 법도를 너희에게 가르쳤나니 이는 너희가 들어가서 기업으로 차지할 땅에서 그대로 행하게 하려 함인즉 너희는 지켜 행하라. 이것이 여러 민족 앞에서 너희의 지혜요, 너희의 지식이라. 그들이 이 모든 규례를 듣고 이르기를 이 큰 나라 사람은 과연 지혜와 지식이 있는 백성이로다 하리라. 우리 하나님 여호와께서 우리가 그에게 기도할 때마다 우리에게 가까이 하심과 같이 그 신이 가까이 함을 얻은 큰 나라가 어디 있느냐? 오늘 내가 너희에게 선포하는 이 율법과 같이 그 규례와 법도가 공의로운 큰 나라가 어디 있느냐?(신 4:5-8)

우리는 율법을 강압으로 생각한다. 그러나 하나님께서 율법을 주신 목적은 은혜이다. 하나님은 자기 백성이 거룩한 기준을 따라 살면서, 행복을(그들에게 과분한 의의 열매) 누리길 바라셨다. 은혜의 율법 안에서 이스라엘은 여느 민족과 다르게 살아갈 수 있었다. 그리고 이 율법을 통해 아브라함의 언약도 이뤄질 수 있었다. 이스라엘을 통해 "땅의 모든 민족이 복을 얻는" 언약 말이다(창 12:3).

그러나 우리가 알듯이 이스라엘은 하나님의 은혜를 의지하지 않고 자신의 종교적 공로를 의지하며 살았다. 수 세대를 거쳐 종교 지도자들은 관행과 전통을 세웠다. 하나님께서 맨 처음 주셨던 은혜의 율법 위에 또 다른 새로운 규례들이 쌓였다. 그 결과 율법은 무거운 짐이 되었다.

예수님이 종교 지도자들을 호되게 질책하신 이유가 여기에 있다. 예수님은 율법의 저주와 종교 지도자들이 만든 전통의 짐으로부터 그 백성을 자유롭게 풀어 주셨다. 예수님은 '더 큰 은혜'를 선사하려고 오신 것이다. 즉, 요한이 언급한 "은혜 위에 은혜"(요 1:16) 중 두 번째 은혜가 바로 예수님의 은혜이다. 이스라엘은 모세가 받은 율법 안에서도 하나님의 은혜를 발견할 수 있었다. 그러나 예수님이 오셨을 때, 그들은 하나님의 은혜를 전혀 새로운 시각으로 맛보게 되었다.

히브리서가 증언한다. "옛적에 선지자들을 통하여 여러 부분과 여러 모양으로 우리 조상들에게 말씀하신 하나님이 이 모든 날 마지막에는 '아들을 통하여' 우리에게 말씀하셨으니 이 아들을 만유의 상속자로 세우시고 또 그로 말미암아 모든 세계를 지으셨느니라"(히 1:1-2). 율법이 태양 광선이라면, 예수님은 태양 그 자체이시다. 예수님이 이 땅에 오셨을 때, 사람들은 훨씬 더 놀라운 방법으로 하나님의 은혜를 이해했고, 보았고, 받아들였다.

기준을 높이다

예수님은 하나님의 은혜를 드러내기만 하신 것이 아니다. 그 은혜를 더 높은 수준으로 끌어올리셨다. 예슈아께서 오시기 전, 이스라엘은 모세의 율법으로 인해, 당시 야만적인 세상 나라들로부터 성별될 수 있었다. 율법은 이스라엘의 고차원적 정의 시스템이었다. 이 시스템에는 하나님의 공의와 은혜가 반영되었다. 그런데 예수님이 오셔서 하나님의 궁극적 은혜를 나타내셨을 때, 기존의 정의 시스템 전체가 크게 흔들렸다.

> 옛 사람에게 말한 바, "살인하지 말라. 누구든지 살인하면 심판을 받게 되리라" **하였다는 것을 너희가 들었으나** 나는 너희에게 이르노니 형제에게 노하는 자마다 심판을 받게 되고 형제를 대하여 '라가'라 하는 자는 공회에 잡혀가게 되고 미련한 놈이라 하는 자는 지옥 불에 들어가게 되리라(마 5:21-22).

> 또 "간음하지 말라" **하였다는 것을 너희가 들었으나** 나는 너희에게 이르노니 음욕을 품고 여자를 보는 자마다 마음에 이미 간음하였느니라(마 5:27-28).

또 일렀으되 "누구든지 아내를 버리려거든 이혼 증서를 줄 것이라" **하였으나** 나는 너희에게 이르노니 누구든지 음행한 이유 없이 아내를 버리면 이는 그로 간음하게 함이요, 또 누구든지 버림받은 여자에게 장가드는 자도 간음함이니라(마 5:31-32).

또 "눈은 눈으로, 이는 이로 갚으라" **하였다는 것을 너희가 들었으나** 나는 너희에게 이르노니 악한 자를 대적하지 말라. 누구든지 네 오른편 뺨을 치거든 왼편도 돌려 대며 또 너를 고발하여 속옷을 가지고자 하는 자에게 겉옷까지도 가지게 하며 또 누구든지 너로 억지로 오 리를 가게 하거든 그 사람과 십 리를 동행하고(마 5:38-41).

또 "네 이웃을 사랑하고 네 원수를 미워하라" **하였다는 것을 너희가 들었으나** 나는 너희에게 이르노니 너희 원수를 사랑하며 너희를 박해하는 자를 위하여 기도하라. 이같이 한즉 하늘에 계신 너희 아버지의 아들이 되리니 이는 하나님이 그 해를 악인과 선인에게 비추시며 비를 의로운 자와 불의한 자에게 내려주심이라(마 5:43-45).

예수님은 어떻게 이 같은 말씀들을 거침없이 하실 수 있었는가? 당시 청중들은 율법에 친숙했으므로 예수님이 인용하신 토라의 구절들을 전부 다 알고 있었다. 그러한 유대인들의 눈에 비친 지금 예수님의 모습은, 영락없이 하나님의 율법을 변개하는 사람이다. 그들은 이 구절을 떠올렸을 것이다. "내가 너희에게 명령하는 말을 너희는 가감하지 말고 내가 너희에게 내리는 너희 하나님 여호와의 명령을 지키라"(신 4:2). 그런데 지금 예수님이 하나님의 말씀에 무언가를 '가감'하고 계시는 것 아닌가? 그러므로 예수님의 이 같은 말씀들이 청중들, 특히 종교 지도자들의 마음에 얼마나 큰 갈등을 일으켰겠는가? 도대체 예수님은 왜 이 같은 말씀을 하셨을까?

이 질문에 답하기 위해 우리는 예수님 말씀의 문맥에 집중해야 한다. 일련의 "~하였다는 것을 너희가 들었으나"를 말씀하기 전, 예수님은 우리가 이 책에서 논했던 내용을 간략하게 선포하셨다. 예수님이 유대교와 율법을 어떻게 완성하셨는지 이해하려면, 먼저 그 선포의 말씀부터 살펴봐야 한다. 마태복음 5장 43-44절을 보라. "~하였다는 것을 너희가 들었으나 나는 너희에게 이르노니"라며 율법을 '업데이트'해 주시기 전에 예수님은 이같이 말씀하셨다.

내가 율법이나 선지자를 폐하러 온 줄로 생각하지 말라 폐하러 온 것이 아니요, 완전하게 하려 함이라. 진실로 너희에게 이르노니 천지가 없어지기 전에는 율법의 일점 일획도 결코 없어지지 아니하고 다 이루리라. 그러므로 누구든지 이 계명 중의 지극히 작은 것 하나라도 버리고 또 그같이 사람을 가르치는 자는 천국에서 지극히 작다 일컬음을 받을 것이요, 누구든지 이를 행하며 가르치는 자는 천국에서 크다 일컬음을 받으리라. 내가 너희에게 이르노니 너희 의가 서기관과 바리새인보다 더 낫지 못하면 결코 천국에 들어가지 못하리라(마 5:17-20).

예수님은 율법을 완성하셨을 뿐 아니라 율법의 수준을 최고 단계로까지 높여 완성하셨다. 율법의 일점일획까지 완성하신 것이다. 새 기준을 가르치기 전, 예수님은 먼저 율법을 완성하여 그 수준을 최고 단계로 높이셨다. 이후 그보다 더 큰 버전의 율법을 말씀하셨다. '은혜 위의 은혜'라는 율법이다.

예수님께서 말씀하신 바는 이것이다. "율법은 '눈에는 눈, 이에는 이'라는 기준을 내세운다. 그러나 나는 그 수준을 높이겠다. 너희가 아무 잘못도 없이 왼뺨을 맞더라도 보복하지 말고 잠잠히 오른쪽 뺨을 돌려 대

라. 누가 너희의 소유물을 강탈해 가거든 그에게 모든 것을 내어 줘라." 과거, '눈에는 눈, 이에는 이'의 시스템 아래에서도 율법 준수는 매우 어려운 일이었다. 그러나 지금 예수님은 율법 준수를 불가능한 일로 만드셨다.

왼쪽 뺨을 맞은 후 오른쪽 뺨을 돌려대는 일은 은혜 없이 불가능하다. 지금 예수님은 '하나님 나라의 방식'(은혜)을 공개하셨다. 하나님 나라는 은혜로 충만하다. 그래서 누군가 당신에게 악을 행하더라도, 하나님 나라는 당신에게 그를 용서하라고 명령한다. 증오 대신 사랑을, 정죄 대신 긍휼을 요구한다. 예수님은 율법의 새 기준 그리고 은혜의 새 기준을 제시하셨다. 예수님은 모세의 율법보다 더 높은 기준을 제시하며, 시내산(모세의 율법)보다 더 높은 산으로(산상수훈) 제자들을 부르셨다. 시내산에서 모세는 하나님의 성품을 더 많이 보여 달라고 요청했다. 산상수훈이 전달된 그 산에서 예수님은 제자들에게 자신의 성품을 더 많이 보여 주셨다.

여기에 놀라운 사실이 있다. 어떤 율법을 따를지 예수님께서 우리에게 선택권을 주셨다는 것이다. 모세의 율법을 따를지, 더 높은 차원의 은혜 율법을 따를지 우리는 선택할 수 있다. 하나님께서 우리에게 자유 의지를 주셨기 때문이다. 원한다면 당신은 모세의 율법대로 '눈에는 눈, 이에는 이'를 행할 수 있다. 그러나 예수님은 제자들에게 이 사실을 상기시켜 주셨다. "그러므로 무엇이든지 남에게 대접을 받고자 하는 대로 너희도 남을 대접하라. 이것이 율법이요, 선지자니라"(마 7:12).

우리는 '동등한 대접'이 돌아오는 것을 원하지 않는다. 참 부담스러운 말씀이다. 왜냐하면 우리는 이중 잣대를 갖고 있기 때문이다. 우리가 잘못을 저질렀을 때는 '용서'받기를 원하지만, 누군가가 우리에게 잘못을 저지르면 '복수'하고 싶다. 가해자를 '율법'의 굴레 안에 가둬 둔 채 그에게 책임을 추궁하고 싶고 또 그에게 복수하고 싶은 것이 우리의 마음이다. 게다가 사람들 사이에서만 이중 잣대를 내세우는 것이 아니다. 우리는 하나님과의 관계에서도 그렇게 한다. 자신이 잘못할 때는 항상 하나님께 용서와 은혜를 간구하고, 형제자매가 잘못하면 얼마나 그들을 판단하고 정죄하는가?

예수님이 제시하신 새로운 시스템은 극단적인 도전으로 다가온다. 2천 년이 지난 지금까지도 수용하기 힘든 도전이다. 당신은 가해자를 용서할 수 있는가? 모세 율법의 시스템 안에서는 심판받아 마땅하다. 그래도 당신은 가해자들을 은혜의 시스템 안에서 용서할 수 있는가?

예수님께서는 남을 판단한 대로 우리 역시 판단받게 될 것이라고 말씀하셨다. "비판하지 말라. 그리하면 너희가 비판을 받지 않을 것이요. 정죄하지 말라. 그리하면 너희가 정죄를 받지 않을 것이요. 용서하라. 그리하면 너희가 용서를 받을 것이요. 주라. 그리하면 너희에게 줄 것이니 곧 후히 되어 누르고 흔들어 넘치도록 하여 너희에게 안겨 주리라. 너희가 헤아리는 그 헤아림으로 너희도 헤아림을 도로 받을 것이니라"(눅 6:37-38).

놀라운 소식이 있다. 예수님이 제시하신 새로운 기준, 곧 하나님 나라의 기준을 따르길 갈망할 때, 우리는 '은혜 위의 은혜' 안에서 행동하며 우리의 삶으로 하나님의 본연을 나타내게 된다. 예수님의 기준을 따라 살아갈 때 우리는 예수님을 닮게 된다. 율법 아래에서 영벌을 받아 마땅한 우리였으나, 은혜 아래에서 하나님 나라의 백성이 되었기에 우리는 하나님의 '의'를 따를 수 있다.

구약 시대 하나님께서는 이스라엘이 거룩한 나라로 살 수 있게끔 율법을 주셨다. 하나님의 뜻에 따라 이스라엘은 율법을 준수하여 온 세상에 하나님의 거룩한 성품을 나타내야 했다. 하지만 자력으로는 불가능했다. 구약 시대에도 은혜가 필요했다. 거룩하게 살려면 하나님의 은혜가 필요하다. 자신의 노력과 의지로는 율법을 지킬 수도 없지만, 설사 율법을 지킨다고 해도, 그 삶은 결코 거룩할 수 없다. 그렇다. 하나님의 은혜만이 율법을 완성한다. 그런데 과연 누가 율법을 온전히 지킬 수 있단 말인가? 오직 예수님 뿐이다.

예슈아는 율법의 궁극적 완성이자 은혜의 궁극적 완성이시다. 이 사실은 유대인과 그리스도인 모두가 기억해야 한다. 그래야만 예수님이 어떻게 구약을(율법을 주제로 삼고 있는) 완성하셨는지, 또 어떻게 신약을(은혜에 중점을 두고 있는) 완성하셨는지 이해할 수 있기 때문이다.

하나님께서 아들을 이 땅에 보내심으로, 율법의 더 높은 목적과 은혜의 더 위대한 수준을 나타내셨다. 예수님의 은혜가 우리를 율법의 굴레에서 해방시키셨다. 그 은혜가 우리로 하여금 '은혜 안에서', '율법 위에서' 살 수 있게 하셨다. 십자가에 달리신 예수님을 보라. 자신에게 침을 뱉고, 자신을 조롱하고 찌른 사람을 바라보며 이같이 기도하셨다. "아버지, 저들을 사하여 주옵소서. 자기들이 하는 것을 알지 못함이니이다"(눅 23:34).

당신은 자신에게 잘못한 사람에게 이와 동일한 은혜를 베풀 수 있는가? 이와 동일한 용서를, 하나님의 거룩한 사랑을 베풀 수 있는가? 그렇게 한다면 당신은 지금 율법과 은혜가 완벽히 조화를 이루는 하나님 나라 안에서 사는 것이다.

10장

율법의 목적

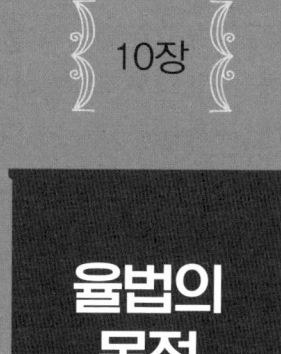

The LION of JUDAH

몇 년 전의 일이다. 백화점에 갔는데 판매원들이 샴와우(ShamWow) 걸레를 진열대에 전시하고 있었다. 샴와우 걸레는 출시되자마자 TV 인포머셜(informercial, 장시간 제품 정보를 소개하며 주문 전화번호까지 내보내는 광고 – 역자 주)을 통해 엄청난 센세이션을 일으켰다. 나는 일곱 살 딸과 함께 판매원들의 시범을 지켜보며 놀라움을 금치 못했다. 나는 여덟 장이 한 세트인 샴와우 걸레를 20달러에 구매했다. 얼른 집에 가서 아내에게 샴와우의 장점을 보여 주고 싶었다. 나와 딸은 샴와우 걸레의 놀라운 능력을 아내에게 시연했다. 그러나 그녀의 반응은 시큰둥했다. 우리의 공연을 다 지켜본 아내는 웃기 시작했다.

"그래서 요점이 뭐죠?"

"뭐라고?"

"지금 다 봤잖아! 얼마나 놀라운 걸레인지 모르겠어? 요점이 뭐냐고? 그게 무슨 소리야?"

아내는 세탁실로 들어가 값싼 걸레 하나를 들고나왔다. 아내가 종종 사용하는 걸레였다. 그리고 아내는 샴와우 걸레와 그 값싼 걸레 사이에 아무 차이가 없다는 것을 직접 보여 줬다. 몇 푼 안 되는 낡은 걸레의 능력이 샴와우 걸레의 능력과 별반 다르지 않았다. 나는 기운이 다 빠졌다.

우리가 보고 속았던 것과 달리, 샴와우는 특별하지 않았다. 도대체 샴와우의 요점은 뭘까?

많은 사람이 율법과 관련하여 동일한 질문을 한다. 특히 '하나님의 언약'이라는 관점에서 율법을 바라보며, 그들은 "요점이 뭔데?"라고 묻는다. 하나님은 이스라엘이 율법을 준수할 수 없다는 것을 알고 계셨다. 그렇다면 하나님은 왜 그들에게 율법을 주셨을까? 요점이 뭘까? 또 하나님의 계명은 왜 그렇게 세세할까? 왜 이스라엘 백성은 그처럼 많고 세세한 율법을 지켜야 했을까?

사람들은 하나님의 율법이 지닌 본연을 오해하는 경향이 있다. 이해가 부족하기 때문에 율법의 중요성을 무시한다. 그들은 예수님을 염두에 둔 채 율법의 기능을 폄하하면서 "과거에는 율법이 의미 있었지만 예수님이 오신 후로는 의미 없다"고 말한다.

그러나 율법은 예나 지금이나 의미 없지 않다. 예수님께서 말씀하셨다. "나는 율법을 폐하러 온 것이 아니요, 완전하게 하려 함이라"(마 5:17). 심지어 예수님께서는 "천지가 없어지기 전에는 율법의 일점 일획도 결코 없어지지 아니하고 다 이루리라"고까지 말씀하셨다(마 5:18). 즉, 구약 시대에만 율법이 의미 있었던 것이 아니라는 뜻이다. 율법은 오늘날에도 의미가 있고 세상 끝 날까지도 동일한 목적이 있을 것이다. 이 심오한 진리를 마음에 새기고 율법의 목적이 무엇인지 살펴보자. 우리는 예수 그리스도 안에서 온전히 성취된 하나님의 계획(목적)을 더 많이 깨닫게 될 것이다.

율법의 심오한 신비 중 하나는 율법에 이중적 본질이 있다는 것이다. 하나님께서 모세에게 율법을 주신 후, 그 즉시 율법은 이중적 목적을 드러냈다. 모세의 글에 명시된 율법의 목적, 예수 그리스도께서 성취하신 율법의 영원한 목적. 처음부터 율법은 이 두 개의 목적을 내포하고 있었다.

이 장에서 다섯 개의 커다란 율법의 목적을 살펴볼 것이다. 율법이 지닌 이중성을 생각하며 율법의 목적을 살펴볼 때, 우리는 하나님께서 율법을 어떻게 사용하셨는지(율법의 기능) 그리고 왜 율법을 제정하셨는지를(율법의 목적) 깨닫게 될 것이다.

목적 1: 하나님의 성품을 드러내기 위해

하나님이 모세에게 율법을 주셨다. 이 장면은 전 우주적 클라이맥스이다. 하나님이 시내산에 임하여 이스라엘 백성의 눈앞에 자신의 모습을 나타내셨을 때, 놀랍고 두려운 영광이 임했다. 불, 연기, 검은 구름, 천둥, 번개 그리고 고막을 찢을 듯한 나팔 소리가 대동되었다. 시내산 자체가 심하게 흔들렸다. 이 모든 것은 하나님께서 모세와 대면하기 위해 시내산으로 내려오셨을 때 나타난 전조 현상이다.

인류 역사상 처음, 만물의 창조주이신 하나님이 백성의 눈앞에 자신의 모습을 나타내셨다. 그렇게 수백만의 사람이 동시에 하나님을 보았다. 이 장면이 출애굽기에는 이렇게 기록되어 있다. "뭇 백성이 우레와 번개와 나팔 소리와 산의 연기를 본지라. 그들이 볼 때에 떨며 멀리 서서"(출 20:18). 만약 우리가 그 자리에 있었다면 그들처럼 달아나거나 멀찍이 서려고 뒷걸음쳤을 것이다. 하나님이 자신을 드러내실 때, 우리는 공포와 두려움에 사로잡힐 수밖에 없다.

이스라엘의 눈앞에 하나님께서 자신을 계시하신 일은 이번이 마지막이 아니었다. 일회적 사건이 아니었다는 뜻이다. 하나님은 '율법'을 주심으로써, 그 율법을 통해 자신의 성품을 더 많이 계시해 주셨다. 율법에는 하나님의 성품이 담겨 있다. 하나님은 유대인들에게 여러 가지 규례와 예법과 계명이 담긴 법전을 건네신 것이 아니다. 율법을 통해 자신의 정체성을 보여 주신 것이다.

오늘날 수많은 사람이 토라의 율법 구절들을 읽으며 그 엄청난 세세함에 압도당한다(물론 토라에는 율법만 있는 것이 아니다. 토라는 모세의 '가르침'을 담은 책으로 율법은 출애굽기가 열릴 때까지 언급조차 안 된다). 만일 토라를 읽는 동안 우리가 얻는 것이 율법뿐이고, 또 그 율법에 대한 거부감만 느낀다면 요점을 크게 놓친 것이다. 율법에는 하나님의 다양한 생각이 깊게 스며 있다. 그렇다. 율법은 무미건조한 규정이 아니다. 하나님께서는 율법을 통해 자신의 거룩함과 사랑, 용서와 공의, 유대인과 이방인들을 향한 관대함, 긍휼, 가난한 자들과 압제당하는 사람들에 대한 배려를 나타내셨다. 율법은 딱딱한 규율이 아니라 하나님의 자기 계시이다.

하나님의 성품이 다각적인 것처럼 율법도 다각적이다. 율법의 일부분은 의식법(ceremonial law)이다. 여기에는 이스라엘과 이방인을 구분하는 지침과 요소들이 포함된다. 예를 들면, 할례, 코셔 음식 규정, 안식일 규례 등이 그것이다. 또 율법의 일부분은 제의법이다. 하나님께서는 각종 제사의 세부 절차 및 성전 관련 조례들을 어떻게 지켜야 하는지 알려 주셨다. 율법의 또 다른 부분은 사회법으로서 정의 문제와 땅 분배 등을 다루고 있다. 율법의 다양한 면면을 통해 우리는 하나님의 다각적인 성품을 살펴볼 수 있다.

하나님은 이스라엘 백성과 관계부터 맺으셨다. 그 관계를 바탕으로 율법을 주신 것이다. 하나님은 수많은 규례를 주신 후 "잘 해봐라" 말씀하고 떠나시지 않았다. 하나님은 먼저 그 백성을 이집트의 학대에서 건져 주시고 그들에게 긍휼과 자비와 사랑과 용서와 은혜를 선사하셨다. 하나님께서는 이스라엘과 관계부터 맺으신 후 율법을 주셨다. 그러므로 율법은 이스라엘과 하나님의 관계를 보여 주는 '그림'이었다. 그리고 율법에는 하나님의 거룩한 성품이 담겨 있다. 율법은 하나님에 대해 많은 것을 보여 준다.

훗날 예수님이 오셔서 하나님의 성품을 새로운 차원에서 계시해 주셨다. 예수님 덕분에 사람들은 하나님을 아주 가까이에서 볼 수 있었다. 그분이 하나님의 풍성한 이미지를 여과 없이 나타내 보여 주셨기 때문이다. "나를 본 자는 아버지를 보았거늘…"(요 14:9). 예수님은 종종 그 시대의 유대인들에게 이같이 말씀하셨다. "너희가 나를 알았더라면 내 아버지도 알았으리로다"(요 14:7). 그리고 자신을 믿는 사람들에게 "이제부터는 너희가 그를 알았고 또 보았느니라"고 확언까지 하셨다. 근거리에 살아 계셔 숨 쉬고 말씀하시는 예수님을 볼 때, 사람들은 육체로 임하신 하나님을 본 것이었다. "너희가 나를 알았더라면 내 아버지도 알았으리로다." 예수님이 이같이 말씀하실 수 있었던 것은 율법의 목적 한 가지를 완성하셨기 때문이다. 바로 하나님을 계시하신 것이다.

목적 2: 하나님의 백성을 성별하기 위해

율법은 이스라엘을 다른 모든 나라와 구별해 주었다. 이스라엘은 불법이 횡행하던 야만적 세상에서 살았다. 그때 하나님의 율법이 주어졌고 그 율법은 이스라엘을 혼란과 무질서에서 건져 주었다. 율법으로 인해 이스라엘은 여느 나라, 여느 민족의 문화와 구별되었다. 하나님께서 이스라엘에 선포하셨다. "너희는 나에게 거룩할지어다. 이는 나 여호와가 거룩하고 내가 또 너희를 나의 소유로 삼으려고 너희를 만민 중에서 구별하였음이니라"(레 20:26).

무엇이 이스라엘의 '성별'(聖別, 거룩한 구별)됨을 보여 주는가? 첫째, 이스라엘 백성은 온 세상에 '유일신 사상'을 소개하는 도구였다.[1] 오직 하나의 신을 섬기는 행위는 이스라엘 주변 민족들의 눈에 매우 어리석어 보였다. 그러나 이것은 절대 외면할 수 없는 하나님의 명령이었다. "너는 나 외에는 다른 신들을 네게 두지 말라"(출 20:3). 하나님께서 자기 백성에게 주신 첫 번째 명령이었다. 이 계명으로 우리는 모세 율법이 이스라엘을 세상 모든 나라와 확실하게 구분했음을 알게 된다.

이스라엘의 성별에 있어 첫 번째 계명이 가장 중요했지만, 안타깝게도 다른 어떤 계명보다 훨씬 많이 어겼다. 이는 유일신 신앙이 그 시대에 변칙적 신앙이었다는 사실을 보여 주는 반증이다.

둘째, 하나님은 할례로 그 백성을 구분하셨다. 하나님께서는 그 백성의 살에 물리적 표식을 두어 그들이 '세상의 부름받은 백성(called out)'임을 나타내셨다. 할례는 하나님과 이스라엘의 친밀한 언약을, 하나님을 향한 이스라엘의 사랑과 헌신을 상징한다(신 10:16).

셋째, 하나님은 음식 규례로도 그 백성을 구별하셨다. 다른 민족과 달리 이스라엘은 코셔 음식을 먹음으로써 스스로를 구별해야 했다. 다른 문화권의 사람들은 원하는 대로 아무거나 먹었지만, 하나님께서는 이스라엘을 거룩한 백성으로 삼기 위해 음식을 가려 먹도록 높은 기준을 제시하셨다. 오늘날 의사와 영양사들은 유대인의 코셔식이 건강하게 오래 사는 식이요법이라고 설명한다.

의복을 입는 방식부터 결혼 제도에 이르기까지, 율법은 이스라엘 백성을 다스린다. 율법은 죄악으로 가득하고, 경건하지 않고, 불법이 횡행한 주변 나라로부터 이스라엘을 보호해 주었다. 토라는 이렇게 선포한다. "너는 여호와 네 하나님의 성민이라. 네 하나님 여호와께서 지상 만민 중에서 너를 자기 기업의 백성으로 택하셨나니"(신 7:6).

이 세상에 이스라엘과 같은 나라는 없다. 하나님께서는 이스라엘을 독특하게 만들어 놓으셨다. 사람들이 이스라엘을 볼 때마다 하나님을 알 수 있도록 하나님은 이스라엘을 성별해 두셨다. 모세가 말한 것처럼 율법이 이스라엘을 구별했다. "우리 하나님 여호와께서 우리가 그에게 기도할 때마다 우리에게 가까이 하심과 같이 그 신이 가까이 함을 얻은 큰 나라가 어디 있느냐? 오늘 내가 너희에게 선포하는 이 율법과 같이 그 규례와 법도가 공의로운 큰 나라가 어디 있느냐?"(신 4:7-8)

이와 마찬가지로 신약 시대에 이르러 예수님께서는 그분의 성도들을 이 세상의 기준과 분리해 놓으셨다. 우리는 예수님의 은혜 안에서 거룩하게 살도록 부름받았다. 과거 유대인들은 하나님이 세우신 거룩함의 기준에 이를 수 없었다. 그러나 우리는 예수님 안에서 거룩하다고 '칭함'받았다. 우리를 위해 율법을 완성하신 예수 안에서, 성부 하나님이 우리를 향해 "너희는 거룩하다"고 선포하셨기 때문이다. 율법은 우리를 의롭게 인쳐 주신 하나님의 은혜를 드러내면서, 우리의 부족함을 드러낸다.

만일 은혜가 없었다면, 우리는 여전히 거룩함에 못 미치는 부족한 사람일 것이다. 예슈아께서는 하나님의 백성을 성별하심으로 율법의 목적을 완수하셨다. 누구든지 순종하면 예수님은 그 사람을 자신에게로 이끌어 내신다.

목적 3: 가르치고 인도하기 위해

기초 히브리어 과목은 결코 쉽지 않았다. 많은 사람이 '자연스럽게 흡수하는' 식으로 언어를 배운다고 한다. 하지만 나는 그렇지 못했다. 내 주변에 히브리어를 말하는 사람들이 많았다. 그렇다고 해서 내가 자동으로 언어를 터득하게 된 것은 아니었다. 나는 기초 수준에 이르기 위해 정말 열심히 공부했다. 하지만 자습만으로는 한계가 있었다. 그래서 부모님은 내게 히브리어 교사를 구해 주셨다. 성인이 되서는 미국으로 건너온 히브리어 원어민에게 일주일에 두 시간씩 배웠다. 언어를 배우는 최상의 방법은 선생님을 찾아가는 것이다. 언어뿐 아니라 여러 학습에서도 마찬가지이다.

하나님은 이스라엘이 거룩한 나라가 되기를 바라셨다. 이를 위해 교사가(가르침과 지침) 필요했다. 하나님께서 그들에게 율법을 주신 이유가 이것이다. 거룩한 백성이 되기 위한 가르침과 지침. 하나님께서 그들에게 율법을, 거룩한 삶을 위한 가이드북을 주셨다. 토라는 하나님이 그 백성과 관계 맺기를 얼마나 바라셨는지, 또 그 백성이 하나님께 나아오기를 얼마나 고대하셨는지를 보여 준다.

그러나 율법은 초보 지침이 아니었다. 율법은 이전에 확실치 않았던 것들을 확실히 해주었고, 모호했던 것들을 상세하게 설명해 주었다. 율법은 사회 안에 윤리 기준을 제시했다. 또 사람들끼리 관계를 맺고 소통할 수 있도록 율법은 건강한 경계선을 세워 줬다. 심지어 사업 영역부터 식이요법에 이르는 그 모든 것을 율법이 관리해 주었다. 이처럼 율법은 유대 사회의 근간을 이루었다.

열방은 모세 율법을 보면서, 유대인들에게 하나님의 복이 임했음을 알아보았다. 이스라엘이 하나님의 말씀에 순종할 때(율법대로 살아갈 때), 이방 나라들은 이스라엘을 부러워했다. 그런데 문제는 그 복이 율법 준수에 달려 있었다는 것이다. 언제든 그 복은 저주로 바뀔 수 있었다. 어느 정도 시간이 지나자, 율법을 열심히 지키기는 하지만, 거기에 담긴 하나님의 성품과 뜻을 외면하는 지도자들이 나타나기 시작했다. 율법의 근본 목적을 잊어버린 지도자들이 나타나기 시작한 것이다. 예수님은 그들에게 가장 혹독한 질책을 가하셨다.

당대의 종교 지도자들은 율법에 대한 지식을 자랑했다. 또 율법을 준수하는 자신들의 열정을 자랑스러워했다. 그러나 예수님은 "너희는 '사람의 계명'이라는 무거운 짐을 내 백성의 어깨에 올려놓는구나!"라며 끊임없이 책망하셨다. "이 백성이 입술로는 나를 공경하되 마음은 내게서 멀도다. **사람의 계명**으로 교훈을 삼아 가르치니 나를 헛되이 경배하는도다 하였느니라"(마 15:8-9). 예수님은 이사야서 29장 13절을 당대의 종교 지도자들에게 빗대어 질책하셨는데, 이는 이사야 때부터 줄곧, 종교 지도자들이 사람의 계명을 하나님의 율법보다 앞세웠다는 뜻이 아니겠는가?

우리는 모두 과거 자신이 얻었던 영적 영광에 만족하는 성향이 있다. 그러나 하나님은 우리가 현재의 일상 속에서 항상 하나님만을 의지하길 원하신다. 이를 가르치고자 율법을 주신 것이다.

> 내가 오늘 명하는 모든 명령을 너희는 지켜 행하라. 그리하면 너희가 살고 번성하고 여호와께서 너희의 조상들에게 맹세하신 땅에 들어가서 그것을 차지하리라. 네 하나님 여호와께서 이 사십 년 동안에 네게 광야 길을 걷게 하신 것을 기억하라. 이는 너를 낮추시며 너를 시험하사 네 마음이 어떠한지 그 명령을 지키는지 지키지 않는지 알려 하심이라. 너를 낮추시며 너를 주리게 하시며 또 너도 알지 못하며 네 조상들도 알지 못하던 만나를 네게 먹이신 것은 사람이 떡으로만 사는 것이 아니요, 여호와의 입에서 나오는 모든 말씀으로 사는 줄을 네가 알게 하려 하심이니라(신 8:1-3).

하나님은 교사이시다. 예수님이 이 땅에 오셨을 때, '랍비'로 불리셨던 것은 결코 이상한 일이 아니다. 예수님은 하나님 나라를 가르치려고 이 땅에 오셨다. 율법은 하나님 나라의 가이드북이다. 그러한 율법을 예수님께서 완성하셨다. 예수님은 하나님 나라의 기준들을 한층 상향시키셨다. 그래서 하나님 나라의 기준을 이렇게 가르치실 수 있었다. "전에는 너희가 ~하였다는 것을 들었으나, 이제 나는 너희에게 이르노니."

이 말씀을 살펴보면, 예수님께서 먼저 구약의 율법을 직접 인용하여 말씀하셨음을 알 수 있다. 이혼 절차, 사업 문제, 혹은 용서와 사랑 등 관련한 구약의 율법을 언급하신 후, 예수님 자신의 새로운 기준을 제시하신 것이다. 그렇다고 해서 예수님이 전하신 하나님 나라의 '새로운' 법이 오래전 모세의 율법과 상반되는 것은 아니다. 새 법은 옛 율법의 완성본이기 때문이다.

예수님은 은혜와 사랑과 자비 등 하나님의 셀 수 없는 성품들을 직접 몸으로 보여 주셨다. 그러므로 예수님을 통해 하나님을 체험한 사람들은 그 나라의 새 시민이 되어, 성령의 능력 안에서 그 나라의 새로운 법에 순종하게 된다. 바울은 이 법을 일컬어 '생명의 성령의 법'이라고 했다(롬 8:2).

구약 시대 하나님께서 백성과 교제하기 위한 도구로 율법을 사용하셨다는 사실을 살펴보기 위해 출애굽 광야 시절로 돌아가 보자.

시내산 자락에 진을 친 이스라엘 백성에게 하나님이 나타나셨다. 그런데 그들은 하나님과 대면하는 것을 두려워했다. 그래서 모세에게 중재해 달라고 요청했다. 출애굽기 19~20장은 하나님의 임재와 거룩과 능력 앞에서 이스라엘 백성이 얼마나 크게 겁을 먹었는지 자세히 설명한다. 그들은 모세에게 이같이 외쳤다. "당신이 우리에게 말씀하소서. 우리가 들으리이다. 하나님이 우리에게 말씀하시지 말게 하소서. 우리가 죽을까 하나이다"(출 20:19).

하나님은 백성과 얼굴을 마주하고 대화하기 원하셨다. 그러나 백성이 두려워 떨었기 때문에 직접 대화하지 못하고 '율법'을 전하시는 것으로 갈음하셨다. 즉, 율법을 의사소통 도구로 사용하신 것이다. 당시 '하나님의 입술'로서 백성을 중재했던 모세가 있었지만, 하나님은 모세 외에도 율법을 사용하여 그 백성과 의사소통하셨다(물론 하나님은 여전히 백성과 얼굴을 마주하고 대화하길 원하셨다).

훗날 하나님께서는 사사들, 제사장들, 왕들 그리고 선지자들까지 중재자로 세워 이스라엘과의 대화를 시도하셨다. 그러나 이 모든 시도는 실패로 끝났다. 결국 하나님은 말라기 이후 세례 요한이 등장할 때까지 약 400년 동안 그 백성에게 침묵하셨다. 그러나 침묵의 때에도 하나님은 율법을 가르침의 도구로 사용하셨다.

때가 이르러 예수님이 이 땅에 오셨다. 예수님은 '율법의 완성'으로서 역사 무대에 등장하셨다. 드디어 하나님의 뜻이 성취되었다. 하나님께서 백성과 얼굴을 맞대고 대화하신 것이다. 육체로 오신 하나님께서 이스라엘 가운데 거하시며 그들과 대화하셨다. 하나님은 교사로서 다시금 그 백성을 하나님 나라의 길로 인도하셨다.

그러나 예수님은 세상을 떠나실 예정이었다. 백성에게는 또다시 교사가 필요한 상황이었다. 하나님은 이 점을 잘 아셨다. 예수님이 떠나시면 제자들은 그분이 가르치신 진리, 하나님 나라의 방식 및 수많은 교훈을 기억해야 했다. 또한 예수님께 배운 내용을 일상에 적용해야 했는데, 그들의 능력으로는 불가능했다. 가르침의 적용을 위해서는 또 다른 교사가 그들 곁에 있어야 했다.

감사하게도 하나님께서 또 다른 교사를 보내셨다. 아들의 공로를 통해 새로운 교사가 새로운 법이(생명의 성령의 법) 백성 안에 거하게 되었다. 성령이다! (제자들은 성령께서 떠올려 주신 대로 예수님께 들은 말씀을 기억하고 붙잡았다. 다음 세대는 그들이 성령 안에서 기록한 신약 성경을 통해 예수님의 가르침을 접했다.)

세상을 떠나시기 전 예수님은 이 말씀으로 제자들을 위로하셨다. "보혜사 곧 아버지께서 내 이름으로 보내실 성령 그가 너희에게 모든 것을 가르치고 내가 너희에게 말한 모든 것을 생각나게 하리라"(요 14:26). "그러나 진리의 성령이 오시면 그가 너희를 모든 진리 가운데로 인도하시리니 그가 스스로 말하지 않고 오직 들은 것을 말하며 장래 일을 너희에게 알리시리라"(요 16:13). 가장 위대한 교사이신 성령께서 우리 안에 거하신다. 이 얼마나 놀라운 은혜인가! 성령께서 매 순간 우리를 가르쳐 하나님의 길로 인도하신다.

목적 4: 우리를 은혜로 부르시기 위해

하나님의 은혜를 언급하지 않고는 하나님의 율법을 설명할 수 없다. 율법과 은혜는 동행한다. 은혜와의 동행, 이것이 율법의 주된 기능과 목적 중 하나이다. 하나님은 백성을 자신에게로 이끄는 일에 율법을 사용하셨다.

하나님의 갈망은 항상 그분의 백성과 관계 맺고 교제하는 것임을 기억하라. 그런데 자연 상태의 이스라엘은 하나님께 나아갈 수 없다. 그들이 하나님께 나아가려면 율법의 도움을 받아야 했다. 물론 그들은 율법을 지킬 수 없었다.

지킬 수 없는 율법인데 어떻게 율법을 통해 하나님께 나아갈 수 있다는 말인가? 답은 간단하다. 율법이 사람들을 은혜로 초청하기 때문이다. 우리는 율법을 지킬 수 없다. 못 지키는 율법을 바라보는 동안 우리는 자신의 한계와 연약함을 깨닫고, 자력으로는 하나님께 나아갈 수 없음을 절감한다. 이처럼 율법은 우리가 하나님의 거룩한 기준에 도달할 수 없음을 말해 준다.

율법을 완벽하게 지켜야 하나님의 기준에 도달할 텐데, 율법을 준수하는 것이 불가능하므로 우리는 하나님께 나아가기 위해 또 다른 무언가를 의지해야 한다. 그것이 바로 '은혜'이다. 결국, 율법을 통해 은혜 없이는 하나님께 나아갈 수 없음을 깨닫고 하나님의 은혜와 긍휼을 갈망하게 되는 것이다. 율법이 우리를 은혜로 초청하는 셈이다.

그런데 예수님 당시의 바리새인과 종교 지도자들은 하나님의 율법을 완벽히 지켰다고 자부했다(착각했다). 자기 의의 함정에 빠진 것이다. 이러한 자기 의의 정체는 교만이다. 바리새인들은 우리가 자기 의를 내세우면 우리의 마음이 더러워진다는 사실을 제대로 보여 준 산 증인들이다.

우리는 율법을 지킬 수 없다. 율법은 우리를 겸손하게 한다. 율법을 바라보면서 우리는 겸손해져야 한다. 율법은 '우리의 힘'으로는 온전히 지킬 수 없다는 사실을 알려 준다. 또한 율법은 우리가 감추고 싶은 것들을 빛으로 이끌어 낸다. 즉, 율법을 통해 죄를 깨닫는 것이다. 바울의 말처럼 우리는 율법을 바라볼 때 비로소 자신의 죄를 인지하게 된다(롬 3:20 참고). 율법은 우리에게 죄가 무엇인지, 또 우리가 범죄자라는 사실을 알려 준다. 바울은 이러한 율법의 기능을 로마서에 아주 잘 설명해 놓았다.

그런즉 우리가 무슨 말을 하리요? 율법이 죄냐? 그럴 수 없느니라. 율법으로 말미암지 않고는 내가 죄를 알지 못하였으니 곧 율법이 탐내지 말라 하지 아니하였더라면 내가 탐심을 알지 못하였으리라. 이로 보건대 율법은 거룩하고 계명도 거룩하고 의로우며 선하도다. 우리가 율법은 신령한 줄 알거니와 나는 육신에 속하여 죄 아래에 팔렸도다(롬 7:7, 12, 14).

문제는 율법이 아니다. 율법의 기준이 높아서 우리가 그 기준에 못 미치는 것이 아니다. 우리를 '죄의 노예'로 전락시킨 것은 우리 각 사람 안에 있는 죄의 본성이지 율법이 아니다(롬 7:25). 율법의 기준이 높아서가 아니라, 우리 안에 있는 죄의 본성 때문에 우리는 원하지 않는 일, 곧 거리끼고 혐오하는 일들을 행하게 된다.

> 그러므로 내가 한 법을 깨달았노니, 곧 선을 행하기 원하는 나에게 악이 함께 있는 것이로다. 내 속사람으로는 하나님의 법을 즐거워하되 내 지체 속에서 한 다른 법이 내 마음의 법과 싸워 내 지체 속에 있는 죄의 법으로 나를 사로잡는 것을 보는도다. 오호라! 나는 곤고한 사람이로다! 이 사망의 몸에서 누가 나를 건져내랴? 우리 주 예수 그리스도로 말미암아 하나님께 감사하리로다! 그런즉 내 자신이 마음으로는 하나님의 법을 육신으로는 죄의 법을 섬기노라(롬 7:21-25).

죄의 본성에서 우리를 건져 주실 분은 오직 예슈아 뿐이다. 예수님은 우리를 건져 주기 원하신다. 이 사실이 우리에게 은혜이다. 우리는 구원받을 자격이 없다. 하나님의 거룩한 율법을 위반했으므로 그에 따른 벌을 받아 마땅하다. 죄의 삯은 사망이다.

하나님 앞에서 우리 모두는 죄인이다. 그러므로 사망이 우리의 몫으로 정해졌다. 그러나 죽어야 할 우리가 은혜 안에서 살았다. 우리는 예수 그리스도를 통해 영생을 얻었다. 이것이 은혜이다. 예수님은 사람으로 오신 은혜였다.

율법을 통해 자신이 죄인임을 알고, 또 죽어야 할 운명임을 깨달아야만 우리는 구원을 갈망하게 된다. 그때 비로소 마음의 문을 열고 예수님을 영접하게 된다. 그렇게 열린 문으로 하늘의 은혜가 홍수처럼 흘러들어온다. 율법이 없으면 죄인임을 깨닫지 못한다. 죄인임을 깨달아야 은혜를 갈망하게 된다. 율법은 우리를 아버지의 은혜 안으로 초청한다. 율법은 우리를 존재 자체가 은혜이신 예슈아 하마쉬아흐께로 인도한다. 기억하라. 예수님이 없으면 은혜도 없다. 우리를 위해 십자가에 달리신 그 아들을 통해 아버지의 은혜가 온전히 드러났다.

목적 5: 영적·실용적 적용을 위해

우리가 살펴볼 율법의 마지막 목적은 율법이 지닌 영적·예언적 성격과 관련되어 있다. 우리는 율법 아래에서 살아가지 않지만 이 사실은 인정해야 한다. "율법은 여전히 거룩하다." 앞에서 살펴본 로마서 말씀처럼 율법은 거룩하다. 계명 역시 거룩하고 의롭고 선하다(롬 7:12). 심지어 바울은 율법이 '영적'이라고까지 말했다(롬 7:14). 율법이 영적이라는 말은 무슨 뜻일까?

영적인 율법은 우리 삶에 많은 적용점을 시사한다. 일례로 신명기 22장 8절을 보자. "네가 새 집을 지을 때에 지붕에 난간을 만들어 사람이 떨어지지 않게 하라. 그 피가 네 집에 돌아갈까 하노라." 하나님께서 처음 토라를 주셨을 때, 이스라엘 백성이 살던 집의 지붕은 평평했다. 손님이 방문하면 그들은 지붕으로 올라가 교제하며 즐거운 시간을 보냈다. 아이들도 지붕에 올라가서 뛰어놀았다.

하나님은 우리의 일상까지 돌보시는 아버지이다. 그래서 백성의 삶에 깊이 관여하시는 것이다. 지붕에서 손님을 맞이하거나 아이들을 뛰어놀다가 종종 사고가 났으므로 이러한 일이 생기지 않도록 관련 율법을 주신 것이다. "지붕에 난간을 만들어 사람이 떨어지지 않게 하라"(신 22:8). 하나님은 백성의 삶 속 세세한 부분에까지 – 심지어 집 구조와 관련된 사항까지 – 관여하신다. "오늘 내가 너희에게 선포하는 이 율법과 같이 그 규례와 법도가 공의로운 큰 나라가 어디 있느냐?"(신 4:8)

오늘날 대부분의 지역에서는 지붕에 난간을 만들지 않는다. 안전상의 이유로 손님을 지붕으로 초대하는 일도 없고, 또 지붕에서 아이들이 뛰어놀게 허락하는 일도 없다. 하지만 이 율법의 영적인 정신은 오늘날까지 고스란히 이어지고 있다. 그래서 율법이 영적이라는 것이다.

지금도 하나님은 우리가 어떤 장소나 건물을 소유하든, 거기에 안전장치를 마련해 두길 원하신다(물리적·영적 안전장치). 겨울철 눈이 많이 내리거나 땅이 쉽게 어는 지역에 산다면, 당신의 집 주변 인도나 계단에 제설재를 뿌려야 한다. 그래야 사람들이 다치지 않을 것이다. 영적인 영역에서도 마찬가지이다. 우리가 만나고 교제하는 사람들의 영적 복지를 위해 우리는 이와 동일한 수준의 '영적 주의'를 기울여야 한다.

오늘날 우리 삶에 적용할 수 있는 율법의 영적(실용적) 측면을 하나 더 살펴보자. 신명기 22장 11절이다. "양 털과 베 실로 섞어 짠 것을 입지 말지니라." 수많은 성경 주석가는 하나님께서 이 금령을 주신 이유가 이스라엘의 주변국들에서 양모와 아마사가 섞인 의복을 입었기 때문이라고 말한다. 하나님은 이스라엘 백성이 이방인처럼 옷 입는 것을 원하지 않으셨다. 옷 입는 방식에서도 이스라엘이 성별되기를 바라셨던 것이다.

이 율법의 영적 정신을 오늘날의 삶에 적용해 보겠다. 하나님은 우리가 '세상처럼' 옷 입는 것을 원치 않으신다. 옷을 입을 때도 우리는 하나님의 아름다움과 거룩함을 드러내야 한다. 이 세상은 "네 자신을 드러내라", "사람들의 이목을 끌라"면서 도발적으로 옷 입기를 강요한다. 어떤 경우에는 타인의 성적 충동을 일으키려고 일부러 야한 옷을 입기도 한다. 그러나 하나님은 우리의 의복을 통해서도 하나님의 거룩한 성품이 드러나길 바라신다.

율법은 복인가, 저주인가?

　십자가 편에 서 있는 성도들은 소위 '신약 신학' 안에 매몰되어, 율법을 부정하고 그 목적 자체를 무효화하려 한다. 그동안 교회는 '은혜 일변도'의 가르침을 전해 왔다. 그 결과 회개 없는 죄 용서의 시대가 활짝 열렸다. 수많은 교회 안에서 율법은 욕설처럼 취급되고 있다. 부디 이 책을 읽은 후에는 생각이 바뀌길 바란다. 율법이 담당해 왔던 선한 역할에 대해, 그리고 지금도 우리에게 미치는 율법의 선한 영향에 대해 생각하기 바란다.

　예수님은 율법을 폐하러 오신 것이 아니다. 예수님은 범법에 따르는 형벌을 폐하러 오셨다. 이 사실을 꼭 기억하기 바란다. "우리를 거스르고 불리하게 하는 법조문으로 쓴 증서를 지우시고 제하여 버리사 십자가에 못 박으시고"(골 2:14). 이 말씀처럼 예수님은 우리가 받아야 할 형벌을 자신의 십자가로 가져가 못박으셨다. '율법을 폐한다'는 말과 '율법에 따른 형벌을 폐한다'는 말의 차이는 매우 미묘하다. 그 미묘함의 차이는 매우 크다. 전자는 하나님께서 그 백성을 가까이하시려는 방편으로 제정해 두신 것을(바울의 표현대로라면 '거룩하고 의롭고 선한 율법') 폐기한다는 뜻이지만, 후자는 (율법의 내재적 선을 인정하되) 율법을 범할 경우 그 백성에게 가해질 수 있는 저주를 폐기한다는 뜻이다.

　"율법은 우리와 무관하다"고 가르치는 시대에 이 미묘한 차이는 너무도 쉽게 무시된다. 오늘날 사람들은 율법은 복이 아니라 저주라고 생각한다. 그러나 나는 이 사실을 분명히 해두고 싶다. "율법은 복이다!"

　나는 설교자들이 갈라디아서 3장의 말씀을 인용하며 '율법의 저주'에 대해 이야기하는 것을 여러 번 들었다. 그들은 모세의 율법과 연관된 모든 것을 저주로 규정했다. 그리고 하나님이 제정하신 것들이 이스라엘에 저주가 되었다고 말했다. 이것은 매우 위험한 오해이다. 일단 그들이 논거로 삼는 갈라디아서 3장의 해당 구절 전체를 읽어 보자.

> 무릇 율법 행위에 속한 자들은 저주 아래에 있나니 기록된 바, "누구든지 율법 책에 기록된 대로 모든 일을 항상 행하지 아니하는 자는 저주 아래에 있는 자라" 하였음이라. 또 하나님 앞에서 아무도 율법으로 말미암아 의롭게 되지 못할 것이 분명하니 이는 "의인은 믿음으로 살리라" 하였음이라. 율법은 믿음에서 난 것이 아니니 율법을 행하는 자는 그 가운데서 살리라 하였느니라. 그리스도께서 우리를 위하여 저주를 받은 바 되사 율법의 저주에서 우리를 속량하셨으니 기록된 바, "나무에 달린 자마다 저주 아래에 있는 자라" 하였음이라. 이는 그리스도 예수 안에서 아브라함의 복이 이방인에게 미치게 하고 또 우리로 하여금 믿음으로 말미암아 성령의 약속을 받게 하려 함이라(갈 3:10-14).

처음 읽을 땐 무척 혼란스러울 것이다. 일단 율법이 다양한 뉘앙스로 사용된 것이 본문을 난해하게 만든 주범이다. 만일 당신이 바울의 서신들을 공부했다면 그의 글을 번역하는 데 있어서 이러한 문제는 흔한 딜레마라는 것을 쉽게 이해할 것이다.

바울은 헬라어로 이 서신을 기록했다. 그런데 헬라어에는 '율법주의'에 해당하는 단어가 없다. 결국 그는 '율법'이라는 헬라어 단어를 때로는 '율법' 자체를 지칭하는 표현으로, 때로는 '율법주의'를 지칭하는 표현으로 사용해야 했다. 그러므로 율법이 긍정적 의미의 율법인지, 부정적 의미의 '율법주의'로 사용되었는지는 문맥으로 결정해야 한다. 바울은 '율법의 행위'라는 표현도 자주 썼는데, 이 표현은 항상 부정적으로 사용되었다. 위 본문 역시 문맥이 중요하다. 문맥은 바울이 저주라고 말한 것이 율법인지, 율법주의인지를 분별하게 해주는 열쇠이다.

10절에서 바울은 율법의 행위가 자신들을 구원해 줄 것이라고 믿는 사람들을 비판했다. 그들은 모세 율법 아래에서 고군분투하며 열심히 율법을 지켰는데, 그 이유는 율법의 행위가 하나님의 은혜를 불러들일 것이라 생각했기 때문이다. 이것이 율법주의이다. 율법을 지켜서 구원에 이르고자 하는 사람은 율법이 말해 주는 궁극적 은혜에 대해 알지 못한다. 바울은 이러한 사람들이야말로 저주 아래에 있다고 말했다. "그리스도께서 우리를 위하여 저주를 받은 바 되사 율법(주의)의 저주에서 우리를 속량하셨으니" 처음부터 바울은 '율법주의의 저주'를 말했지 '율법의 저주'를 말한 것이 아니다. 그러므로 바울이 갑자기 변심했다고 생각하면 안 된다.

긴 호흡으로 이 구절을 다룬 까닭은 율법과 율법주의의 차이를 설명하기 위해서이다. 바울은 종종 '율법'이라는 말로 '율법주의'를 표현했는데, 한마디로 율법주의는 죄인들이 율법을 지켜 스스로를 거룩하게 만들려는 노력이다(갈 2:18). 예수님께서 삼가라고 주의를 주신 바리새인들의 행동들이 여기에 포함된다. 일례로 길거리에 서서 큰 소리로 길게 기도하는 것이다(마 6:5 참고).

바리새인들은 열심히 율법을 지킨다. 그러나 하나님을 사랑하기 때문에 율법을 지키는 것이 아니다. 하나님에게서 은혜를 얻어내기 위해, 사람들에게서 칭찬을 받아내기 위해, 또 자신들이 영적으로 높은 지위에 있다는 점을 부각하기 위해 율법을 지키는 것이다.

하나님은 율법이 복이 되게 하셨다. 하나님의 율법은 선하다. 그러나 율법주의자들은 율법을 저주로 변질시켰다. 그들은 자신의 죄성으로 율법의 목적을 오염시켰다. 율법을 바라보며 자신의 한계를 깨닫고 은혜를 갈망하며 하나님께 가까이 나아가는 대신, 그들은 율법 준수의 공력을 쌓는 식으로 자신을 구원하려 했다. 그렇게 함으로써 바리새인들은 하나님의 은혜를 거부했다.

우리는 같은 실수를 반복해서는 안 된다. 사도 바울이 말했듯이 우리의 죄성은 너무나 쉽게 율법을 왜곡한다(롬 7장). 우리는 율법을 자력 구원의 방편으로 오해하며, 자신의 힘으로 모든 율법을 지킬 수 있다고 착각한다. 율법주의가 파놓은 영적 교만의 함정에 빠지는 것이다.

복된 소식이 있다. 아니, 아주 놀라운 소식이다. 율법은 더이상 우리의 목적지가 아니다. 예수님께서 오셔서 율법을 재해석해 주셨다. 예수님은 하나님 나라의 더 높은 방식을 가르쳐 주셨다. 이제 율법의 목적이 명확해졌다. 예수님이 율법의 목적이시다.

"내가 곧 길이요, 진리요, 생명이니, 나로 말미암지 않고는 아버지께로 올 자가 없느니라"(요 14:6). 지금도 율법은 선하다. 하지만 율법은 더이상 '길'이 아니다. 율법으로는 하나님께 나아갈 수 없다. 오직 예수님만이 하나님께 나아갈 수 있는 길이기 때문이다. 하나님을 찬양하라. 율법의 온전한 완성이신 예수님께서 자신을 통해 하나님께로 나아갈 길을 완성해 놓으셨다.

각주

1. 이베트 알트 밀러, "유대교가 세상에 건네준 열 가지 아이디어 *10 Ideas Judaism Gave the World*" Aish.com, 2016. 8. 22 www.aish.com/sp/ph/10-Ideas-Judaism-Gave-the-World.html?mobile=yes.

11장

하나님의
구원 계획

The LION of JUDAH

어렸을 때 내게 죽음은 아주 독특한 두려움이었다. 매일같이 죽음을 두려워하거나 생각했던 것은 아니지만, 내 또래들보다 훨씬 더 죽음에 대해 두려워했던 것 같다. 초등학교 '안전 강조 주간'에 우리는 안전을 주제로 포스터를 그려야 했다. 대부분의 친구는 "길을 건널 때 양쪽을 잘 살피자", "성냥을 갖고 놀지 말자", "수영할 땐 구명조끼를 입자"는 내용의 포스터를 그렸지만, 나는 활짝 열린 구급함과 그 안에 덩그러니 놓여 있는 알약 통 하나를 그리고 '독극물'이라는 경고 문구를 적었다. 그리고 해골과 X자 형태의 뼈를 그려서 포스터를 완성했다. 당시 내가 가졌던 두려움을 포스터에 고스란히 담을 정도로 어린 시절 나는 언젠가 독극물로 인해 죽게 될 것을 두려워했다.

그 두려움이 얼마나 강렬했던지 수은 온도계를 만지지도 못했다. 온도계를 바닥에 떨어뜨리면 유리가 깨지면서 안에 들어 있는 수은이 내 입 속으로 튀어 들어갈 것만 같았다. "수은을 삼키면 죽을 수도 있잖아!" 이것이 내가 가진 두려움의 정체였다. 얼토당토않은 말 같지만 내게는 정말 심각한 문제였다. 죽음은 너무나 생생한 두려움이었다.

그러나 시간이 흐르면서 새로운 두려움이 내 삶을 침범해 들어왔다. 나는 패배를 두려워했다. 또 목적 없는 인생을 살게 될까 봐 두려웠다. 푸

릇푸릇한 스무 살 청년의 때, 나는 정체성이 무너져 내리는 것을 체험했다. 삶의 의미를 찾고 싶어 안절부절못하던 때였다.

나는 스무 살 때까지 레슬링을 했다. 레슬링은 내 인생 성공의 원천이자 나의 정체성이었다. 레슬링이 없는 내 인생을 상상조차 할 수 없었다. 그러던 어느 날 두려워하던 일이 기어이 터지고 말았다. 템파 대학교에서는 소액의 장학금을 주며 입학을 허가했지만, 일이 꼬이는 바람에 나는 대학 진학을 못했고 레슬링도 포기해야 했다. 그때의 좌절감은 이루 말할 수 없다. 상대 선수가 나를 매트에 패대기치는 상황보다 훨씬 더 큰 두려움이었다. 그제야 깨달았다. 이 세상은 내가 싸워 이겨야 할 동일 체급의 경쟁자들보다 훨씬 더 크다는 것을……. 레슬링은 딱 거기까지였다. 나는 또 다른 인생의 목표를 찾아야 했다.

레슬링과 함께 인생의 꿈이 산산조각이 난 후, 나는 '의사를 해볼까?' 생각했다. 유대인 친구 중 많은 이들이 직업으로 의사를 선택했기 때문이다. 그들처럼 나도 동일한 목표를 품고 노력하면 성공할 수 있을 것 같았다. 그러나 내 내면 깊은 곳을 들여다보니 의사가 되려는 열망을 조금도 찾을 수 없었다. 그래서 '변호사를 해볼까?' 생각했다. 하지만 내 내면 깊은 곳의 무언가가 내게 "그건 아니야"라고 말해 주었다. 올바른 직업을 선택하는 것보다 내게 더 중요한 인생의 문제가 있었다. 나는 그 문제의 답을 찾고 싶었다.

마침 그때 파라마한사 요가난다가 쓴 《한 요가 수도자의 고백 *Autobiography of a Yogi*》이라는 책을 읽었다. 나는 이 책의 내용을 잊지 못한다. 책을 읽는 동안 일상의 문제와 염려로부터 내 자신이 분리되고 이탈되는 느낌을 받았기 때문이다. 인도의 저명한 구루(guru)인 그는 신적 존재와 관계를 맺는 것이 중요하다고 말했다. "당신은 명상과 자각을 통해 신과 하나가 될 때 내적 평화를 얻을 수 있다."

무엇보다 그의 몸이 '공중부양'한(그렇게 주장하는) 사진이 멋져 보였다. 나는 돈 버는 일에서 성공하는 것보다 더 큰 무언가를 원했다. 그렇게 요가와 명상을 통해 내적 평화를 찾는 일에 나름 성공을 거두고 있었다(그렇게 착각했다).

바로 그때 예수님께서 나타나셨다. 이 책의 서두에서 말했듯이 1978년 여름, 잠에서 깬 어느 날 밤에 하나님께서 내게 극적인 체험을 허락하셨다. 환상 중 예수님을 본 것이다. 예수님은 십자가에 달린 채로 내 눈앞에 모습을 드러내셨다. 아무 말씀도 하지 않으셨지만 주님께서 남기신 임재의 흔적이 내 영혼에 깊게 새겨졌고 나는 그것을 절대 떨쳐낼 수 없었다. 그 순간 나는 예수님이 내 인생의 해답임을 직감했다. 그동안 찾으려 했던 인생 문제의 해답 말이다.

며칠 후 나는 신약 성경 한 권을 발견하고 미친 듯이 탐독했다. 읽고 또 읽었다. 하지만 예수님을 더 알기 원하는 내 영혼의 불꽃은 사그라지지 않았다. 브릿 하다샤(신약 성경)에 기록된 "예수가 주님임을 마음으로 믿고 그 사실을 입술로 고백하면 구원을 얻는다"는 말씀이 내 눈에 들어와 박혔다(롬 10:9 참고). 너무나 놀라운 말씀이었다.

이 구절에서 내 인생의 커다란 문제는 해결되었지만, 동시에 새로운 질문 하나가 생겨났다. "도대체 예수님은 '무엇'으로부터 나를 구원해 주신다는 말인가?" 나 같은 유대인들은 반드시 이 질문에 답해야 할 것이다.

유대교와 기독교는 참으로 많은 공통분모를 갖고 있다. 그런데도 이 둘은 '구원'에 대한 입장 차이로 서로에게 결별을 고했다. 기독 신앙은 인간이 전적으로 타락했고 죄성을 지닌 채 하나님과 분리되었다는 전제에서 출발한다. 그리고 이 문제의 해결책으로 구원을 제시한다. 예수님은 십자가 죽음과 부활을 통해 하나님과 분리된 인간을 구해 주셨다. 십자가와 부활은 하나님과 우리를 다시금 화목하게 만들어 주신 길이다.

그러나 유대교는 이와 다른 전제에서 출발한다. 정통 유대교인들은 개인적 구원이 무의미하다고 생각한다. 왜냐하면 그들은 '유대인은 죄인으로 태어나지 않는다'고 생각하기 때문이다. 그러므로 유대인에게 구원은 개인 차원의 사건이 아니라, 민족적이고 사회 전체 차원의 사건이다. 타나크(구약 성경)에 '여호와의 구원'이라는 표현이 나올 때마다 유대인들은 그 구원을 '이스라엘 민족의 구원과 회복'으로 인식하지 개인의 구원으로 생각하지 않았다. (구약 성경에는 하나님을 '나의 구원'(개인적 구원)으로 표현하는 구절들이 즐비한데도 유대인들은 민족적 구원만을 유의미하게 여긴다는 사실이 흥미롭다.)

그리스도인들은 인간이 전적으로 타락했기 때문에 자연 상태에서는 자유 의지를 발동하여 항상 죄를 선택한다고 믿지만, 유대인들은 동일한 자유 의지의 선택에 따라 옳게도 행할 수 있고 그르게도 행할 수 있다고 믿는다. 그래서 죄를 범하면 자신의 잘못을 바로잡기 위해 각자 노력해야 한다고 가르친다. 즉, 개인의 노력을 통해 하나님과의 관계가 회복될 수 있다는 입장이다.

신약 성경을 읽고 또 읽으면서 나는 유대교의 가르침이 잘못되었다는 사실을 깨달았다. 베드로가 산헤드린 앞에서 증언한 말이 진리였음을 알게 된 것이다. "(예수 외에) 다른 이로써는 구원을 받을 수 없나니 천하 사람 중에 구원을 받을 만한 다른 이름을 우리에게 주신 일이 없음이라 하였더라"(행 4:12). 그런데 이것은 단지 신약 성경만의 외침이(혹은 그리스도인만의 생각이) 아니었다. 타나크 역시 오직 '온전한 희생 제물'의 '피'로써 우리가 구원받을 수 있다고 말하지 않았는가? 짐승 희생 제물은 그림자였고 그 실체는 예슈아 하-마쉬아흐이시다.

기독교가 말한 개인 구원의 개념은 랍비 유대교가 출범할 때부터 수많은 유대인에게 걸림돌이 되었다. 일반적으로 유대인들은 세 가지 작업을 통해 자신의 죄를 벌충할 수 있다고 믿는다. 회개(테슈바), 선행(미츠봇) 그리고 하나님께 헌신하는 삶(테필라)이다.

이 세 가지가 전체 율법을 구성한다(즉 율법의 전부이다). 그러므로 율법에 얼마나 가까이 다가가느냐에 따라 얼마만큼 죄를 피할 수 있는지가 결정되고, 그 결과 하나님께 얼마나 가까이 다가갈 수 있는지도 결정된다. 이것이 유대교의 가르침이다. 오늘날 정통 유대교인들은 율법을 엄격하게 지키려고 고군분투한다. 그래서 오직 자신들만이 '참된' 길을 걷는다고 자부한다. 이는 예수님 시대의 바리새인들이 지녔던 태도와 동일하다.

반면 복음주의 계열의 그리스도인은 '우리 힘으로는 하나님께 나아갈 수 없다'고 믿는다. 그런데 복음주의자 중 많은 이들이 "구약 시대의 이스라엘은 행위로 구원을 받았다"고 주장한다. 나는 이 사실에 무척 놀랐다. 이를테면 구약 시대에는 할례나 희생제 등을 통해 구원받았다고 생각하는 모양인데 지금도 이같이 가르치는 복음주의자들이 많다는 사실에 더 놀랐다. 그들은 구약에서의 구원은 '율법'을 통해서, 신약에서의 구원은 '믿음'을 통해서 이뤄진다고 믿는다.

이 주제 자체가 논란의 대상임은 두말할 것 없지만, 구약이 '행위 구원'을, 신약이 '믿음 구원'을 말한다는 그들의 가르침은 명백한 오류이다. 하나님의 구원 계획은 구약이든 신약이든, 단 한 번도 변한 적이 없다. "오직 믿음으로! 오직 은혜로!" 다시 한번 말하지만, 구약 시대에도 신약 시대에도 하나님은 변함이 없으시다. 자기 백성을 구원하시는 하나님의 계획 또한 변한 적이 없다. 처음부터 하나님은 오직 믿음을 통해서만 구원을 얻게 하셨다. 옛 이스라엘 사람들도 은혜 안에서, 믿음을 통해서만 (방법은 피의 희생 제사로) 구원을 받았다. '신약 시대의 성도'인 우리 역시 은혜 안에서 믿음을 통해서만 (예수의 피로) 구원을 받는다.

이 장에서 우리는 이 사실을 입증하는 성경 구절을 많이 찾아볼 것이다. 그와 동시에 하나님의 구원 계획이 무엇인지도 자세히 살펴볼 것이다. 이 작업을 진행하는 동안 이스라엘의 궁극적 구원이신 예수님이 어떻게 유대교의 요구를 모두 완수하셨는지도 깨닫게 될 것이다.

선택(election, 예정)에 의한 구원

하나님께서 먼저 움직이셨다. 시간이 미처 존재하지 않았을 때, 하나님께서 시간을 만들어 내셨다. 이 땅이 미처 형태를 갖추지 못했을 때, 하나님이 명령하시자 땅이 형태를 갖추었다.

영원 전부터 하나님은 누군가와 교제하기 원하셨다. 그래서 자신의 형상대로 사람을 창조하셨다. 하나님이 먼저 이 일들을 시작하셨기 때문에 창조된 우리는 하나님을 알고 하나님을 즐거워할 수 있게 되었다.

이 장을 읽으며 구원에 대해 배우는 동안, '하나님이 시작하셨다'는 개념을 염두에 두는 것이 중요하다. 결론부터 말하면, "구원은 우리에게서 시작되지 않았다"이다. 과거에도 그랬고, 지금도 그렇고, 앞으로도 그럴 것이다. 우리가 구원을 시작하는 것이 아니다. 구원에 있어서는 하나님이 출발점이다. 그분이 먼저 땅의 먼지로 우리를 빚으신 후, 우리와 교제를 시작하신 것처럼 말이다.

아담과 하와가 죄를 범했을 때, 인류와 하나님 사이에 단절이 생겼다. 이때 누가 먼저 그 단절의 깊은 골을 뛰어넘어 상대방에게 나아갔는가? 하나님이다. 창세기 3장 9절을 보라. 아담과 하와는 창조주를 피해 숨었다. 그러나 창조주께서 그들을 부르며 다가가셨다. "아담아, 네가 어디에 있느냐?"

회복의 길을 제시하신 분은 누구인가? 하나님이다. 은혜 안에서 아담과 하와의 벌거벗음을 가리고 그들의 수치를 덮어 주신 분 역시 하나님이다. 하나님께서 인류와의 교제를 시작하셨다. 인간은 이 교제를 끊어 놓았을 뿐이다. 엎친 데 덮친 격으로 인간에게는 하나님과의 교제를 재개할 능력이 없다. 그러므로 누군가가 이 교제를 회복해야 한다면, 그 역시 하나님이다.

구약은 하나님이 인류를 향해 계속해서 손 내밀어 주시는 이야기이다. 창세기 12장을 보라. 하나님은 다신 숭배 사상에 깊이 젖어 있는 가문에서 한 사람을 빼내셨다. 그가 바로 아브라함이다. 이처럼 하나님께서 아브라함에게 은혜를 베풀어 주신 이유가 무엇인지 아는가? 아브라함이 하나님의 주목을 받을 만큼 무언가 특별한 행위를 했는가? 아브라함이 무엇을 잘했는지에 대한 기록은 전무하다. 즉, 하나님께서 아브라함에게 관심을 가지실 만한 선행 따위는 애초에 없었다는 뜻이다. 그의 가문을 생각해 보라. 아브라함 역시 그 지역의 사람들처럼 우상 숭배자였을 확률이 높다. 그러나 하나님께서 그를 선택하셨다. 그의 선행 때문도, 그의 업적 때문도 아니다. 주권적인 은혜 안에서 하나님은 아브라함을 '그냥' 선택하셨다.

하나님은 이 '일반인'을 선택하여 하나님께 헌신할 민족을 세우기로 하셨다. 온 세상 가운데 하나님을 의지할 극소수의 민족을 창조하시려고 아브라함을 선택하신 것이다. 아브라함이 선했거나 그의 공력이 화려해서 이런 은혜를 받은 것이 아니다. 그는 아무 이유 없이 하나님께 선택되었을 뿐이다. 하나님께서 먼저 움직이셨다. 하나님이 아브라함에게 나타나셨고, 지금까지 그 영향이 이어지는 언약을 그에게 주신 것이다.

이와 동일한 방식으로 하나님은 이스라엘 민족을 자신의 백성으로 선택하셨다. 민족성 자체가 착해서도, 잠재력이 뛰어나서도 아니다. 사실 성경은 이스라엘을 일컬어, 가장 '못난' 민족이라고 말한다. "여호와께서 너희를 기뻐하시고 너희를 택하심은 너희가 다른 민족보다 수효가 많기 때문이 아니니라. 너희는 오히려 모든 민족 중에 가장 적으니라"(신 7:7). 출애굽기 32장 9절을 보라. 이스라엘은 심지어, '목이 곧은' 백성이다. 즉, 이스라엘이 하나님께 선택받을 만한 장점 같은 것은 애초에 없었다. 하나님께서 그들을 선택하신 것은, 순전히 하나님께서 그들을 사랑하셨기 때문이다. 신명기에는 이 사실이 아름다운 문체로 기록되어 있다.

> 너는 여호와 네 하나님의 성민이라. 네 하나님 여호와께서 지상 만민 중에서 너를 자기 기업의 백성으로 택하셨나니 여호와께서 너희를 기뻐하시고 너희를 택하심은 너희가 다른 민족보다 수효가 많기 때문이 아니니라. 너희는 오히려 모든 민족 중에 가장 적으니라. 여호와께서 다만 너희를 사랑하심으로 말미암아, 또는 너희의 조상들에게 하신 맹세를 지키려 하심으로 말미암아 자기의 권능의 손으로 너희를 인도하여 내시되 너희를 그 종 되었던 집에서 애굽 왕 바로의 손에서 속량하셨나니(신 7:6-8).

아브라함이나 이스라엘 민족이 그러했듯이 우리 중 하나님의 선택을 받을 만한 자격을 갖춘 사람은 아무도 없다. 그러나 하나님께서 주권적으로 우리에게 믿음을 주기로 선택하셨다. 선행의 대가가 아니라, 단지 우리를 사랑하기 때문에 믿음을 선물하신 것이다. 그래서 이를 가리켜 '은혜'라고 말한다. 받을 자격 없는 이에게 거저 주시는 선물, 은혜이다. 은혜는 하나님의 주권과 선택의 결합체이다(이를 가리켜 '예정'이라 부른다). 이것이 은혜의 본질이다. 구원은 항상 하나님의 은혜로 말미암는다.

로마서 9장이 이 점을 명확히 짚어 주었다. 로마서 9장은 믿음의 선조인 야곱을 등장시켜 하나님의 **주권적 선택**을 설명한다(참고로 야곱의 이름이 '이스라엘'로 바뀌기 때문에, 그의 후손으로 구성된 민족을 '이스라엘'이라고 부른다).

> 그뿐 아니라 또한 리브가가 우리 조상 이삭 한 사람으로 말미암아 임신하였는데 그 자식들이 아직 나지도 아니하고 무슨 선이나 악을 행하지 아니한 때에 택하심을 따라 되는 하나님의 뜻이 행위로 말미암지 않고 오직 부르시는 이로 말미암아 서게 하려 하사 리브가에게 이르시되 큰 자가 어린 자를 섬기리라 하셨나니. 그런즉 우리가 무슨 말을 하리요? 하나님께 불의가 있느냐? 그럴 수 없느니라. 모세에게 이르시되 내가 긍휼히 여길 자를 긍휼히 여기고 불쌍히 여길 자를 불쌍히 여기리라 하셨으니 그런즉 원하는 자로 말미암음도 아니요, 달음박질하는 자로 말미암음도 아니요, 오직 긍휼히 여기시는 하나님으로 말미암음이니라(롬 9:10-12, 14-16).

하나님께서는 이삭의 두 아들 중 에서가 아닌 야곱에게 긍휼을 베풀어 주셨다. 이들이 태어나기도 전, 하나님께서 주권적 선택으로 야곱에게 은혜를 내리셨다. 인간이 아닌 하나님께서 구원을 시작하신 것이다. 그분은 "우리 믿음의 주인이시며, 우리의 믿음을 온전하게 하시는 분"이다(히 12:2 참고). 그렇게 하나님은 야곱을 주권적으로 선택하여 구원하셨다.

하나님께서 **주권적으로 선택**하셨다. 구원받을 사람을 미리 정해 두셨다는 뜻이다. 바꾸어 말하면, 누군가는 구원을 받기로 결정되었고 누군가는 그렇지 못하다는 것이다. 문제는 디모데전서 2장 4절처럼 "하나님은 모든 사람이 구원을 받고 진리를 아는 데에 이르기를 원하신다"는 것이다. 하나님의 진정한 갈망은 모든 사람과 친밀하게 교제하는 것이다. 이 말씀처럼 모든 사람이 구원받기를 원하신다면, 왜 하나님은 몇몇 사람만을 구원하기로 선택하셨는가? 이 자체로 모순 아닌가?

이 책은 모순적으로 보이는 하나님의 본연에 대해 신학적으로 설명하는 책이 아니다. 다만 내가 연구한 내용과 개인적 경험을 바탕으로 이 두 개념이 – 하나님은 모든 사람이 구원받기를 원하신다는 것과 하나님은 구원받을 사람을 예정해 두셨다는 개념 – 상충하지 않는다는 사실을 말하고 싶다. 하나님의 주권적 선택과 모든 사람을 향한 하나님의 사랑은 양립한다. 하나님은 다중 인격적인 분도 아니고, 정신적 혼란을 겪지도 않으신다(고전 14:33).

예나 지금이나 하나님은 모든 사람에게 손을 내밀어 구원을 제시하신다(딤전 2:4). 그러나 그 모든 사람이 하나님의 은혜를 받아들이는 것은 아니다(하나님의 예정). 즉, 구원이 모든 사람에게 복음은 아니다.

지금껏 인간은 하나님을 대적해 왔다. 부흥이 불타오르는 현장에서도 누군가는 하나님을 대적했다. 바꿔 말하면, 온 땅에 불신앙이 만연한 중에도 하나님께서 믿음의 사람들을 구별하여 지켜주셨다는 뜻이다. 성경은 그러한 사람들을 일컬어 '남은 자'라고 한다.

남은 자! 하나님의 놀라운 은혜가 다시 한번 빛을 발하는 대목이다. 이스라엘은 불순종했다. 그러나 하나님은 그들을 수없이 용서하고 또 용서해 주셨다(모든 사람이 구원받기를 원하시는 하나님의 마음, 딤전 2:4). 그럼에도 '목이 곧은' 그들이 계속해서 반항하자, 하나님께서는 몇몇 남은 자에게 손을 내밀어(주권적 선택, 예정) 그들을 보호하셨다(왕상 19:18). 오늘날 하나님과의 친밀한 교제 안으로 들어간 사람은 '남은 자'와 같다.

그런데 남은 자들이 하나님과 교제하게 된 것은, 그들이 하나님을 선택했기 때문이 아니라 하나님이 그들을 선택하셨기 때문이다(예정). 예수님께서 말씀하셨다. "너희가 나를 택한 것이 아니요, 내가 너희를 택하여 세웠나니"(요 15:16). 이 점은 그리스도 이전 시대의 구약 백성에게도 동일하게 적용된다. 우리는 은혜로 구원을 받는다. "은혜로 구원을 얻는다"는 말은 하나님의 주권적 선택을 가장 잘 설명해 준 표현이다.

믿음을 통한 구원

하나님의 은혜가 우리를 구원한다. 구원에서는 믿음의 역할도 중요하다. 그러므로 우리는 믿음에 대해서도 알아야 한다. 히브리서 11장 6절을 보자. "믿음이 없이는 하나님을 기쁘시게 하지 못하나니."

놀라운 사실은 하나님을 기쁘시게 하는 믿음마저 우리에게서 나오는 것이 아니라, 하나님이 우리에게 주시는 선물이라는 것이다. 우리를 구원하실 때, 하나님께서는 우리에게 믿음을 요구하신다. 그런데 그 믿음을 하나님이 주신다. 우리는 믿음을 생산해 낼 수 없다. 하나님으로부터 믿음을 선물받아야 한다(엡 2:8).

하나님께서 맨 처음 아브라함을 부르신 순간으로 가보자. 그에게 건네신 하나님의 제안은 사실이라고 하기에는 너무나 달콤했다. "내가 너로 큰 민족을 이루고 네게 복을 주어 네 이름을 창대하게 하리니 너는 복이 될지라. 너를 축복하는 자에게는 내가 복을 내리고 너를 저주하는 자에게는 내가 저주하리니 땅의 모든 족속이 너로 말미암아 복을 얻을 것이라"(창 12:2-3). 이러한 약속을 거부할 사람이 있겠는가?

그런데 하나님께서 아브라함에게 무엇을 요구하셨는지 생각해 본 적 있는가? 하나님이 약속하신 복이 거대한 것은 사실이지만, 그 복을 받기 위한 대가 역시 상당하다. 바로 앞 절을 보면 하나님이 아브라함에게 무엇을 요구하셨는지 알 수 있다. "너는 너의 고향과 친척과 아버지의 집을 떠나 내가 네게 보여 줄 땅으로 가라"(창 12:1).

하나님은 이렇게 명령하셨다. "네가 가진 모든 것을 버려라." "네가 알아 왔던 모든 사람을 떠나라." "네가 알지 못하는 곳으로 가라." 아마도 아브라함이 순종을 결심하기까지 많은 시간이 필요했을 것이다. 어쩌면 오랜 시간 하나님의 말씀을 되뇌며 씨름했을지도 모른다. 어쨌든 아브라함은 하나님의 말씀대로 고향을 떠나기로 했다. 그가 이삿짐을 챙기는 동안 친지들로부터 수많은 질문 공세를 받았을 것이다. 눈에 보이지 않는 신을 따르겠다는 아브라함의 말을 듣고 그들은 어이없다는 표정을 지었을 것이다. 그중 몇몇은 그가 미쳤다고 생각하며 만류했을 것이다.

상황이 이렇다면 아브라함이 하나님을 따르기로 결심한 데에는, 인간의 이성이 아닌 무언가가 크게 작동했다고 생각해야 하는 것 아니겠는가? 바로 믿음이다. 나는 아브라함이 하나님의 명령을 따른 것은, 외부로부터 초자연적인 믿음이 그에게 주어졌기 때문이라고 생각한다. 성경은 이 사건을 자세히 설명하지 않고 다만, "이에 아브람이 여호와의 말씀을 따라갔고"라는 한 줄 언급으로 끝내 버린다(창 12:4). 물론 나중에는 아브라함의 결정에 믿음이 결부되어 있음을 설명하지만 말이다.

창세기 15장 6절을 보자. 하나님이 다시 아브라함에게 나타나 동일한 언약을 한 번 더 말씀해 주시는데, 이 구절에 '믿음'이라는 단어가 나온다. "아브람이 여호와를 믿으니." 아브라함은 어디서 혹은 누구에게서 이 믿음을 얻었을까?

처음 아브라함을 찾아가셨을 때, 하나님께서 그에게 믿음을 불어넣어 주셨다. 그 믿음은 아브라함이 알지 못하는 땅으로 나아갈 수 있도록 용기를 주었고, '보이지 않는 하나님'을 신뢰할 수 있도록 이끌어 주었다.

하나님이 우리를 만나 주시면 우리는 하나님으로부터 믿음을 받게 된다(믿음을 받을 수밖에 없다). 초자연적인 하나님과 만날 때, 초자연적인 믿음을 선물로 받는 것은 지극히 당연한 일이다. 하나님을 만나고 믿음을 받았다면 이후 하나님의 능력이 당신의 삶에 임하고, 성령의 능력으로 인해 믿음은 크게 성장한다. 킹 제임스 성경으로 시편 110편 3절을 읽어 보자. "주의 권능의 날에 주의 백성이 자원하게 되도다(Thy people shall be willing in the day of thy power)." 하나님께서 능력을 주시면, 당신의 믿음이 성장하여 자원(순종)하게 된다는 뜻이다. 아브라함과 다윗처럼, 지금 우리에게 임하는 성령의 능력이 우리 안에서 믿음을 성장시킨다.

에베소서 2장 8절은 초자연적 믿음이 우리에게서 나오지 않는다는 사실을 명시했다. 우리의 능력으로는 구원에 이르는 믿음을 거머쥘 수도, 외부에서 끌어올 수도 없다. "너희는 그 은혜에 의하여 믿음으로 말미암아 구원을 받았으니 이것은 너희에게서 난 것이 아니요"(엡 2:8). 이 믿음이 어디에서 왔는가? 이어지는 구절을 보자. "하나님의 선물이라. 행위에서 난 것이 아니니 이는 누구든지 자랑하지 못하게 함이라"(엡 2:8-9). 하나님께서 우리에게 믿음을 주셔야 한다.

처음 만난 자리에서 하나님은 아브라함에게 믿음을 주셨다. 그래서 그는 하나님의 말씀을 곧이곧대로 믿을 수 있었다. 비록 갈 길을 알지 못했고 목적지가 어디인지도 알지 못했지만, 아브라함이 하나님을 따를 수 있었던 것은 하나님이 주신 믿음 때문이었다. 하나님과의 만남 속에서 그러한 믿음이 아브라함에게 주어졌다.

내가 강조하고 싶은 점은 구원의 조건으로 항상 믿음이 요구되었다는 것이다. 이는 구약 시대에도 마찬가지였다. 창세기 15장 6절 앞부분은

"아브람이 여호와를 믿으니"이다. 그런데 이 구절은 여기서 끝나지 않는다. "여호와께서 이를 그의 의로 여기시고" 멋지지 않은가? 아브라함이 하나님을 믿었더니 하나님께서 그의 믿음을 의로 여겨 주셨다고 한다. 구약 시대에도 믿음으로 의에 이르고, 믿음으로 구원을 얻는다.

여호와께서 아브라함의 믿음을 의로 여겨 주셨다. 이는 하나님께서 아브라함의 영적 계좌에 외화를 환전하여 입금해 주신 것과 같다. 아브라함이 하나님께 '믿음'이란 화폐를 내어 드렸더니, 하나님께서 '의'라고 불리는 천국 화폐를 그의 계좌에 넣어 주셨다. 이것은 우리가 노력해서 의를 벌어들인다는 뜻이 아니다. 왜냐하면, 우리가 하나님께 믿음을 내어 드린다고 해도 그 믿음은 애초에 우리의 것이 아니기 때문이다. 성경은 말한다. "우리를 구원하시되 우리가 행한 바 의로운 행위로 말미암지 아니하고 오직 그의 긍휼하심을 따라"(딛 3:5).

이 말씀에 비추어 창세기 15장 6절을 다시 해석해 보자. 하나님은 아주 놀랍고 특이한 셈법을 시행하신다. 먼저 하나님이 아브라함에게 믿음을 선물로 주셨고 아브라함은 그 믿음을 받아들였다. 이후 아브라함은 이 믿음을 활용하여 하나님의 말씀을 믿었다. 그러자 하나님께서 그 믿음을 받으시고 그 대가로 아브라함에게 의를 주셨다.

이 구절이 말하는 '의'는 '하나님과의 관계 속에서 올바른 자리에 서는 것'을 뜻한다. 의를 설명하기는 어렵지만 간단하게 정의하면, '관계 속에서의 올바른 위치'라고 할 수 있다. 이를테면, 아버지와 아들의 관계 속에서 아버지가 제 역할을 다할 경우, 아버지는 의로운 상태이다. 하나님과 아브라함의 관계 속에서 아브라함이 취할 올바른 태도는 믿음이다. 아브라함의 믿음은 그를 올바른 위치에 세워 두었다. 그를 의롭게 했다. 믿음이 그를 하나님께로 더 가까이 이끌어 갔다.

이제 믿음과 의에 대해 설명하겠다. 하나님은 우리에게 믿음을 선물로 주신다. 그 믿음으로 우리는 하나님께 신뢰를 표현한다. 애초에 하나님께서 우리에게 주신 믿음이지만, 우리가 그 믿음을 하나님께 내어 드릴 때, 하나님은 기뻐받으시며 우리에게 구원이라는 열매를 선사하신다. 이 믿음, 곧 하나님이 우리에게 선물로 주신 믿음이 우리를 구원으로 인도하는 것이다. 놀랍지 않은가?

하나님께 믿음을 내어 드리고 하나님으로부터 "의롭다"고 칭함받은 사람은 아브라함 외에도 많다. 아브라함만이 믿음으로 구원받은 것이 아니다. 구약 성경에 등장하는 사람 중에도 허다하다. 애초에 하나님이 주신 믿음이지만, 하나님께 내어 드릴 때 구원을 얻는다는 개념은 이스라엘의 역사 속에서 수없이 반복되었다.

하나님께서 이집트의 속박에서 이스라엘을 구원하셨다. 이 구원은 그들이 율법을 잘 행했기 때문에 받은 것이 아니다. 심지어 이스라엘이 구원받은 시점은 율법이 주어지기 전이었다. 이스라엘이 구원받은 것은 오직 하나님의 **주권적 선택**(은혜)과 **믿음**을 통해서였다. 먼저 하나님이 홍해를 갈라주셨기 때문에 이스라엘이 마른 땅을 밟고 구원을 향해 나아갈 수 있었다. 성경은 그때의 상황을 다음과 같이 설명했다. "이스라엘이 여호와께서 애굽 사람들에게 행하신 그 큰 능력을 보았으므로 백성이 여호와를 경외하며 여호와와 그의 종 모세를 믿었더라"(출 14:31).

하나님은 왜 그들을 구원하셨는가? 그들을 사랑하셨기 때문이다. 그들을 사랑하신 하나님께서 그들을 선택하셨고 그들에게 믿음을 선물로 주신 것이다. 하나님께서 이스라엘에게 율법을 주신 것은 그들이 이집트에서 구원을 받은 후였다. 기억해야 할 중요한 사실은, 하나님이 그들에게 율법을 주실 때도 먼저 그들과 관계부터 맺으셨다는 것이다. 이처럼 그 백성을 구원하시고, 또 그들과 관계를 맺으신 후에야 비로소 하나님이 그들에게 율법을 주시며 순종을 요구하셨다. 그들이 순종하여 따를 율법을 주신 것이다. 율법을 지켜서 얻게 될 열매들은, 하나님과 관계를 맺음으로(이 관계는 하나님이 주신 믿음을 통해 맺어진다) 우리가 얻게 될 '의의 열매'에 대한 이차적 산물이다.

오늘날도 마찬가지이다. 하나님은 우리가 거룩하게 살거나 율법을 잘 지켰기 때문에 구원해 주시는 게 아니다. 먼저 우리를 구원하여 자신의 소유로 삼으신다. 그런 후(관계가 형성되었기 때문에), 율법을 지킬 것과 거룩함에 이를 것을 요구하신다. 순종은 하나님과 맺은 관계로부터 나온다(순종은 구원의 결과물이다). 그러므로 우리 구원의 핵심은 순종이 아니다. 하나님과의 관계, 곧 은혜 안에서 믿음을 통해 맺어지는 관계가 구원의 핵심이다.

피를 통한 구원

우리는 오직 믿음으로 은혜에 의하여 구원을 받는다. 이 원칙대로 아브라함이 구원을 받았고 이스라엘이 구원을 얻었으며 구약 성경에 등장하는 하나님의 백성이 구원을 얻었다. 오늘 이러한 하나님의 은혜가 우리에게 임했다. 하나님께서 자신을 계시하신 후, 우리의 심령을 헤집어 놓으시고 그 속에 믿음을 씨앗으로 심어 주셨다. 이것이 '믿음으로, 은혜에 의하여 구원을 받는' 과정의 시작이다.

그러나 이것만으로는 하나님의 구원 계획에 대한 온전한 설명이 될 수 없다. "오직 믿음으로, 은혜에 의하여 구원을 받는다"는 말은 구원의 절대 진리이지만, 구원에 대해서 좀 더 이야기할 것이 있다. 바로 이 지점에서 우리는 예수님이 어떻게 구원 계획을 완수하셨는지를 살펴봐야 한다.

하나님께서 인간을 창조하시고 그와 함께 에덴동산을 거니셨는데, 그때처럼 지금도 하나님은 우리와 동행하기 원하신다. 하나님은 우리와 친밀한 교제를 나누기 원하신다. 그러나 아담과 하와는 하나님의 말씀을 거역했고, 그때 발생한 문제의 여파는 그들이 에덴에서 쫓겨난 후에도 계속되었다. 죄 문제가(죄성이) 인류 역사 내내 하나님과 우리 사이를 단절시켰다. 이 문제는 우리의 '죄성'과 하나님의 '거룩'이 양립할 수 없다는 차원에서 끝나지 않는다. 우리의 죄성은 하나님의 거룩을 도무지 견뎌낼 수 없다. 이것이 문제의 핵심이다. 그러므로 하나님과의 동행을 재개하기 위해서는 죄 문제부터 해결해야 했다.

죄의 값은 사망이다. 이미 정해진 가격이다. 이 영원한 문제를 해결하기 위해 하나님께서는 '희생 제사' 제도를 세우셔야 했다. 이 제도에 의하면, 죄인은 반드시 '무고한 피'를 흘려야만 자신의 죗값을 치를 수 있고 심판을 피할 수 있다. 하나님은 이스라엘의 죄를 용서하고 그들에게 심판을 내리지 않으시려는 목적으로 구약 시대 내내 흠 없는 짐승의 피를 요구하셨다.

'대체적 희생', '보상 차원에서의 대속'이라 불리는 이 제도를 간단히 설명하면 다음과 같다. "죄인이 하나님과 재결합하고 하나님과의 관계 속에서 의로운 지위를 회복하려면, 누군가가 혹은 무언가가 죄인을 대신하여 죗값을 지불해야 한다. 단, 죄인 자신은 죗값을 치를 수 없다." 여기서 죗값을 대신 지불할 '누군가'(무언가)는 절대로 '아무나'(아무거나)여서는 안 된다. 그는(그것은) 흠 없는 존재여야 한다. 게다가 죄인의 죄를 씻어내고 다시금 그를 의로운 상태로 회복시키기 위해, 그는 죄인을 대신하여 기꺼이 그 값을 지불할 의사가 있어야 한다. 즉, 흠 없는 존재가 자발적으로 죄인을 대신하여 죽어야만 대속이 이뤄진다.

레위기 17장 11절을 읽어 보자. 하나님께서 이스라엘 백성에게 말씀하셨다. "육체의 생명은 피에 있음이라. 내가 이 피를 너희에게 주어 제단에 뿌려 너희의 생명을 위하여 속죄하게 하였나니 생명이 피에 있으므로 피가 죄를 속하느니라." 사람의 생명은 피에 있다. 그러므로 누군가가 나를 대신하여 피를 흘렸다면 이는 그가 내게 자신의 생명을 줬다는 뜻이다. 즉 피를 흘린 사람은 죽게 되고, 죽어야 할 사람은 그 피로 인해 살게 되는 것이다.

이것이 유월절의 근본 전제이다. 유월절은 유대교가 가장 중요하게 여기는 사건 중 하나이다. 이집트 땅에서 이스라엘을 구원하시던 날, 하나님께서 그분의 백성에게 이같이 경고하셨다. "내가 그 밤에 애굽 땅에 두루 다니며 사람이나 짐승을 막론하고 애굽 땅에 있는 모든 처음 난 것을 다 치고 애굽의 모든 신을 내가 심판하리라. 나는 여호와라"(출 12:12). 하나님께서는 가정마다 흠이 없는 숫양을 준비하라고 하셨다. 하나님이 이집트 땅을 다니며 심판하실 그날 밤에 죽음을 피하고 싶으면 준비한 숫양을 죽여 그 피를 집 문의 설주와 인방에 바른 후 집 안에서 그 고기를 먹어야 했다. 그날 밤 이집트 온 땅을 심판하신 하나님은 피가 발라진 문은 그냥 넘어가셨다. 피로 덮인 집의 장자는 목숨을 부지했지만, 피를 바르지 않은 집에는 죽음이 임했다.

이후 하나님께서는 이스라엘 백성이 죽음의 심판을 피할 수 있도록 다시 한번 '피를 바르는' 제도를 제정해 주셨다. 유대인에게 유월절만큼이나 큰 절기가 '욤 키푸르'이다. 그들은 일 년 중 이날을 가장 거룩하게 지킨다. 우리는 이날을 '속죄일'이라고 부른다.

속죄일이 되면 대제사장은 흠 없는 소 한 마리와 흠 없는 염소 두 마리를 준비한다. 먼저는 자신의 죄와 가족의 죄를 속하기 위해 소를 죽이고 그 피를 받아 지성소로 들어간다. 그는 손가락으로 피를 찍어 언약궤 덮개 위 두 천사 사이의 작은 공간에 뿌린다. 참고로 언약궤 덮개(뚜껑)는 '시은좌' 혹은 '속죄소'로 불린다. 하나님은 황소의 피가 언약궤 덮개 위에 뿌려진 것을 보신 후, 대제사장과 그 가족의 죄를 용서하셨다.

이후 대제사장은 성소 밖으로 나와 염소 두 마리를 다룬다. 제비뽑기를 통해 한 마리는 하나님께 드릴 염소(희생제)로 선정하고, 다른 하나는 죄를 전가할 '아사셀 염소'로 선정한다. 희생제 염소의 피는 다시 한번 언약궤 덮개에 뿌려진다. 염소의 피는 한 해 동안 이스라엘 백성이 범했던 모든 죄를 속하는 용도이다. 이후 대제사장은 성소 밖으로 나와 아사셀 염소의 머리에 두 손을 얹고 이스라엘이 범한 모든 죄를 고백한다(아주 오랜 시간이 걸렸을 것 같다). 그렇게 대제사장이 아사셀 염소에게 온 이스라엘의 죄를 전가하면, 정해진 사람이 그 염소를 광야로 끌고 가서 풀어놓는다. "염소가 그들의 모든 불의를 지고 접근하기 어려운 땅에 이르거든 그는 그 염소를 광야에 놓을지니라"(레 16:22). 염소는 광야를 헤매다가 죽는다. 이스라엘의 모든 죄가 조금도 기억됨 없이 완벽하게 용서된다는 상징이다.

죄를 씻기 위한 이 모든 예식에는 믿음이 요구되었다. 지성소에 들어가기 전, 대제사장은 자신의 죄부터 온전히 해결받아야 했다. 지성소는 하나님의 임재가 머무는 곳이다. 만일 대제사장이 부정한 상태로 지성소에 들어가면, 그는 하나님의 거룩함에 압도되어 입장 즉시 죽어야 했다. 그러므로 대제사장이 지성소로 들어갈 때는 하나님이 보호하시리라는 '믿음'을 가져야 했다. 이런 믿음이 없다면 차라리 들어가지 않는 편을 택해야 할 것이다.

마찬가지로 유월절 밤에 하나님께서 이집트 땅을 두루 다니며 심판하실 때, 이스라엘 백성은 심판으로부터 보호받을 것을 믿어야 했다. 물론 그들은 양도 준비했고, 양 잡을 도구와 피 받을 그릇과 그 피를 찍어 바를 우슬초 묶음도 준비했다. 마치 속죄일에 대제사장이 지성소로 들어가기 위한 모든 절차와 준비를 마쳤던 것처럼 그들도 유월절을 완벽하게 준비했다.

하지만 그들은 하나님의 구원이 유월절을 준비하는 자신들의 행위에 달려 있지 않다는 사실을 알아야 했다. 구원이 하나님의 선물이고 은혜라는 사실을 믿어야 했다. 욤 키푸르에도 마찬가지이다. 자신들의 죄를 씻어 주는 것은 그날 진행되는 예식의 행위가 아니라, 하나님의 은혜라는 사실을 믿어야 했다. 그러므로 율법에 따라 제사 예식을 거행하더라도 이스라엘은 행위가 아닌 믿음을 의지해야 했다. 하나님의 은혜에 대한 믿음만이 죄 사함과 구원을 가능하게 한다는 사실을 알아야 했다.

유월절이나 속죄일 등의 제도는 하나님께서 자신의 긍휼과 은혜와 사랑을 나타내려고 제정하신 도구이다. 이 제도를 통해 백성은 죄를 해결받고 하나님과 친밀한 교제를 나눌 수 있었다. 이것이 바로 모든 유대인이 수백 년 넘도록 의지해 온 제사 제도였다. 예수님도 예외는 아니었다. 육신의 부모가 가르친 대로 예수님도 이 제도를 따르셨다.

왜 정통 유대교인들에게 구원이 개인적 사건이 아니라 민족적 정체성인지 이제 알겠는가? 유대인들에게 욤 키푸르와 유월절에 시행된 대속은 한 사람만을 위한 대속이 아니라, 이스라엘 나라 전체를 위한 것이었다.

"황소와 염소의 피가 정말 이스라엘을 구원했는가?" "문자 그대로 황소와 염소의 피 때문에 이스라엘은 죄의 심판을 면할 수 있었는가?" 절대 아니다. 그 짐승들은 거룩하지도 의롭지도 않다. 짐승의 제사는 인간의 죄성이 자리한 곳에 의를 주입할 수 없다. 황소와 염소의 피는 하나님께서 그것을 죗값으로 간주하신다는 상징에 불과했다.

물론 이스라엘 백성에게 황소의 피와 염소의 피를 바치라고 말씀하신 분은 하나님이다. 다시 말하지만, 이것은 하나님께서 고안하신 제도이다. 이스라엘 백성이 죄 사함의 방법을 논의한 후, "짐승의 피를 바치면 우리를 용서해 주실 겁니까?"라며 제안한 것이 아니다. 하나님께서 그들에게 짐승의 피를 바치라고 명령하신 것이다. 하나님이 시작하신 일이다.

이 사실을 잊지 말기 바란다. 황소의 피, 염소의 피 등 이 같은 상징물은 '참된 것'이 나타나기까지 그 자리를 잠시 대신하는 그림자일 뿐이다. 참된 제물은 바로 예수 그리스도이시다. 황소, 염소 그리고 그것들의 피는 그 자체로 아무 가치가 없다. 다만 하나님께서 가치 있는 것으로 간주해 주셨을 뿐이다.

하나님께서는 진정한 '죗값 지불'의 때가 곧 이를 줄 알고 계셨다. 인간의 죄성과 하나님의 의가 자리를 맞바꾸는 완벽한 대체이다. 짐승의 피로 제사드리는 제도는 신용카드를 사용하는 것과 비슷하다. 상점에서 물건을 고른 후 점원에게 카드를 건네면 플라스틱 조각을 지불 수단으로 인정한다. 신용카드가 상징하는 바를 알기 때문에 마치 현금(실체)을 받듯 신용카드를 받고 물건을 내주는 것이다. 카드 자체에는 아무 가치가 없다.

첫 번째 유월절 후 수백 년의 시간이 흘렀다. 하나님이 정해 두신 때, 예수님께서 그 유월절을 자신의 죽음으로 완성하셨다. 세례 요한이 말한 것처럼 예수님은 "세상 죄를 지고 가는 하나님의 어린양으로서" 십자가에 오르셨다. 예수님은 모든 면에서 흠 없는 제물이었다(요 1:29 참고). 우리의 죄를 속하기 위해 하나님께서 직접 꼭 필요한 제물을 준비해 주신 것이다. 바로 자기 자신을 준비하셨다. 그렇게 예수님은 영원토록 우리의 유월절 양이 되셨다(고전 5:7 참고).

그분의 죽음 덕분에 우리는 믿음으로 하나님을 우리 안에 모셔 들일 수 있게 되었다. 오래전 유대인들이 유월절을 위해 양을 집 안으로 들여놓았던 것처럼 말이다. 그날 밤 유대인들은 유월절 양을 먹었다. 마찬가지로 우리 역시 예수님의 살과 피를 먹는다. 이것이 성찬식, 곧 주의 만찬이다. 유대인들이 문설주와 인방에 흠 없는 양의 피를 바른 것처럼, 예수님도 십자가에서 흘린 피를 우리 모두에게 발라 주셨다. 믿음으로 예수님을 영접할 때, 우리 삶의 영적 대문은 그분의 피로 흥건해진다. 그분의 피가 우리를 하나님의 진노로부터 보호한다.

예수님의 피는 욤 키푸르의 모든 요구를 충족했다(히브리서 8~10장은 이에 대한 내용이다). 우리의 죄를 대속한 예수님의 희생은 우리를 다시금 하나님께로 인도하였고 이로써 우리와 하나님의 재결합이 이루어졌다. 대속물이신 예수님이 우리의 죄를 씻으셨다. 다윗이 타나크에 예언했듯이 예수님은 "동이 서에서 먼 것 같이 우리의 죄과를 우리에게서 멀리 옮기셨다"(시 103:12).

'흰 보좌' 앞에 서는 날(계 20:11-15), 예수님은 구원받은 사람과 구원받지 못한 사람을 구별하실 것이다. 마치 유월절 그 밤에 이스라엘과 이집트 사람이 구별되었던 것처럼 말이다. 유월절 날, 이스라엘 백성을 죽음에서 보호한 것은 양의 피였다. 마찬가지로 마지막 날, 하나님의 영원한 진노에서 우리를 구원할 것은 예수님의 보혈이다. 우리의 전 존재를 덮은 예수님의 피가 우리를 구원한다. 어린양의 생명책에 우리의 이름이 적혀 있다.

하나님의 구원 방법은 결코 쉽지 않다. 죄인을 살리려면 무고한 존재가 그를 대신하여 피를 흘려야 한다. 피를 흘리는 자에게 피는 죽음을 상징한다. 그러나 그 피를 받는 자에게 피는 생명이다. 하나님의 독생자가 우리 대신 희생되었다. 상상조차 할 수 없는 그 일을 하나님께서 친히 행하셨다. 이 놀라운 '대체'로 인해 우리는 회복되었다. 다시금 하나님과 연합하게 되었다.

중재자를 통한 구원

시내산 자락에서 이스라엘 백성은 향후의 역사를 좌우할 중대한 결정을 한다. 하나님은 과거 에덴동산에서 하셨던 것처럼, 출애굽한 이스라엘 백성과도 친밀한 관계를 맺기 원하셨다. 그동안 하나님께서는 이집트에서 그 백성을 이끌어 내셨고, 또 광야에서 여러 가지 기적을 펼쳐 그들의 필요를 공급해 주셨다. 이렇게 하나님은 이스라엘 백성에게 구원을 선사하셨다(하나님은 그들을 인도하고, 보호하고, 복 주시는 분이다). 그리고 지금 시내산 자락에서 하나님은 그 백성과 얼굴을 마주하기 원하셨다.

그러나 안타깝게도 이스라엘은 너무 두려워한 나머지 하나님과 마주하기를 거부했다. 그들에게 하나님의 임재는 공포 그 자체였다. 그들을 만나기 위해 하나님께서 임하셨을 때(놀라운 능력을 대동하여), 백성은 "그만!"이라고 외쳤다. 출애굽기에 그 장면이 생생하게 묘사되어 있다.

뭇 백성이 우레와 번개와 나팔 소리와 산의 연기를 본지라. 그들이 볼 때에 떨며 멀리 서서 모세에게 이르되 "당신이 우리에게 말씀하소서. 우리가 들으리이다. 하나님이 우리에게 말씀하시지 말게 하소서. 우리가 죽을까 하나이다." 모세가 백성에게 이르되 "두려워하지 말라. 하나님이 임하심은 너희를 시험하고 너희로 경외하여 범죄하지 않게 하려 하심이니라." 백성은 멀리 서 있고 모세는 하나님이 계신 흑암으로 가까이 가니라(출 20:18-21).

"백성은 멀리 서 있고" 지금 이스라엘 백성 앞에는 하나님께 가까이 다가갈 기회의 문이 활짝 열려 있다. 그 하나님은 이미 자신의 사랑과 은혜와 긍휼을 증명해 보이셨다. 기적을 베풀어 백성의 필요를 채워 주셨고 다양한 방법으로 자신의 선함을 나타내 주셨다. 그런 하나님께서 이스라엘과 친밀한 교제를 나누기 원하셨다.

안타깝게도 이스라엘은 '멀찍이' 물러났다. 여기 우리가 주목해야 할 중요한 사실 하나가 있다. 그들은 하나님과 직접 대면하여 교제하기보다는 모세라는 중재자를 통해 하나님과 대화하길 선호했다는 것이다. "모세에게 이르되 '당신이 우리에게 말씀하소서. 우리가 들으리이다. 하나님이 우리에게 말씀하시지 말게 하소서. 우리가 죽을까 하나이다.'"

이 사건을 기점으로 이스라엘 역사의 흐름은 급변했다. 우리는 '유대교'가 하나님과의 직접 교류 대신 중재자를 통한 간접 교류에 집중하기 시작한 연원을 이때라고 말할 수 있다. 물론 유대교인들은 하나님께서 자기들을 선택하셨다고 믿는다. 그러나 '선민'이라 자부하는 그들이 하나님께 직접 나아가지 못한다는 사실은 참으로 아이러니하다. 토라의 시대, 유대인들이 모세에게 중재를 의탁한 것처럼 오늘날의 유대인들 역시 하나님과의 교제를 랍비들에게 맡기고 있다.

크신 은혜 안에서 하나님은 이스라엘의 의견을 수렴하셨다. 그렇게 하나님은 선택된 소수와만 만나는 시스템을 구축하셨다. (하나님은 이스라엘 백성을 직접 다스리기 원하셨지만 그들이 거부했다. 광야에서 뿐만 아니라 가나안 땅에 정착한 이후에도 그들은 중재자를 세우기 원했다. 그들은 하나님을 왕으로 섬기기보다는 '인간 왕'을 세우는 것을 선호했다(삼상 8:1-22 참고).)

이 시스템 안에서 제사장들은 하나님 앞으로 나아가 이스라엘을 대변해야 했다. 그러므로 백성의 인식 속 제사장의 가치는 이루 헤아릴 수 없을 정도였다. 성전에서 희생제를 드리고 싶어도 이스라엘은 그 모든 과정을 제사장에게 의존해야 했다. 레위기 23장을 보라. 하나님께 요제를 드리고 싶어도 개인이 하나님께 나아가 직접 드릴 수 없었다. "여호와께서 모세에게 말씀하여 이르시되 이스라엘 자손에게 말하여 이르라. 너희는 내가 너희에게 주는 땅에 들어가서 너희의 곡물을 거둘 때에 너희의 곡물의 첫 이삭 한 단을 **제사장에게로** 가져갈 것이요. **제사장은 너희를 위하여** 그 단을 여호와 앞에 기쁘게 받으심이 되도록 흔들되 안식일 이튿날에 흔들 것이며"(레 23:9-11).

만일 하나님께서 그 백성과 대화하며 직접 교제하실 수 있었다면, 이 절차가 얼마나 단순해졌겠는가? 그러나 하나님은 중재자를 선호하는 백성의 심리를 존중하셨고, 모세는 하나님의 입술이 되어 백성에게 말씀을 전하는 메신저가 되어야 했고, 이후의 제사장들은 영적 행위를 대행하는 백성의 손과 발이 되어야 했다.

앞에서 설명한 욤 키푸르는 이스라엘의 연중 절기 가운데 중재자의 역할이 가장 크게 부각되는 날이었다. 그날 중재자로 섬겼던 대제사장은 이스라엘의 대표로서 지성소 안, 하나님의 임재 앞으로 나아가야 했다. 그는 소와 염소를 하나님께 바치고 제물의 피를 처리하면서 자신의 죄와 백성의 죄를 대속해야 했다. 만일 대제사장이 제사 절차 중 하나만 실수해도 온 나라가 그 영향을 받아야 했다. 대제사장이 제사 집전을 제대로 행하느냐에 온 이스라엘의 운명이 달려 있었다.

이처럼 하나님은 제사장을 세우고 임시 제도를 만들어 자신과 백성 사이를 중재하게 하셨다. 그러나 정해진 때가 이르자 예수님이 오셨다. 예수님은 모든 중재자의 직무를 완성하셨다. 이전의 그 어떤 제사장도 하지 못했고, 할 수도 없었던 일을 예수님이 완성하신 것이다.

신약 시대의 성도로서 우리는 우리를 대속하려고 자신의 몸과 피를 바치신 대제사장(예수)께 의지한다. 히브리서 기자는 궁극적 중재자로 이 땅에 오신 예수님이 피의 제사를 거행하는 제사장의 사역뿐 아니라 성전 시스템에 연관된 그 모든 요소를 어떻게 완성하셨는지 설명했다.

그리스도께서는 장래 좋은 일의 대제사장으로 오사 손으로 짓지 아니한 것 곧 이 창조에 속하지 아니한 더 크고 온전한 장막으로 말미암아 염소와 송아지의 피로 하지 아니하고 오직 자기의 피로 영원한 속죄를 이루사 단번에 성소에 들어가셨느니라. 염소와 황소의 피와 및 암송아지의 재를 부정한 자에게 뿌려 그 육체를 정결하게 하여 거룩하게 하거든 하물며 영원하신 성령으로 말미암아 흠 없는 자기를 하나님께 드린 그리스도의 피가 어찌 너희 양심을 죽은 행실에서 깨끗하게 하고 살아 계신 하나님을 섬기게 하지 못하겠느냐? 이로 말미암아 그는 새 언약의 중보자시니 이는 첫 언약 때에 범한 죄에서 속량하려고 죽으사 부르심을 입은 자로 하여금 영원한 기업의 약속을 얻게 하려 하심이라(히 9:11-15).

우리의 궁극적 대제사장으로서 예수님이 완성하신 일 덕분에 우리는 영원토록 대속받았다.

이 뜻을 따라 예수 그리스도의 몸을 단번에 드리심으로 말미암아 우리가 거룩함을 얻었노라. 제사장마다 매일 서서 섬기며 자주 같은 제사를 드리되 이 제사는 언제나 죄를 없게 하지 못하거니와 오직 그리스도는 죄를 위하여 한 영원한 제사를 드리시고 하나님 우편에 앉으사 그 후에 자기 원수들을 자기 발등상이 되게 하실 때까지 기다리시나니 그가 거룩하게 된 자들을 한 번의 제사로 영원히 온전하게 하셨느니라(히 10:10-14).

대제사장이신 예수님은 성부 하나님께서 제정한 구약의 율법과 성전 시스템의 모든 요구를 완벽하게 이루셨다. 우리가 하나님과 다시금 영원토록 연합하게 된 것도 예수님이 행하신 업적 때문이다. 예수님의 공로로 인한 구원, 이것이 하나님께서 세우신 본연의 구원 계획이었다.

이 장을 마무리하면서 나는 우리의 중재자이신 예수님이 어떤 일들을 완성하셨는지 소개하고 그 일들에 대해 히브리서 기자가 설명한 내용을 다음과 같이 정리하였다. (독자들에게 권면한다. 히브리서를 읽거나 공부한 적 없다면, 자세히 읽고 공부하기 바란다. 그리고 히브리서를 공부했다면 아래의 내용을 읽기 전에 히브리서 7~10장을 다시 한번 읽기 바란다. 히브리서 7~10장은 예수님께서 우리를 위해 행하신 일들을 아주 상세하게 설명한다).

우리의 중재자로서
- 예수님은 우리의 연약함을 긍휼히 여기신다(히 4:15).
- 예수님은 우리의 필요를 채워 주신다(히 4:16).
- 예수님은 우리를 위해 중보하신다(롬 8:34, 히 7:25).
- 예수님은 하나님이며 인간이시다. 그래서 우리를 구원하실 수 있다 (히 2:5-18, 골 2:9).
- 예수님은 우리의 몸값(죗값)을 지불하셨다(딤전 2:5-6).
- 예수님은 자신의 피를 흘려 우리의 죄를 씻어 주셨다(히 9:11-14).
- 예수님은 지극히 높은 영광의 자리에 앉으셨다(히 1:3, 8:1).

유대교에는 중재자가 상존해 왔다. 그런데 은혜가 풍성하신 하나님께서 최후의 중재자를 이 땅에 보내 주셨다. 유대인의 왕이신 예수님이 바로 그 중재자이다. 예수님은 성부 하나님과 인류 사이에 벌어진 틈을 메워 주셨다. 디모데전서 2장 5-6절을 보자. "하나님은 한 분이시요 또 하나님과 사람 사이에 중보자도 한 분이시니 곧 사람이신 그리스도 예수라. 그가 모든 사람을 위하여 자기를 대속물로 주셨으니 기약이 이르러 주신 증거니라." 예수님은 중재자의 요건을 충족하셨고 또 중보의 역할을 완벽하게 수행하셨다.

하나님이 모세에게 주신 계시는 예수님과 사도들이 전했던 복음의 원형이었다. "하나님께서 백성을 선택하셨을 때 구원이 시작되었다. 그들이 시내산에서 하나님의 영광을 보았을 때, 하나님께서 그들에게 믿음을 주셨다. 하지만 하나님과 이스라엘 사이에는 피의 제사와 중재자가 필요했다. 감사하게도 이 모든 것이 예슈아 하-마쉬아흐를 통해 완성되었다." 이것이 복음 아닌가?

브릿 하다샤(신약)에 계시된 복음은 오래전 모세를 통해 이스라엘 백성에게 먼저 주어졌다(물론 원형으로 주어졌지만 말이다). 그렇다. 하나님의 구원 계획은 변한 적이 없다. 지금도 하나님의 구원 계획은 유대인과 이방인 모두에게 동일하게 적용된다. 예슈아 하-마쉬아흐는 유대교의 완성이자 모든 사람의 구원이시다.

12장

새 언약

The LION of JUDAH

'점진적 계시(progressive revelation)'는 하나님께서 자신을 계시하실 때 한 번에 드러내시지 않고 오랜 시간에 걸쳐 자신의 면면을 점점 더 많이 나타내신다는 개념이다. 이 개념을 적용하면 "어느 정도 시간이 지나야 하나님의 뜻과 계획을 상세히 알 수 있다"는 결론이 도출된다.

예를 들어 보겠다. 구약 시대 하나님께서는 죄 문제를 다루려고 제사 제도를 정하셨다. 모든 죄에는 각각에 상응하는 처벌이 따르는데, 처벌을 피하려면 죄인은 흠 없는 짐승을 준비하여 자신의 죄를 전가한 후, 자신이 받을 벌을(죄의 삯은 사망) 그 짐승에게 행해야 한다. 그렇게 구약 시대 사람들은 자신의 죄를 속하기 위해 수많은 짐승을 죽였다.

오랜 시간이 흘러 예수님이 오셨다. 주님은 우리의 죄 문제를 해결하기 위해 십자가에 달려 돌아가셨다. 주님이 달리신 십자가를 바라볼 때, 우리는 예수님이 구약 시대 사람들의 죄를 속했던 희생 제물(그림자)의 '실체'였음을 깨닫게 된다. 이것은 오랜 시간에 걸쳐 구약의 속죄 개념이 명확하게 계시된 사례이다. 이외에도 점진적 계시의 예는 많다. 신약 시대가 열리면서 그동안 그림자로 존재했던 것들의 베일이 그 한 사람 예수 그리스도 안에서 벗겨지고 명확해지는 일이 비일비재했다.

바울은 자신의 복음이 '신비의 계시'(구약 시대에는 '신비-비밀'이었던 것이 신약에 이르러 '계시'됨)에 의한 것임을 말하면서 다음과 같이 점진적 계시의 개념을 설명했다. "나의 복음과 예수 그리스도를 전파함은 영세 전부터 감추어졌다가 이제는 나타내신 바 되었으며 영원하신 하나님의 명을 따라 선지자들의 글로 말미암아 모든 민족이 믿어 순종하게 하시려고 알게 하신 바 그 **신비의 계시**를 따라 된 것이니 이 복음으로 너희를 능히 견고하게 하실 지혜로우신 하나님께 예수 그리스도로 말미암아 영광이 세세 무궁하도록 있을지어다. 아멘"(롬 16:25-27). 그동안 비밀로 감춰진 것들이 예수 그리스도를 통해 낱낱이 드러났고(계시) 바울은 그렇게 드러난 계시를 성도들에게 전했다.

같은 취지에서 히브리서 기자는 이렇게 말했다. "옛적에 선지자들을 통하여 여러 부분과 여러 모양으로 우리 조상들에게 말씀하신 하나님이 이 모든 날 마지막에는 아들을 통하여 우리에게 말씀하셨으니 이 아들을 만유의 상속자로 세우시고 또 그로 말미암아 모든 세계를 지으셨느니라"(히 1:1-2). 로마서와 히브리서의 구절 모두 하나님의 계시를 '어두운 방에 내리쬐는 햇빛'으로 설명했다. 지붕은 사라졌고 예슈아라는 광선이 방안을 환히 비췄다. 이것이 우리가 살아가는 신약 시대이다.

성경은 점진적 계시를 품고 있다. 구약 시대의 사람들에게는 보이지 않았던 하나님의 새로운 모습들이 우리 눈에는 보인다는 뜻이다. 예를 들어, 은혜가 그렇다. 예수님이 이 땅에 오신 후 우리는 은혜로 충만한 시대를 살고 있기 때문에 모세의 때보다 지금 하나님의 은혜를 더욱 풍성하게 깨달을 수 있다. 이것이 점진적 계시이다. 점진적 계시의 화살표는 항상 예수님을 가리킨다.

옛 언약들

성경의 내용 중 점진적 계시가 활발하게 작동하는 곳은 다름 아닌 '언약'(언약을 담고 있는 구절들)이다. 성경에는 많은 언약이 기록되어 있지만, 근본적인 언약은 크게 세 가지로 정리할 수 있다. 이 언약들의 어떤 요소가 오늘 우리의 삶에 적용되는지, 또 어떻게 예수님께서 각 언약의 정점(climax)이 되셨는지를 이해하기 위해 세 개의 언약을 자세히 살펴보려 한다.

첫 번째 언약은 창세기 12장에 기록되어 있는 '아브라함 언약'이다. 이방인의 문화 속에서 살아가던 아브라함의 눈앞에 어느 날 하나님이 나타나 말씀하셨다. "내가 너로 큰 민족을 이루고 네게 복을 주어 네 이름을 창대하게 하리니 너는 복이 될지라. 너를 축복하는 자에게는 내가 복을 내리고 너를 저주하는 자에게는 내가 저주하리니 땅의 모든 족속이 너로 말미암아 복을 얻을 것이라"(창 12:2-3). 이것은 무조건적 언약, 일방적인 언약이다. 하나님이 시작하셨고 하나님 홀로 지키실 약속이다. 이 언약을 성취하기 위해 하나님께서 아브라함에게 요구하신 것은 없다.

얼마 후 하나님께서 이 언약을 갱신하셨다. 이번에는 언약의 내용을 좀 더 자세히 설명해 주셨다. "또 네 씨로 말미암아 천하 만민이 복을 받으리니 이는 네가 나의 말을 준행하였음이니라"(창 22:18).

하나님께서 하나의 '씨'로 온 땅과 모든 나라에 복을 주겠다고 말씀하셨다. 점진적 계시에 의하면, 그 씨는 바로 하나님의 아들 예수 그리스도이다. 예수님이 이 땅에 오시기 훨씬 전에 성부 하나님은 '예수'라는 하나의 씨가 이 언약을 성취하도록 계획하셨다. 바울은 이 사실을 갈라디아서 3장 16절에서 잘 설명하였다. "이 약속들은 아브라함과 그 자손에게 말씀하신 것인데 여럿을 가리켜 그 자손들이라 하지 아니하시고 오직 한 사람을 가리켜 네 자손이라 하셨으니 곧 그리스도라." 이처럼 점진적 계시를 통해 우리는 '아브라함 언약'의 실체가 무엇인지 알게 되었다. 예수님이 바로 언약의 성취이시다.

예슈아께서 태어나시기 전, 이스라엘 민족은 하나님을 알았던 참 계시의 유일한 소유자였다. 그러나 하나님은 이 세상 모든 민족에게 자신을 알려 주고 싶으셨다. 하나님을 아는 지식이 '이스라엘'이라는 특정 그룹의 전유물이 되지 않기를 바라신 것이다. 하나님은 이스라엘을 통해 구원의 계시가 모든 민족과 방언과 나라들에 퍼지기를 원하셨다. 그러므로 아브라함이 받은 언약은 "메시아 예수를(씨앗) 통해 온 세상이 복을 받는다"는 내용으로 풀이된다. 이러한 이유로 아브라함 언약이 성경의 근본적 언약인 것이다.

두 번째 근본 언약은 '모세 언약'이다. 그런데 이 언약의 이름은 모세 언약이지만, 모세가 개인 차원에서 받은 게 아니라, 그가 모든 유대인을 대표하여 받은 것이다. 그러므로 모세 언약은 이스라엘 전체를 위한 언약이다.

'아브라함 언약'은 하나님이 일방적으로 이루실 무조건적 언약인데 반해, '모세 언약'은 조건적 언약이다. 이스라엘 백성이 하나님의 뜻에 순종하면 복이 임하고, 순종하지 않으면 저주가 내린다. 복과 저주는 이스라엘이 이 언약에 어떻게 반응하느냐에 달렸다.

> 내가 오늘 복과 저주를 너희 앞에 두나니 너희가 만일 내가 오늘 너희에게 명하는 너희의 하나님 여호와의 명령을 들으면 복이 될 것이요, 너희가 만일 내가 오늘 너희에게 명령하는 도에서 돌이켜 떠나 너희의 하나님 여호와의 명령을 듣지 아니하고 본래 알지 못하던 다른 신들을 따르면 저주를 받으리라(신 11:26-28).

신명기 전체에 이스라엘 백성을 향한 하나님의 말씀이 반복해서 등장한다. "나를 따르라. 내 길에 순종하라. 그러면 내가 네게 복을 주겠다." 자기 백성에게 복을 주시려는 하나님의 마음은 신명기 28장 1-14절에 명확히 기록되어 있다. 만일 유대인이 하나님의 길을 따랐다면 자녀, 직업, 가축, 음식, 기후, 재정 등 삶의 모든 영역에서 복을 받았을 것이다. 하나님은 다른 민족들이 이스라엘을 부러워하도록 그 백성에게 복을 내리길 원하셨다. 이스라엘은 하나님의 복을 받고, 죄로 인해 어두운 세상 속 별처럼 환하게 빛나야 했다. 이방인들이 이스라엘을 바라보며 하나님께 나아가는 것이 그분의 계획이었다.

만일 이스라엘이 '모세 언약'을 잘 지켰다면 그들은 온 땅에 하나님의 구원을 비추는 등대가 되었을 것이다. 그리고 온 세상은 이스라엘이 발하는 빛을 보면서 하나님께 나아갔을 것이다.

모세 언약은 조건적이다. 즉, 어두운 면도 함께 지닌 언약이다. 만일 이스라엘 백성이 하나님을 거역하고 그분의 율법을 지키지 않는다면 그들은 복이 아닌 저주를 받게 된다. 하나님께서 "복을 주겠노라"고 말씀하신 모든 영역에서(가정에서 시작하여 직장, 재정과 기후의 영역에 이르기까지) 저주를 받는다. 하나님은 신명기의 많은 지면을 할애하여 율법을 지킬 때 받게 될 놀라운 복들을 소개하셨다. 하지만 죄를 범하고 하나님의 길을 떠날 경우, 그들이 받게 될 끔찍한 결과에 대해서는 훨씬 더 많은 지면을 할애하여 설명하셨다.

우리는 이 이야기가 어떻게 끝나는지 알고 있다. 하나님께서 복을 주려고 그분의 백성과 체결하신 언약은 결국 끔찍한 저주로 변해 버렸다. 그 누구도 복을 얻기에 합당하지 않았다. 이스라엘은 순종하지 못했다. 결국, '모세 언약'을 체결한 순간, 이스라엘 백성은 자기 목에 연자 맷돌을 두른 셈이었다.

그러나 '점진적 계시'를 통해 우리는 다음의 사실을 깨닫게 되었다. 모세 언약과 율법의 본래 목적은 '율법으로는 하나님의 의에 이를 수 없다'는 사실을 알려 주는 데 있다. 모세 언약과 율법은 우리를 예수님께로 이끌어 준 '초등교사'였다(갈 3:24 참고). 율법을 보면서, 또 그 율법을 지키지 못하는 자신의 한계를 바라보면서 이스라엘은 하나님의 은혜에 기대어야 했다. 이것이 율법의 본래 목적이다. 로마서 3장 20절을 보자. "그러므로 율법의 행위로 그의 앞에 의롭다 하심을 얻을 육체가 없나니 율법으로는 죄를 깨달음이니라." 처음부터 율법의 목적은 죄를 깨닫게 해주는 것이었다. 하나님은 이스라엘 백성이 율법을 지키지 못하는 자신의 무능력을 깨달으며, "아, 내게는 하나님의 은혜가 필요하다!"고 탄식하기를 바라셨다. 인간이 자력으로 율법을 지키는 것은 불가능하다. 이스라엘은 율법을 지킬 수 없었으므로 모세 언약에 담긴 복을 받을 수 없었다.

비록 율법을 다 지킬 수도 없고, 율법을 지켜 복을 받는 일도 불가하지만, 하나님께서는 이러한 율법 속에 '은혜'가 작동할 공간을 마련해 두셨다. 이스라엘 백성은 자신의 죄를 회개하며 하나님의 긍휼을 의지하고 겸손히 그분 앞으로 나아가, 율법이 정한 대로 하나님이 원하시는 제사를 드려야 했다. 그러면 하나님의 은혜와 긍휼을 마음껏 받아 누릴 수 있었다. 하나님은 모세 언약과 율법을 도구 삼아 어떻게 하나님을 의지하고 그 은혜를 누릴 수 있는지 백성에게 가르치길 원하셨다.

예수님은 성전에서 기도하는 바리새인과 세리의 비유를 통해 율법의 본래 목적이 무엇인지를 말씀하셨다(눅 18:9-14). 바리새인은 자력으로 율법을 다 지켰노라 자랑했다. 또한 그는 세리 같은 죄인으로 살지 않게 된 것을 감사드린다고 말했다. 게다가 정기적으로 금식하고 십일조도 정직하게 드린다는 점을 하나님께 피력했다. 그러나 세리는 어떠했는가? 그는 "멀리 서서 감히 눈을 들어 하늘을 쳐다보지도 못하고 다만 가슴을 치며 이르되, '하나님이여 불쌍히 여기소서! 나는 죄인이로소이다!' 하였느니라"(눅 18:13). 바리새인과 세리 중 누가 하나님께 의롭다 여김을 받겠는가? 겸손한 세리이다. 누구도 자력으로는 율법을 지킬 수 없기 때문에 하나님의 은혜를 갈망했던 세리가 하나님 앞에서 의롭다는 평가를 받았다(14절).

이 비유 속에서 예수님은 자신이 율법의 완성이라는 사실을 예언적으로 말씀하셨다. 예수님은 율법의 기준에 '의롭다'고 평가받지 못할 사람들을 위해 오셨다. 즉, 우리 모두를 위해 오신 것이다.

그러나 우리 측에서 해야 할 일이 있다. 그것은 하나님이 제시하신 은혜와 긍휼을 받아들이는 것이다. 예수님의 이야기 속 바리새인은 너무 교만하여 자신의 필요가 무엇인지 인식하지 못했다. 그 결과 그는 값없이 거저 주시는 선물(은혜)을 받지 못했다. 영적 교만이 그의 눈을 가려 진리를 보지 못하게 한 것이다. 스스로 뭔가를 해낼 수 있다는 착각 때문에 우리는 얼마나 자주 하나님의 복을 걷어차 버렸는가? 또 자신의 업적을 자랑하면서 하나님께 나아가려 했던 적은 얼마나 많았는가?

"하나님, 제가 최근에 이 위대한 일들을 해냈습니다. 오직 하나님의 영광을 위해 했으니 봐주십시오!"

"제가 예배를 인도할 때, 청중들이 얼마나 크게 감동을 받는지 보셨습니까?"

"제가 간증을 했는데 어떻게 생각하십니까? 잘했지요?"

"제가 저 가난한 여인을 도왔습니다. 보셨어요, 하나님?"

"저는 선교사들에게 많은 헌금을 했습니다."

당신의 마음에 이러한 생각들이 떠오르지는 않는가? 우리는 모두 너무나 쉽게 교만해진다. 사람마다 정도의 차이만 있을 뿐 모두가 교만하다.

당신이 얼마나 겸손한지는 모르겠다. 아무리 겸손해도 우리에게는 항상 하나님의 은혜가 필요하다. 모세 언약은 이스라엘을 향해 외쳤다. "너희는 율법을 지킬 수 없다. 그러므로 율법의 완성이신 예수님을 바라보라!" 우리도 그리스도 안에서 살아갈 때만 하나님의 풍성한 복을 체험할 수 있다. 오직 예수로 인하여 우리는 "하늘에 속한 모든 신령한 복을" 받을 수 있다(엡 1:3).

하나님이 우리와 함께! 하나님이 우리 안에!

세 번째 근본 언약 역시 예수님을 지목하고 있다. 그런데 이 언약은 예수님을 통해 직접 전달되었다는 특징이 있다. 열두 제자와 함께 잡수신 마지막 유월절 만찬 중에 예수님께서 아주 이상한 말씀을 하셨다. 잔치 분위기를 송두리째 망쳐 놓는 말씀이었다.

그분의 제자들은 며칠 전에 예수님께서 예루살렘에 들어가실 때 수많은 사람이 환호한 것을 두 눈으로 똑똑히 보았다. 사람들은 예수님이 가시는 길에 붉은 카펫을 깔아 드리며, "복되시다. 주의 이름으로 오시는 왕이여!"라고 찬양했다(눅 19:38 참고). 그들은 예수님을 바라보며 정치적·군사적 메시아를 기대했다. 예수님이 예루살렘에 입성하시면 혹시 로마 정권을 무너뜨려 주시지는 않을까 하고 내심 바랐던 것이다.

하지만 예수님의 행보는 그들의 기대와 정반대였다. 대중의 인기에 부합하기는커녕 곧장 성전으로 들어가 정화 작업을 시작하시는 것 아닌가? 예수님께서 느닷없이 성전의 상인과 환전꾼들을 혼내며 내쫓으실 때, 이를 지켜보던 사람들은 고개를 갸우뚱거렸다. '과연 예수님이 권좌에 올라 유대 민족을 로마의 압제에서 구원해 내실까?', '이스라엘 왕국의 명성을 회복하실 수 있을까?' 의아해 했다. 제자들도 고개를 갸우뚱하기는 마찬가지였다.

그리고 유월절이 되었다. 이스라엘이 이집트에서 해방된 날을 기념하는 축제이기에 유월절 만찬을 준비했던 제자들은 명절 분위기에 한껏 들떠 있었다. 하지만 식사 자리에서 예수님은 "너희 중 하나가 나를 배신할 것"이라고 말씀하셨다. 갑자기 분위기가 싸늘해졌다. 이후 예수님은 자신이 당하게 될 고난과 죽음에 대해 차분한 어조로 말씀하셨다.

> 내가 고난을 받기 전에 너희와 함께 이 유월절 먹기를 원하고 원하였노라. 내가 너희에게 이르노니 이 유월절이 하나님의 나라에서 이루기까지 다시 먹지 아니하리라(눅 22:15-16).

> 또 떡을 가져 감사 기도 하시고 떼어 그들에게 주시며 이르시되 "이것은 너희를 위하여 주는 내 몸이라. 너희가 이를 행하여 나를 기념하라"(눅 22:19).

'이건 또 무슨 말씀이야?' 제자들은 서로의 얼굴을 번갈아 쳐다보며 이상하다는 표정을 지었다. 싸늘한 분위기는 이제 음산하기까지 하다. 다들 불길한 생각이 들었는지, 얼굴에는 당황한 기색이 역력하다.

> 또 잔을 가지사 감사 기도 하시고 그들에게 주시며 이르시되 "너희가 다 이것을 마시라. 이것은 죄 사함을 얻게 하려고 많은 사람을 위하여 흘리는 바 나의 피 곧 언약의 피니라"(마 26:27-28).

예수님이 "나의 피"라고 말씀하셨을 때, 제자들 중 크게 겁을 먹고 밖으로 뛰쳐나가기 위해 출입문을 쳐다본 사람도 있었을 것이다. '아니, 무슨 피를 마시라는 거야?' 그곳의 분위기는 죽음처럼 어색했다. 제자들은 한마디도 꺼낼 수 없었다.

이 본문을 읽으면서 성도들은 '아, 성찬식 이야기이구나!' 하며 마치 그날 예수님과 제자들이 여러 차례 나눴던 대화를 익숙하게 반복했을 거라고 짐작한다. 오늘날 성찬식에 참여하는 성도 대다수가 그렇게 생각하지 않는가? 사람들은 예수님의 유월절 만찬이 이미 각본화된 예식인 것처럼 생각한다.

그러나 제자들의 입장에서 이 사건을 바라보라. 일단 제자들의 눈앞에서 실시간으로 벌어졌던 이 모든 일은 그들이 단 한 번도 겪어 보지 못한 것이었다. 식사는 축제 분위기로 시작되었다. 그러나 예수님이 입을 여시자 분위기가 가라앉기 시작했다. 전에도 여러 번 고난에 대해 말씀하셨지만 이처럼 구체적으로 말씀하신 적은 없었다. 그리고 이날 유독 예수님의 표정이 심각해 보였다. 예수님의 예언적 말씀과 상징적 행동 하나하나가 더해지면서 분위기는 침울했다. 물론 제자들은 예수님을 잘 알기에 '이제 곧 무언가를 가르치시겠거니' 하고 예상했을 것이다. 그러나 그 어느 때보다 분위기는 무거웠고, 예수님의 가르침 역시 전례 없이 무거웠다.

자신의 피를 마시라는 예수님의 말씀에 제자들은 화들짝 놀랐다. 그러나 그보다 더 그들의 마음을 놀라게 한 것은 '새 언약'이라는 단어였다. 제자들 모두 유대인이기 때문에 하나님께서 이스라엘과 맺으신 언약들에 대해 잘 알았다. 어려서부터 배웠기 때문에 각각의 언약에 어떤 내용과 중요성이 담겨 있는지 잘 알았다. 그런데 자신들이 섬기는 랍비의 입에서 '새 언약'이라는 표현이 나온 것이다. 그들은 숨죽이고 그분의 설명을 기다렸다. 타나크에 정통했던 제자들은 예수님의 말씀을 듣자마자 예레미야서에 기록된 비슷한 구절을 떠올렸을 것이다. 예수님이 태어나시기 600여 년 전에 그 위대한 선지자가 전했던 예언 말이다.

여호와의 말씀이니라. "보라 날이 이르리니 내가 이스라엘 집과 유다 집에 새 언약을 맺으리라. 이 언약은 내가 그들의 조상들의 손을 잡고 애굽 땅에서 인도하여 내던 날에 맺은 것과 같지 아니할 것은 내가 그들의 남편이 되었어도 그들이 내 언약을 깨뜨렸음이라." 여호와의 말씀이니라. "그러나 그날 후에 내가 이스라엘 집과 맺을 언약은 이러하니 곧 내가 나의 법을 그들의 속에 두며 그들의 마음에 기록하여 나는 그들의 하나님이 되고 그들은 내 백성이 될 것이라." 여호와의 말씀이니라. "그들이 다시는 각기 이웃과 형제를 가리켜 이르기를, '너는 여호와를 알라' 하지 아니하리니 이는 작은 자로부터 큰 자까지 다 나를 알기 때문이라. 내가 그들의 악행을 사하고 다시는 그 죄를 기억하지 아니하리라." 여호와의 말씀이니라 (렘 31:31-34).

오래전 하나님께서는 두 돌판에 직접 율법을 적어 주셨다. 그것은 다름 아닌 모세 율법이었다. 시내산 꼭대기에서 하나님은 돌판에 율법을 적어 모세에게 건네셨고, 그 돌판은 성막의 지성소 안, 언약궤 속에 안치되었다. 이스라엘 백성은 그 돌판을 국보처럼 여겼다.

그런데 하나님께서 예레미야를 통해 '새 언약'을 주겠다고 말씀하시는 것 아닌가? 그가 예언한 미래의 언약은 과거 모세의 손에 전달되었던 언약과 다르다. 이번에는 하나님께서 돌판이 아닌, 사람들의 마음판에 율법을 기록해 주실 예정이었다(33절). 하나님의 역사가 그 백성의 외부가 아닌 내부에서 진행되는 것이다. 과거 돌판에 기록된 율법은 모세의 성막에 안치되었지만, 새롭게 기록될 하나님의 법은 새로운 성막, 곧 사람들의 '마음'에 안치될 것이다.

하나님은 어떻게 이 일을 행하시는가? 성경은 그 백성이 너무나 자주 하나님께 마음을 닫았다고 말한다. 그런데 어떻게 그들의 마음속에 언약을 새기시겠다는 것인가? BC 6백 년대의 사람이었던 에스겔이 예언했다. "또 새 영을 너희 속에 두고 새 마음을 너희에게 주되 너희 육신에서 굳은 마음을 제거하고 부드러운 마음을 줄 것이며 또 내 영을 너희 속에 두어 너희로 내 율례를 행하게 하리니 너희가 내 규례를 지켜 행할지라"(겔 36:26-27).

하나님은 백성의 마음에 자신의 법을 기록하셨을 뿐만 아니라, 그들의 마음 자체를 바꿔 주셨다. 하나님의 뜻에 민감하게 반응하도록, 돌판처럼 딱딱한 그들의 마음을 제거하고 그 자리에 부드러운 마음을 이식해 주신 것이다. 하나님의 법(성령)이 사람들의 마음, 곧 새로운 성막 안에 안치될 것이다. 모세의 때 하나님의 성령께서 성막 '위'를 운행하신 것과 달리, 이제는 사람들의 마음 '안'에 거하실(내주하심) 것이다. 이로써 사람들은 성령과 율법을 모시는 하나님의 성전이 된다.

시내산에서 하나님이 그 백성에게 바라신 것이 무엇이었는지 기억하는가? 하나님은 그들과 동행하길 원하셨다. 그들이 하나님께 가까이 다가오길 원하셨다. 하나님은 그들과 동행하며 친밀한 교제를 나누기 원하셨다. 그들이 하나님의 백성이 되고, 하나님은 그들의 하나님이 되길 원하셨다.

그러나 이스라엘은 이러한 하나님의 제안을 거절하고 멀찍이 선 채 모세에게 "중재자가 되어 달라"고 부탁했다. 세대를 거듭할수록 그들은 하나님으로부터 점점 더 멀리 떠나갔다. 심지어 자력으로 율법을 지키겠다며 하나님의 은혜를 외면했다.

이처럼 하나님의 백성은 방황했으나 하나님은 그들을 끈질기게 기다려 주셨다. 백성이 방황하는 내내 하나님은 수많은 선지자를 보내어 "내게로 돌아오라"고 재촉하셨다. 그뿐만이 아니다. 하나님은 그들에게 '장래의 소망'을 약속하셨다. 이사야 선지자는 장차 임할 그 소망의 이름이 '임마누엘'이라고 알려 주었다. '하나님이 우리와 함께!' 이것이 임마누엘의 뜻이다(사 7:14 참고).

예레미야, 에스겔, 그 외 많은 선지자를 통해 하나님은 그들과 '함께' 사실 뿐만 아니라, 그들 '안에' 들어가 사실 것이라고 약속하셨다. 성령의 내주하심을 약속하셨다.

보혈의 능력

최후의 만찬으로 돌아가자. 예수님이 말씀하신 새 언약과 방금 살펴본 구약의 예언들은 어떻게 연결될까?

식사 중에 예슈아께서 제자들에게 떡을 건네며 말씀하셨다. "받아서 먹으라. 이것은 내 몸이니라." 이후 포도주를 건네며 말씀하셨다. "이것을 마셔라"(마 26:26-27). 성도들에게 떡과 포도주를 먹고 마시는 일은 예수님을 영접하는 상징적 행위이다. 하나님은 우리의 '외부'에 거하시는 것으로는 만족하지 않으신다. 백성의 영혼 가장 깊은 곳으로 들어가 거하길 원하신다. 마치 떡과 포도주가 우리의 뱃속으로 들어가 소화되듯이 예수님은 우리의 심령 깊은 곳으로 들어가길 원하신다.

예수님의 최후 만찬을 좀 더 깊이 들여다보면, 생각해 볼 만한 또 다른 점을 발견하게 된다. 유월절 만찬을 소개한 모든 복음서의 기록을 살펴보

라. 예수님은 '새 언약'을 자신의 피에 연결하셨다. "이 잔은 내 피로 세우는 새 언약이니 곧 너희를 위하여 붓는 것이라"(눅 22:20). 새 언약을 세우는 일에 왜 예수님의 피가 그토록 중요했는가?

이 질문에 대한 답은 모세 언약에서 찾아볼 수 있다. 레위기 17장 11절 말씀을 기억하는가? "육체의 생명은 피에 있음이라. 내가 이 피를 너희에게 주어 제단에 뿌려 너희의 생명을 위하여 속죄하게 하였나니 생명이 피에 있으므로 피가 죄를 속하느니라."

짐승의 피는 그 짐승의 생명을 대변한다. 죄를 속하기 위해 짐승을 제물로 바칠 때 무엇보다 피가 중요했다. 이런 이유로 대제사장이 자신과 백성의 죄를 속할 때, 제물의 피를 제단의 뿔에 바르고 제단 바닥에 쏟은 것이다(레 9:1-9). 그 피가 하나님의 백성을 '덮었고' 하나님은 그 피를 보시며 그들을 의롭게 여겨 주셨다.

십자가에 보혈이 뿌려졌다. 보혈은 그분의 생명을 대변한다. 이 피를 통해 예수님의 생명이 우리에게 전가되었다. 예수님의 피는 구약 율법의 희생 제사 시스템을 가장 강력하게 보여 준 실체였다. 흠 없는 분이 죄인들을 위해 죽으셨으므로 죄인들은 생명을 얻었다. 모세 율법 아래에서는 하등 죽을 이유가 없는 짐승이, 결코 살아선 안 될 죄인을 대신하여 죽었다. 새 언약 아래에서 죽으실 이유가 없는 예수님이 우리를 대신하여 죽으셨다. 그리고 반드시 죽어야 했던 우리는 그분의 피로써 살게 되었다. 그뿐만 아니라 우리는 하나님 앞에서 '의롭다' 인정받았다.

예수님의 보혈은 상징이 아니다. 예수님은 온 인류를 위해 실제로 자신의 피를 흘리셨다. 우리는 그 피를 힘입어 '새 언약' 안으로 들어가게 되었다. 흠 없는 짐승의 사체를 번제단에 올릴 때, 이스라엘은 죄 사함 받을 길을 얻었다. 하나님의 어린양, 예수님께서 십자가에 오르셨을 때, 하나님과 우리의 관계는 회복되었다. 하나님과 우리가 다시금 연합될 길이 열린 것이다. 이제 우리는 지성소, 곧 하나님과의 친밀한 관계 속으로 들어갈 수 있다.

옛것에서 새것으로의 전환

새로운 정보, 새로운 통찰을 얻었을 당신을 위해 이 장을 마무리하는 차원에서 세 가지 근본 언약을 정리해 보았다.

첫 번째 언약은 아브라함 언약이다. 오직 믿음에 근간한 언약으로 성경은 아브라함이 하나님을 믿었고 하나님은 이를 그의 의로 여기셨다고 증언한다(롬 4:3, 갈 3:6, 창 15:6 참고).

성경적인 믿음은 항상 행위로 증명된다. 아브라함의 믿음 역시 그의 순종을 통해 입증되었다. 그러나 아직은 율법이 주어지지 않았으므로 아브라함의 순종은 율법의 행위가 아니다. 즉 그는 율법에 의해 구원받은 것이 아니다. 그는 하나님을 믿었고, 그 믿음 때문에 하나님 앞에서 '의롭다' 인정받았다.

아브라함의 믿음은 그가 하나님에게서 받은 선물이다. 하나님이 아브라함에게 나타나셨을 때, 그의 심령에 초자연적인 믿음이 생겼다. 우리처럼 아브라함 역시 믿음으로 구원받았다. 에베소서 2장 8-9절 말씀을 기억하라. "너희는 그 은혜에 의하여 믿음으로 말미암아 구원을 받았으니 이것은 너희에게서 난 것이 아니요 하나님의 선물이라. 행위에서 난 것이 아니니 이는 누구든지 자랑하지 못하게 함이라."

두 번째 근본 언약은 모세 언약이다. 모세 언약은 아브라함 언약이 온전히 성취될 때까지, 즉 예수님이 오실 때까지(초림) 이스라엘 백성을 붙잡았던 임시적 언약이었다.

아브라함 언약은 일방적 언약이다. 하나님께서 그에게 "내가 너와 네 후손에게 복을 주겠다"고 말씀하셨을 때 계약은 체결되었다. 하나님은 아브라함에게 거부권을 주지 않으셨다. 아브라함 언약은 하나님이 시작하셨고 하나님이 홀로 일방적으로 지키실 언약이었다. 무조건적 언약이므로 아브라함의 행위에 따라 달라지는 것도 없다. 아브라함의 씨를 통해 온 세상이 복을 받는다는 말씀에 누구도 이의를 제기할 수 없다. 즉, 아브라함 측에서 따로 갖추어야 할 조건은 없었다.

모세 언약은 믿음을 기반으로 하지 않은 조건부 언약이었다. 이 언약에는 이스라엘 백성이 율법을 지켜야 한다는 조항이 달려 있다(갈 3:12 참고). 물론 이 언약은 이스라엘에서 메시아가 태어날 수 있도록 그 백성을 단일 민족으로 보존해 주긴 했다(창 49:10 참고). 게다가 모세 언약은 이 세상 그 누구도 하나님의 은혜를 '벌어들일' 수 없고 또 율법을 지켜 의인이 될 방법도 없다는 사실을 넌지시 가르쳐 주었다. 그렇게 모세 언약은 온 세상이 예수님을 갈망하게 했다.

메시아가 오시자, 율법은 본연의 목적대로 낡아졌다. 히브리서 기자가 말했다. "새 언약이라 말씀하셨으매 첫 것은 낡아지게 하신 것이니 낡아지고 쇠하는 것은 없어져 가는 것이니라"(히 8:13). 메시아가 오셨으므로 율법과 모세 언약은 더는 핵심이 될 수 없다. 예수님이 핵심이다.

세 번째 근본 언약은 '새 언약' 곧 예수 그리스도이시다. 최후의 만찬에서 예수님이 잔을 들어 말씀하셨다. "이 잔은 내 피로 세우는 새 언약이니 곧 너희를 위하여 붓는 것이라"(눅 22:20). 이때 하늘의 모든 존재가 예수님의 입술을 주목했을 것이다. 이는 하나님께서 아브라함에게 첫 번째 근본 언약을 주신 지 2천 년이 지났을 무렵이었다. 아브라함 언약이 성취될 시간이다.

그동안 하나님께서는 모세 언약으로 아브라함의 후손들을 하나로 보존해 주셨다. 이제 이스라엘과 온 세상은 하나님의 궁극적 해결책을 받을 준비가 되었다. 예슈아 하-마쉬아흐! 그분이 하나님의 해결책이다.

아브라함 언약과 모세 언약이 해낼 수 없는 그것을 하나님의 아들인 예수께서 행하셨다. 그분의 보혈은 새로운 삶의 방식(영생)을 가능하게 해주었다. 그렇다. 예수를 통해, 예수 안에서, 하나님의 모든 약속은 성취되었다. 그리고 그 약속들은 영원한 '예(Yes)'와 '아멘'이 되었다(고후 1:20 참고).

13장

옛 예언들

The LION of JUDAH

고린도후서는 예수님이 구약의 본래 목적을 어떻게 이루셨는지를 설명한다. "하나님의 약속은 얼마든지 그리스도 안에서 예가 되니 그런즉 그로 말미암아 우리가 아멘 하여 하나님께 영광을 돌리게 되느니라"(고후 1:20). 예수님을 대제사장으로 소개하는 히브리서는 타나크의 수많은 제례 관련 구절들을 인용하며 예수님이 어떻게 구약의 제사 제도를 완성하셨는지 설명했다.

13장에서는 타나크(구약)에 기록된 '메시아 예언'을 심도 있게 살펴보려 한다. 예수님께서 성경적 유대교의 모든 요소를 어떻게 성취하셨는지 알기 위해서이다. 대다수의 유대인은 "예수는 메시아가 아니"라고 주장하는 문화 속에서 살아간다. 문제는 그들 대부분이 이 주장의 진위를 확인조차 하지 않는다는 것이다. 신구약 성경을 뒤적거리며 구약의 메시아 예언과 예수님의 삶을 비교 대조하며 자세히 들여다보아야 이 주장을 받아들일지, 혹은 거절할지를 결정할 수 있지 않겠는가?

물론 유대인 중 타나크의 메시아 예언을 연구하는 사람도 있다. 하지만 그들의 연구 목적은 예슈아가 메시아가 아님을 입증하기 위해서이다. 이들이 예수님을 하나님의 아들로 인정하지 않는 근거는 대부분 하나로 귀결된다. "예수는 타나크에 기록된 메시아 예언을 온전히 성취하지 못했다.

그러므로 그는 메시아일 수 없다." 하지만 그들과 깊은 대화를 해보면 그들이 내세우는 근거가 다음의 범주를 넘지 못한다는 것을 금방 알 수 있다.

"첫째, 예수는 세계 평화를 이루지 못했다."

"둘째, 예수는 세 번째 성전을 세우지 못했다."

"셋째, 예수는 모든 유대인을 이스라엘 나라로 귀환시키지 못했다."

"넷째, 예수는 온 세상에 하나님 아는 지식을 전하지 못했다."

이러한 이유로 그들은 "예수님이 메시아일 수 없다"고 주장한다. 그리스도인들이 믿는 핵심 교리 중 하나는 재림이다. 그런데 위에 언급한 유대인들의 네 가지 반박 근거는 예수님의 재림과 연결된다. 이 모든 일이 '마지막 때'에 이뤄질 것이라는 뜻이다. 유대인들은 네 가지 근거를 내세우며 예수님은 메시아가 아니라고 주장하지만, 사실 이 모든 일은 재림의 때에 성취될 것이다. 그렇다. 위에 언급한 일들은 아직 일어나지 않았다. 하지만 그리스도인에게 예수님을 메시아로 받아들이지 못할 근거가 되지 못한다. 성경도 메시아에 대하여 두 가지 상극된 예언을 전하고 있지 않은가. '고통받는 종'으로서의 메시아, '전능한 왕'으로서의 메시아. 초림의 메시아는 우리 죄를 대속하기 위해 고통받는 종으로 오셨지만, 재림의 메시아는 장차 모든 악을 제거하고 새 하늘과 새 땅을 다스리기 위해 전능한 왕으로 오신다. 타나크에는 초림과 재림, 두 가지 상이한 모습의 혼재된 메시아가 예언되어 있다. 고통당하는 종(요셉의 자손) 그리고 전능한 왕(다윗의 자손)으로서의 메시아이다. 하지만 유대교가 제시하는 메시아의 기준은 기독교가 말하는 메시아의 기준과 다르다.

재림은 여전히 미래의 영역이다. 기독교도 유대교도 이에 대해서 확실히 말할 수 없다. (아직 이 세상 누구도 마지막 때를 다녀온 적이 없지 않은가?) 그러므로 나는 메시아를 '수난의 종'으로 묘사한 이사야서 53장에 집중하려

한다. 그리고 기록된 각각의 예언들이 신약에서 어떻게 성취되었는지를 이야기할 것이다. 물론 타나크 중 이사야서 53장에만 메시아 예언이 담겨 있는 것은 아니다. 토라(모세오경), 느비임(선지서), 케투빔(성문서)에 메시아에 대한 언급과 묘사와 예언들이 나온다. 어떤 학자는 구약 성경 전체에 대략 400개 이상의 메시아 예언이 기록되어 있다고 말한다.[1]

예수님께서 성취하신 구약의 주요 예언 몇 가지를 살펴보자.

- 메시아는 하나님이시다(사 9:6-7, 마 1:22-23).
- 메시아는 '하나님의 아들'이라 일컬어질 것이다(시 2:1-12, 요일 5:20).
- 메시아는 처녀에게서 태어날 것이다(사 7:14, 마 1:22-23).
- 메시아는 베들레헴에서 태어날 것이다(미 5:2, 마 2:1-2, 5-6).
- 메시아는 아브라함과 이삭과 야곱의 후손이다(창 12:1-3, 마 1:1-2).
- 메시아는 다윗의 자손이다(겔 34:23, 37:24, 계 22:16).
- 메시아는 유다 지파 출신이다(창 49:10, 계 5:4-10).
- 메시아는 사람의 아들(인자)로 불릴 것이다(단 7:13-14, 마 24:30).
- 메시아, 곧 아브라함의 씨는 온 세상을 축복한다(창 22:18, 행 3:25).
- 메시아는 모세와 같은 선지자이다(신 18:15-19, 행 3:22-24).
- 메시아에 앞서 엘리야가 온다(말 3:1, 마 3:1-3, 11:10-11, 14).
- 메시아는 나귀를 타고 예루살렘으로 들어간다(슥 9:9, 마 21:6-11).
- 메시아는 찔리고 못박힐 것이다(시 22:16, 슥 12:10, 막 15:22-25).
- 메시아는 십자가에 달리지만, 그분의 뼈는 단 한 개도 부러지지 않는다(출 12:46, 요 19:33-36).
- 메시아는 부활한다(시 16:8-10, 행 13:34-35).
- 메시아는 새 언약을 제정한다(렘 31:31-34, 히 8:8-12).

이 예언들은 메시아 예언 중의 일부분이다. 나는 이 책의 주안점을 구약과 신약의 연계성에 두었으므로 예슈아께서 타나크의 메시아 예언을 어떻게 이루셨는지에 초점 맞출 것이다.

이 책을 읽는 당신은 기독교 신앙이 히브리적 뿌리에 기반을 두고 있는데도 교회가 이 사실을 얼마나 오랫동안 외면해 왔는지 알게 될 것이다. 예수님은 2천 년 전에 아무 맥락 없이 유대 땅에 갑자기 태어나신 것이 아니다. 예수님은 구약 성경의 모든 페이지를 자신의 몸에 채우셨다. 이러한 이유로 예수님이 달린 십자가 죄패에는 '예슈아 하-나쯔라티'(나사렛 예수) 렉스 유다이오룸(유대인의 왕)이라는 글귀가 적혔다(요 19:19).

예언적 분열

구약 성경 중 이사야서 53장만큼이나 유대인과 그리스도인을 갈라놓은 장이 또 있을까? 그리스도인들은 이사야서 53장의 예언을 예수님에 대한 것으로 여긴다. 반면 정통 유대교인들은 특정 개인에 대한 예언이 아니라, 이스라엘 민족 전체에 대한 이야기라고 믿는다. 그러므로 유대인들의 눈에 그 장의 몇몇 구절을 '예수'라는 사람에게 연결하는 것은 옳지 않게 보일 것이다.

물론 53장의 내용이 유대인의 '바빌론 포로 귀환' 맥락에서 나온 것임은 부인할 수 없다. 52장과 54장 역시 이 역사적 사건(포로 귀환)이 이스라엘 민족의 이야기임을 말해 주고 있다. 그러나 53장 전체를 이스라엘 민족에 적용하여 해석하는 것은 무리이다. 단순히 훑는 식으로 읽더라도 그렇게 해석하는 것은 불가능해 보인다. 내용을 깊이 파면 팔수록 당신은 이스라엘 민족 전체의 이야기가 아니라는 주장에 더 큰 신뢰를 두게 될 것이다.

그뿐이 아니다. 랍비들은 오랫동안 이사야서 53장의 내용을 '메시아 예언'으로 가르쳤다. 이를 '메시아 예언이 아니라'고 가르치기 시작한 것은 예수님이 승천하신 후 천 년이 지나서였다. 이 말은 이사야 선지자가 이 글을 기록한 후 1700년이 지나도록 유대교 지도자 중 그 누구도(《탈무드》의 저자들을 포함하여, 유대교의 근본 교리를 제정하고 기록하고 해석한 사람들 모두) 이 장의 내용을 '이스라엘 민족 전체'의 이야기로 받아들이지 않았다는 뜻이다. 그들은 53장이 메시아에 대한 예언임을 확신했다. 기독교가 크게 성장하고, '새 유대교'가 완성되었을 때도(기독교와 유대교의 대립이 극심했을 때도), 유대인들은 이사야서 53장을 '메시아 예언'으로 받아들였다.

이쯤에서 당신은 이렇게 생각할 것이다. '유대교를 수호하고 기독교를 헐뜯기 위해 랍비들이나 유대교 지도자들이 이사야서 53장의 전통적 해석을 변개하여, 메시아적 분위기를 제거한 것은 아닐까?'(물론 기독교가 흥왕하던 처음 몇 세기 동안 유대인들이 기독교를 헐뜯은 것은 사실이다). 하지만 그것은 사실이 아니다.

예부터 랍비들이 이사야서 53장을 이스라엘 민족 전체에 대한 예언으로 받아들였다면 (그리고 정말 이스라엘 민족에 대한 예언이 맞다면), 왜 그들은 최근, 회당의 연중 성경 읽기 계획표에서 53장을 뺐을까? 이 사실이 예사롭지 않다. 혹시 53장을 둘러싼 논쟁 때문에 일부러 생략한 것은 아닐까? 아니면 메시아닉 유대인들이 예슈아를 믿게 된 근거로 53장을 주로 언급하기 때문일까? 유대인 학자 클로드 몽테피오르는 이러한 가능성을 인정하면서 다음과 같이 말했다. "그리스도인들이 제시하는 이 장에 대한 '기독론적 해석'으로 인해, 신명기 안식일의 예언 강좌 시리즈 중 이사야서 53장은 제외되었다. 의도적인 생략이기에 매우 충격적이다."[2]

랍비 유대교는 예수님을 메시아로 인정하지 않는다. 그러나 이사야서

53장은 너무나 명백하게 예슈아를 기름 부음 받은 자로 그려내고 있다. 이러한 이유로 랍비들은 유대교 공동체가 이 장을 읽고 이사야서 53장이 예수님을 지목한다는 사실을 깨닫게 될까 봐, 혹여 유대인들이 예수님을 믿게 될까 봐 두려워한다.

수난의 종, 슬픔 가득한 구원자

이사야서 53장을 '메시아 예언'으로 인정하기 싫어서 유대인들이 제시하는 근거들을 소개하겠다. 왜 이러한 근거들을 살펴보는 것이 중요한지 독자들 모두가 깨닫게 되길 바란다.

타나크에서 이사야서 53장만큼 메시아 예언을 많이 담고 있는 것도 없다. 또 브릿 하다샤(신약)에 "성취되었다"고 인정하는 메시아 예언 중 상당수가 53장에 기록되어 있다. 이사야서 53장의 별칭은 '구약 성경에 기록된 가장 위대한 메시아 예언'이다. 일단 53장 전체를 읽은 후에 이 위대한 예언을 구절 및 단락으로 나누어 살펴보려 한다.

1. 우리가 전한 것을 누가 믿었느냐? 여호와의 팔이 누구에게 나타났느냐? 2. 그는 주 앞에서 자라나기를 연한 순 같고 마른 땅에서 나온 뿌리 같아서 고운 모양도 없고 풍채도 없은즉 우리가 보기에 흠모할 만한 아름다운 것이 없도다. 3. 그는 멸시를 받아 사람들에게 버림 받았으며 간고를 많이 겪었으며 질고를 아는 자라 마치 사람들이 그에게서 얼굴을 가리는 것 같이 멸시를 당하였고 우리도 그를 귀히 여기지 아니하였도다. 4. 그는 실로 우리의 질고를 지고 우리의 슬픔을 당하였거늘 우리는 생각하기를 그는 징벌을 받아 하나님께 맞으며 고난을 당한다 하였노라. 5. 그가 찔림은 우리의 허물 때문이요, 그가 상함은 우리의 죄악 때문이라. 그

가 징계를 받으므로 우리는 평화를 누리고 그가 채찍에 맞으므로 우리는 나음을 받았도다. 6. 우리는 다 양 같아서 그릇 행하여 각기 제 길로 갔거늘 여호와께서는 우리 모두의 죄악을 그에게 담당시키셨도다. 7. 그가 곤욕을 당하여 괴로울 때에도 그의 입을 열지 아니하였음이여, 마치 도수장으로 끌려 가는 어린 양과 털 깎는 자 앞에서 잠잠한 양 같이 그의 입을 열지 아니하였도다. 8. 그는 곤욕과 심문을 당하고 끌려 갔으나 그 세대 중에 누가 생각하기를 그가 살아 있는 자들의 땅에서 끊어짐은 마땅히 형벌 받을 내 백성의 허물 때문이라 하였으리요. 9. 그는 강포를 행하지 아니하였고 그의 입에 거짓이 없었으나 그의 무덤이 악인들과 함께 있었으며 그가 죽은 후에 부자와 함께 있었도다. 10. 여호와께서 그에게 상함을 받게 하시기를 원하사 질고를 당하게 하셨은즉 그의 영혼을 속건제물로 드리기에 이르면 그가 씨를 보게 되며 그의 날은 길 것이요, 또 그의 손으로 여호와께서 기뻐하시는 뜻을 성취하리로다. 11. 그가 자기 영혼의 수고한 것을 보고 만족하게 여길 것이라 나의 의로운 종이 자기 지식으로 많은 사람을 의롭게 하며 또 그들의 죄악을 친히 담당하리로다. 12. 그러므로 내가 그에게 존귀한 자와 함께 몫을 받게 하며 강한 자와 함께 탈취한 것을 나누게 하리니 이는 그가 자기 영혼을 버려 사망에 이르게 하며 범죄자 중 하나로 헤아림을 받았음이니라. 그러나 그가 많은 사람의 죄를 담당하며 범죄자를 위하여 기도하였느니라.

1절: 사람들은 메시아를 믿지 않았다

"우리가 전한 것을 누가 믿었느냐?" 이사야 선지자는 사람들의 의심에 대해 이야기했다. 만일 이 장의 내용 전체가 메시아 예언이라면, 이사야는 사람들이 그분을 믿지 않으리라는 사실을 미리 내다본 것이다.

예수님이 이 땅에 오셨을 때, 사람들은 그분을 메시아로 알아보지도 못했고 믿지도 않았다. 물론 수많은 사람이 예수님을 따라다녔다. 예수님의 인기는 하늘 높은 줄 모르고 치솟았다. 하지만 예수님의 공생애 마지막 자락에서 민심은 크게 돌아섰고 그들은 예수님께 적대감을 들어냈다.

예수님을 죽이기로 모의했던 종교 지도자들은 군중 속에 반대 세력들을 충분히 만들어 놓았다. 빌라도는 예수님을 풀어 주려 했지만, 유대인들은 반대를 표하며 악랄한 살인자이자 혁명가였던 바라바를 풀어 달라고 요청했다. 빌라도가 마지막으로 "예수를 어떻게 하면 좋겠느냐?"고 물었을 때 군중은 한목소리로 외쳤다. "십자가에 못 박으소서!"(막 15:13) 예수의 추종자들은 예수님이 정치적·군사적 메시아인 줄 알고 따랐으나, 전혀 메시아 같지 않은 예수님의 행보에 실망하고 그분에게서 돌아섰다. 그들은 예수님을 메시아로 알아보지 못했다.

"여호와의 팔이 누구에게 나타났느냐?" '여호와의 팔'은 하나님의 능력이신 메시아를 의미할 수도 있고, 문자 그대로 하나님의 능력 자체를 의미할 수도 있다. 전자이든 후자이든, 메시아이신 예수님은 수많은 기적을 행하며 하나님의 능력을 나타내셨다. 그렇게 '여호와의 팔'이 사람들에게 계시되었다. 그러나 사람들은 믿지 않았다. "그가 세상에 계셨으며 세상은 그로 말미암아 지은 바 되었으되 세상이 그를 알지 못하였고 자기 땅에 오매 자기 백성이 영접하지 아니하였으나"(요 1:10-11).

2절: 메시아는 하나님의 아들이다

"그는 주 앞에서 자라나기를 연한 순 같고 마른 땅에서 나온 뿌리 같아서 고운 모양도 없고 풍채도 없은즉 우리가 보기에 흠모할 만한 아름다운 것이 없도다"(사 53:2).

2절의 앞부분은 유대인들이 결코 수용할 수 없는 엄청난 딜레마이다. 왜냐하면 이 구절이 삼위일체 안에서의 성부-성자 관계를 보여 주기 때문이다.

"그는 주 앞에서 자라나기를" 만일 그가(메시아가) 주(하나님) 앞에서 자란다면, 일단 이 구절은 메시아가 하나님의 임재 앞에 서 있다는 뜻 아니겠는가? 유대교는 오직 의로운 자만 하나님의 임재 앞에 설 수 있다고 가르친다. 그리고 율법은 하나님 외에는 아무도 의롭지 않다고 말한다. 그러므로 유대인들의 생각 속에 하나님 앞에 설 수 있는 존재는 아무도 없다. 그런데 이 구절은 메시아가 하나님 앞에서 자라났다고 말한다. 즉, 메시아는 분명 의로운 존재이다.

그뿐만이 아니다. 인간으로서는 하나님 앞에 설 수 없기 때문에 이 구절에 의하면 메시아는 신적인 존재여야 한다(오직 하나님만 의롭기 때문이다). 그렇다. 이 구절은 메시아와 하나님의 특별하고 깊은 관계를 말해 주고 있다. 이사야는 다른 곳에서 메시아 예언을 전할 때도 이 특별한 관계를 언급했다. "이는 한 아기가 우리에게 났고 한 아들을 우리에게 주신 바 되었는데 그의 어깨에는 정사를 메었고 그의 이름은 기묘자라, 모사라, 전능하신 하나님이라, 영존하시는 아버지라, 평강의 왕이라 할 것임이라"(사 9:6). 이 구절은 아버지와 아들 관계를 언급한 여러 메시아 예언과 맥을 같이 한다. "내가 여호와의 명령을 전하노라. 여호와께서 내게 이르시되 너는 내 아들이라 오늘 내가 너를 낳았도다"(시 2:7).

유대교 신앙의 핵심은 '한 분 하나님'이다. 하나님이 나뉠 수 있다는 뉘앙스만 풍겨도 유대인들은 이단으로 규정해 버린다. 이처럼 유대인들에게 메시아가 하나님의 아들이라는 개념은 수용하기 어렵다. 유대교의 분파마다 메시아에 대한 개념은 다르지만, 그들 대다수가 공통으로 인정하는 한 가지는 '메시아는 하나님이 아니다'라는 것이다. 유대인들은 메시아가 다윗의 직계 후손 중 모세보다 뛰어난 정치 군사 지도자로서(유대인에게 최고의 찬사이다) '평범하지만, 평범하지 않은 인간'일 것으로 생각한다. 그들에게 메시아는 인간이지 하나님일 수 없다. 이러한 유대교의 믿음에 의하면, 인간 메시아는 장차 유대인들을 한데 모아 다시금 토라를 준수하도록 인도할 것이며(이후에는 온 세상을 다스리게 된다) 그 결과 전례 없는 세계 평화를 이룩할 것이다.[3]

이러한 사실을 고려해서 이사야서 53장을 메시아 예언으로 인정할 경우, 2절 말씀이 유대인들에게 큰 걸림돌이 된다는 사실을 이해할 수 있겠는가? 유대인들이 생각하는 메시아는 인간이어야 하지만, 엄청난 능력의 소유자여야 한다. 그런데 53장 2절의 후반부를 보라. "우리가 보기에 흠모할 만한 아름다운 것이 없도다." 사람들이 도무지 알아보지 못할 인물이 메시아라니, 53장이 소개하는 메시아는 유대인의 전통적 패러다임에 맞지 않는다.

예수님은 육체로 오신 하나님이지만, 사람들이 그분을 메시아로 알아보지 못하였다. 요한복음에도 이사야서 53장과 동일한 내용이 기록되어 있다. "그가 세상에 계셨으며 세상은 그로 말미암아 지은 바 되었으되 세상이 그를 알지 못하였고 자기 땅에 오매 자기 백성이 영접하지 아니하였으나"(요 1:10-11). 요한은 심지어 "그 형제들까지도 예수를 믿지 아니했다"고 말했다(요 7:5). 예수님은 완전한 인간으로 오신 완전한 하나님이지만, 이사야는 "마른 땅에서 나온 뿌리 같아서"(사 53:2) 아무런 주목도 받지 못할 것이라고 예언했다.

하지만 분명한 사실은 예수 그리스도가 아버지 앞에서 자라나셨다는 것이다. 예수님은 육체를 지닌 인간이지만, 동시에 완벽한 하나님이시기 때문에 아버지 앞에서 '온전한 의'를 유지하셨다. 성경은 예수님이 단 한 순간의 예외 없이, 항상 '아버지의 품'안에 계셨다고 말한다(요 1:18). 예수님은 창조되지 않은 하나님이자, 육체로 태어난 신성이시다(요 1:14). 예수님은 보이지 않는 하나님의 가시적 현현이시다(골 1:15).

나는 이러한 신비를 다 알 수 없다. 삼위일체의 개념도 이해하지 못한다. 사람들은 삼위일체의 신비를(성부, 성자, 성령의 관계) 설명하기 위해 여러 가지 유비(類比)를 이야기하지만 그 어떤 것도 만족할 만하지 않다. 어떤 사람은 삼위일체를 달걀의 세 부분으로 비유하여 설명한다. 껍질, 흰자, 노른자. 또 어떤 사람은 온도에 따른 물의 세 가지 상태로 삼위일체를 설명하려 한다. 물, 얼음, 수증기. 내가 들었던 유비 중 가장 웃긴 것은 라이스 크리스피(마시멜로를 녹인 끈끈한 점액에 튀긴 쌀을 버무린 후 굳힌 과자 -역자주)의 식감이었다. "한 입 베어 물면, 입안에서 '바삭거리고', '부서지고', '터진다.'" 누군가에겐 이러한 유비들이 도움이 될지 모르겠으나, 내게는 전혀 도움이 되지 않았다.

진지하게 생각해 보자. 삼위일체는 영원 전부터 하나님께서 존재해 오신 방식이다. 과연 인간인 우리가 이것을 이해할 수 있겠는가? 인간의 머리로는 오직 인과법칙에 따른 관계만을 이해할 수 있을 뿐이다. 예를 들어, 무에서 유가 창조된다는 개념을 우리는 이해할 수 없다. 우리가 생각하는 인과관계 속에서의 창조는 '유'(원인)에서 '더 나은 유'(결과)로의 창조이기 때문이다. 그러나 하나님은 '무'(원인이 없음)에서 '유'(결과)를 창조해 내시는 분이다.

우리의 이해에는 한계가 있다. 우리는 존재하지 않는 생명체를 절대 인지할 수 없다. 마찬가지로 원인(cause: 무언가를 존재하게 만드는 주체)이 없는 존재에 대해서도 이해할 수 없다(하나님의 원인은 없다. 하나님이 제1 원인이

시기 때문이다). 그러니 삼위일체의 영광스러운 신비를 이해할 수 있을까? 우리의 머리로는 불가하다. 그렇다고 해서 삼위일체의 복잡성이 메시아에 대한 이사야의 예언을 부정하지는 않는다. 게다가 예수님이 이 구절의 성취라는 사실을 무마하지도 않는다.

2절: 메시아는 평범해 보인다

"그는 주 앞에서 자라나기를 연한 순 같고 마른 땅에서 나온 뿌리 같아서 고운 모양도 없고 풍채도 없은즉 우리가 보기에 흠모할 만한 아름다운 것이 없도다"(사 53:2).

53장을 처음 읽는 사람은 메시아의 외모가 묘사된 방식 때문에 놀랄 것이다. "고운 모양도 없고 풍채도 없고 아름다운 것이 없도다." 이 구절 때문에 대부분의 사람은 예수님이 평범하셨으리라 생각한다. 어떤 이들은 예수님을 매력 없는 분으로 이해한다. 예수님의 외모가 어떠한지 알 수는 없지만, 이 충격적인 묘사가 신성을 지닌 메시아에 대한 것임은 확실하다.

예수님은 하나님이시다. 즉 예수님은 미(美)의 창조주이시다. 예수님은 북극의 오로라와 에베레스트산, 그랜드캐니언과 그레이트 배리어 리프(호주 대산호초)를 디자인하셨다. 밤하늘의 은하수와 토성의 고리도 예수님이 직접 만드셨다. 예수님은 온 우주에서 가장 매력적인 분이다. 이 땅에서 가장 아름다운 무언가를 예수님과 견주어도 그분의 아름다움에는 미치지 못한다. 그분을 바라볼 때, 우리는 그분의 아름다움에 홀리듯 경탄을 금치 못할 것이다.

이처럼 아름다운 예수님이 '그저 그런' 외모로 이 땅에 오셨다니! 예수님의 겉모습은 사람의 이목을 끌 만한 요소가 전혀 없다. 만일 당신에게 누군가의 외모를 깔 권리가 있다면, 그 대상은 분명 예수님이어야 할 것이다. 이사야는 예수님의 십자가를 언급하면서 그분의 외모가 "타인보다 상하였고 그의 모습이 사람들보다 상하였으므로" 많은 사람이 그를 보며 "놀랐다"고 증언한다(사 52:14). 사람들은 미(美)의 근원이신 하나님의 외모를 경멸했다.

예수님이 이러한 모습으로 이 땅에 오셨다니 이 얼마나 놀라운 겸손인가! 그러나 어떤 사람은 예수님께서 취하신 방식이 터무니없다고 생각한다.

"모든 사람이 자기에게로 나아오길 원하셨다면 자신의 아름다움을 극대화하셔야 하는 것 아닌가? 왜 찬란한 아름다움을 내던지고 볼품없는 모습으로 오셨는가? 사람들에게 매력을 어필하셔야지 왜 무관심을 당하신 것인가?"

이 질문에 대한 답은 간단하다. 예수님께서 우리의 진심을 원하시기 때문이다. 무한한 지혜 안에서 예수님은 우리의 진심을 이끌어 낼 최상의 방법을 선택하셨다. "우리가 보기에 흠모할 만한 아름다운 것이 없도다."

안타깝게도 사람들은 그분이 나타내 보이신 평범함 때문에 메시아라고 생각하지 못했다. 이스라엘은 슈퍼스타를 기다려 왔다. 훤칠한 키에 광채 나는 얼굴의 슈퍼스타! 그러나 예수님의 모습은 지극히 평범했다. 그래서 예수님이 메시아일 것이라는 소문만 듣고 그 앞에 나아왔던 사람 중 다수는 실망하고 돌아갔다(마 13:55-57).

"뭐? 저 사람이라고? 그냥 나사렛 출신의 평범한 목수잖아?"

"우리는 저 사람의 부모가 누군지 알아. 그의 가족들도 다 안다고! 우리랑 똑같거든. 그냥 평범한 사람이야. 정말 그를 메시아라고 생각하는 거야? 멍청하긴! 나사렛에서 선한 게 나오겠어?"

예수님의 부모는 그분이 하나님의 아들이라는 사실을 알고 있었다. 그렇다면 자식들에게 예수님이 그러한 분이라고 말해 주지 않았을까? 작은 힌트라도 주지 않았을까? 부모에게 큰형(큰 오빠)의 신성에 대해 듣고 자랐을 것이다. 형제들만이라도 예수님을 믿어야 했던 것 아닌가? 하지만 성경은 형제들조차 예수님이 하나님의 아들임을 믿지 않았다고 증언한다(요 7:5 참조). 형제들이 보기에도 예수님은 너무 평범하셨던 모양이다.

3절: 메시아는 경멸과 거절을 당하고 버림받았다

"그는 멸시를 받아 사람들에게 버림 받았으며 간고를 많이 겪었으며 질고를 아는 자라 마치 사람들이 그에게서 얼굴을 가리는 것 같이 멸시를 당하였고 우리도 그를 귀히 여기지 아니하였도다."

사람들은 예수님이 하신 말씀들을 비웃었다. 공개적으로 조롱하는 사람도 많았다. 바리새인들은 예수님에 대한 거짓 소문을 퍼뜨렸고, 사역 초기부터 예수님을 증오했던 종교 지도자들과 합세하여 죽이려고 모의까지 했다(마 26:3-4). 예수님은 멸시당하는 일에 익숙해지셨고, 그에 따른 슬픔과 외로움도 깊이 느끼셔야 했다.

예수님은 인간이 겪을 수 있는 가장 큰 외로움을 느끼셨을 것이다. 대중은 끊임없이 예수님을 오해했다. 최측근인 제자들조차 예수님의 말씀을 알아듣지 못했다. 얼마나 외로우셨을까?

둘 중 무엇이 더 예수님을 힘들게 했을까? 자신을 조롱하는 대중의 비난, 오해받는 데에 따르는 슬픔, 그것도 아니면 가장 친한 친구나 가족에게 거절당한 일. 친형제조차 예수님을 믿지 않았다. 3년 동안 모든 것을 공유했던 제자들은 어떤가? 예수님이 가장 힘들어하실 때, 그들은 예수님을 버리고 도망쳤다(요한은 예수님이 십자가에 달리신 현장까지 따라갔지만, 나머지 제자들은 죽임당할까 봐 두려워 도망쳤다. 마 26:56 참고).

이사야가 말한 그대로였다. 제자들조차 예수님에게서 얼굴을 돌렸다. 심지어 베드로는 예수님을 모른다고 세 번이나 부인했다(마 26:69-75). 그리고 유다, 그에게 재정을 맡기실 만큼 신뢰하셨건만, 그는 예수님을 배반했다. 700년 전 이사야가 전한 예언이 그대로 이루어졌다. 예수님은 미움받는 것이 무엇인지, 거절당하는 것이 무엇인지, 멸시받고 버림받는 것이 무엇인지 잘 아셨다. 예수님은 영광의 구세주이시지만, 그와 동시에 깊은 슬픔을 지닌 메시아셨다.

4절: 메시아는 우리의 슬픔을 짊어졌다

"그는 실로 우리의 질고를 지고 우리의 슬픔을 당하였거늘 우리는 생각하기를 그는 징벌을 받아 하나님께 맞으며 고난을 당한다 하였노라."

메시아는 "간고를 많이 겪었으며 질고를 아는 자"이다(3절). 이것이 그분의 사명이었다. 메시아는 인류의 슬픔과 질고를 짊어져야 했다. 예수님은 '인간으로 살아간다는 것'이 무슨 뜻인지 잘 아셨다. 슬픔과 질고를 직접 겪어 알고 계신(그 외 수많은 인간의 감정과 경험들도) 메시아는 우리가 슬픔을 안고 살아가지 않도록 몸소 우리의 슬픔을 담당하셨다. 마치 흠 없는 짐승이 제단 위에서 희생될 때 그 짐승에게 우리의 죄가 전가되는 것처럼 말이다.

베드로전서 2장 24절을 보자. "친히 나무에 달려 그 몸으로 우리 죄를 담당하셨으니 이는 우리로 죄에 대하여 죽고 의에 대하여 살게 하려 하심이라. 그가 채찍에 맞음으로 너희는 나음을 얻었나니." 바울은 이 내용을 좀 더 확장하여 설명했다. "하나님이 죄를 알지도 못하신 이를 우리를 대신하여 죄로 삼으신 것은 우리로 하여금 그 안에서 하나님의 의가 되게 하려 하심이라"(고후 5:21). 예수님은 죄도 없고 흠도 없으시다. 그런 분이 죄 덩어리가 되셨다. 죄로 인해 우리는 하나님과 분리되어 영원토록 슬픔과 아픔을 느껴야 했다. 그러나 예수님께서 우리의 죄 짐을 자기 몸에 채우셨다. 예수님이 죄 덩어리가 되어 우리 대신 하나님께 버림받으셨기 때문에 우리는 하나님의 의가 될 수 있었고, 다시금 하나님과 교제를 나눌 수 있게 되었다.

"우리는 생각하기를 그는 징벌을 받아 하나님께 맞으며 고난을 당한다 하였노라." 놀랍게도 예수님의 십자가 현장에 있던 사람들은, 자신도 모르게 이사야서 53장 4절의 후반부를 성취했다. 당시 로마 군인들, 유대의 지도자들, 한때 예수님을 추종했던 군중까지, 그들 모두가 한마음으로 예수님을 조롱한 것이다. 그들 대다수는 "네가 하나님의 아들이라면 스스로를 구원하라"며 무례함도 서슴지 않았다. 예수님을 조롱했던 그들 모두가 "그는 하나님께 벌을 받는다"고 말했다.

그들의 가정은 논리적이었다. 토라에 의하면, '나무에 달린 자는 하나님께 저주받은 자'이기 때문이다(신 21:23). 예수님께서 "나의 하나님, 나의 하나님, 어찌하여 나를 버리셨나이까?"(마 27:46)라고 외쳤을 때, 군중의 믿음은 더욱 확고해졌다. "그렇지! 예수는 메시아일 수 없어. 하나님께 버림받았잖아."

하지만 예슈아 하-마쉬아흐께서는 자신의 죄로 인해 하나님께 버림받은 것이 아니라, 그들이 받아야 할 하나님의 심판을 대신 받으신 것이었다. 안타깝게도 거기 모인 사람 중 이 사실을 아는 이는 한 명도 없었다.

훗날 바울이 말했다. "그리스도께서 우리를 위하여 저주를 받은 바 되사 율법의 저주에서 우리를 속량하셨으니 기록된 바 나무에 달린 자마다 저주 아래에 있는 자라 하였음이라"(갈 3:13). 예수님은 우리가 저주를 당하지 않도록 우리가 받아야 할 저주를 자기 몸에 채우신 것이다.

어쩌면 우리는 예수님의 이름을 지녔다는 이유로 약간의 고통을 당할 수도 있다. 유대인인 내가 예수님을 따르겠다고 결심했을 때 사람들이 나를 조롱하기 시작했다. 유대인 친구들은 나를 배교자라고 불렀다. 심지어는 내가 '거짓 메시아'를 따르기 때문에 하나님으로부터 저주받을 것이라고까지 말했다.

나는 이러한 공격을 어느 정도 예상했다. 모든 성도가 믿음 때문에 박해받을 것을 예상하는 것과 마찬가지이다. 예수님께서는 "내 이름 때문에 너희가 고난을 당할 것"이라고 말씀하셨다. 억울한 누명을 쓰고 죄인 취급을 당하여 채찍 맞고 예루살렘성 밖으로 끌려가 십자가에 못박히신 예수님처럼, 그분을 따르는 사람들 역시 쫓겨나는 고난을 겪을 것이다. "그러므로 예수도 자기 피로써 백성을 거룩하게 하려고 성문 밖에서 고난을 받으셨느니라. 그런즉 우리도 그의 치욕을 짊어지고 영문 밖으로 그에게 나아가자"(히 13:12-13).

예수님을 따르기 원하는가? 그분과 함께 고난당할 것을 예상하라. 그리고 기꺼이 고난을 겪어라! "참으면 또한 함께 왕 노릇 할 것이요 우리가 주를 부인하면 주도 우리를 부인하실 것이라"(딤후 2:12). 이러한 이유로 예수님께서 말씀하셨다. "나로 말미암아 너희를 욕하고 박해하고 거짓으로 너희를 거슬러 모든 악한 말을 할 때에는 너희에게 복이 있나니"(마 5:11). 예수님과 함께 고난을 겪으면 우리는 예수님의 동반자가 된다. 우리가 그분의 동반자가 되는 것이야말로 예수님께서 가장 바라시는 일이며, 그분이 우리의 슬픔을 짊어지신 근본 이유이기도 하다.

5절: 메시아는 우리의 죄로 인해 상처를 입었다

"그가 찔림은 우리의 허물 때문이요, 그가 상함은 우리의 죄악 때문이라. 그가 징계를 받으므로 우리는 평화를 누리고 그가 채찍에 맞으므로 우리는 나음을 받았도다."

멜 깁슨의 영화 〈패션 오브 크라이스트〉를 보았는가? 그렇다면 예수님이 감내하신 육체의 고통을 잘 알 수 있을 것이다. 나는 영화에 묘사된 폭력적인 장면들을 지지하지 않는다. 하지만 그 영화는 우리가 알 수 없는 부분을(예수님의 육체적 수난) 잘 설명해 주었다. 그래서 예수님이 감내하신 고통을 어느 정도는 이해할 수 있다.

예수님이 채찍 맞으시는 장면에서 여러 갈래의 가죽끈 끝에 달린 뾰족한 쇳조각이 그분의 몸을 찢었다. 예수님의 옆구리에서 살점이 떨어져 나가는 장면은 결코 잊을 수 없다. 그렇게 우리는 '시각화'된 예수님의 고난을 마음에 새긴다. 반면 이사야 선지자는 예수님이 겪으신 육체의 고난을 담담한 어조로 표현했다. "그가 찔림은 우리의 허물 때문이요, 그가 상함은 우리의 죄악 때문이라." 로마 군인들이 예수님께 가한 고문은 끔찍하기가 이루 말할 수 없을 정도이다. 하지만 나는 그날 예수님이 가장 아파하신 것이 '과연 육체의 고난이었을까?'를 생각해 본다.

예수님이 느끼신 더 큰 아픔은 따로 있을 것이다. 그분이, 죄 없으신 하나님의 아들이 죄 덩어리가 되셨다는 것 아니겠는가? 예수님은 문자 그대로 우리의 허물 때문에 찔리셨다(5절). 예수님의 몸뿐 아니라 그분의 흠 없는 심령 역시 죄로 인해 깊이 찔렸다. 온 세상 죄의 무게가 짓누른 것이다. 이것은 예수님께 전례 없던 충격이었을 것이다. 죄도 없고 흠도 없는 분으로서는 도무지 상상할 수 없는 더러움을 입게 되신 것이다.

당신이 생각할 수 있는 가장 큰 악을 떠올려 보라. 인류 역사상 가장 끔찍한 살인 사건을 떠올려도 좋다. 그 악의 크기를 수천 배로 증폭시킬지라도 그날 예수님이 겪었던 '더럽힘'에 비하면 그저 수박 겉핥기밖에는 안 된다. 다음 구절을 읽어 보라. "여호와께서는 우리 모두의 죄악을 그에게 담당시키셨도다"(6절). 예수님은 단지 이 세상의 아픔을 담당하신 것이 아니라, 이 세상 모든 영혼을 지옥 구덩이로 던져 넣고도 남을 만한 '죄의 무게'를 자기 몸에 채우신 것이다.

그렇게 예수님은 '죄'가 되셨다. 그리고 성부 하나님께서는 죄 덩어리가 된 아들을 죽이셔야 했다. 거룩하신 하나님은 잠깐이긴 하지만, 아들에게서 고개를 돌리셔야 했다. 존재 자체가 죄가 되어 버린 아들을 버리실 수밖에 없었다. 그래서 예수님이 이같이 울부짖으신 것이다. "어찌하여 나를 버리셨나이까?"(마 27:46) 아버지와의 단절은 몸에 입은 상처보다 훨씬 더 쓰라리고 아팠다.

예수님의 고통을 유창한 신학 언어로 논하지 마라. 예수님은 순전히 나와 당신을 위해 상처를 입으셨다. 우리의 죄가 그분의 심령에 상상할 수 없을 고통을 안겼다.

5절: 메시아는 채찍에 맞음으로 우리를 고쳤다

"그가 찔림은 우리의 허물 때문이요, 그가 상함은 우리의 죄악 때문이라. 그가 징계를 받으므로 우리는 평화를 누리고 그가 채찍에 맞으므로 우리는 나음을 받았도다."

메시아 예언 중 이사야가 언급한 채찍은 예수님이 십자가를 지셨던 날에 완벽하게 성취되었다. 십자가에 못박히기 직전, 예수님은 채찍을 맞으셨다. 십자가를 둘러싼 수많은 세부 예언을 성취하시려고 예수님께서 채찍 고난까지 당하셨다는 사실은 아무리 생각해 봐도 놀랍다.

그날 예수님은 로마 군인에게 총 몇 대의 채찍을 맞으셨는지는 알 수 없다. 그러나 당시 그들이 사용한 채찍이 어떤 형태였고 또 얼마나 끔찍한 처벌 도구였는지는 알 수 있다. 로마 제국은 죄인을 죽이지는 않고, 거의 죽음에 이르게 할 잔인한 처벌 방법을 고안했는데 그것이 바로 채찍이었다.

이사야는 예수님이 당하신 채찍 고난 때문에 우리가 나음을 입었다고 말했다. 어떻게 이런 일이 가능한가? 우리는 율법의 완성이신 예수님 안에서 답을 찾아야 한다. 기억하라. 율법에 따른 희생 제물의 피는 이스라엘의 죄를 속했다. 이와 마찬가지로 예수님의 보혈이 우리의 죄를 속한다. 그런데 짐승의 피는 이스라엘의 죄를 '가리는' 정도였다. 그렇다면 하나님의 아들이 흘리신 피는 어떻겠는가? 그 피가 우리에게 어떠한 치유를 가져다주겠는가? 완벽한 치유이다.

공생애 기간 중 초자연적 치유는 예수님의 사역 핵심이었다. 어디를 가시든 예수님은 사람들을 치유하셨고 세상은 전에 볼 수 없었던 기적들을 목격했다.

채찍 맞은 상처에서 흘러나오는 피로 인해 사람들은 지금까지 치유를 받는다. 그것은 영과 혼과 생각과 몸을 포함한 전인적 치유이다. 우리는 치유 하면 육체의 치유를 떠올린다. 그러나 예수님께서 공생애를 시작하신 후, 회당에 들어가 낭독한 이사야서 61장은 전인적인 치유를 언급한다. "주 여호와의 영이 내게 내리셨으니…나를 보내사 마음이 상한 자를 고치며"

(1절). 사역 초기부터 예수님은 마음(상한 감정)의 치유에 대해 말씀하셨다.

우리 인생의 아픔 중 예수님께서 치유하지 못할 상처가 없다는 사실이 놀랍지 않은가? 배우자가 당신에게 폭력을 가하든, 학교 친구가 당신을 '왕따'시키든, 교회 지도자가 당신을 배신하든, 심지어 부모님이 당신을 사랑해 주지 않든, 당신이 겪은 상처가 무엇이든 예수님은 당신을 회복시켜 주실 수 있다. 그분이 채찍에 맞음으로 우리는 온갖 종류의 상처에서 치유받는다(감정, 육체, 영혼의 상처에서 회복된다). 흔히들 시간이 상처를 치유해 준다고 말하는데 틀렸다. 예수님이 상처를 치유해 주신다. 오직 예수님으로 인해 우리는 온전하게 된다.

7절: 메시아는 자신을 변호하지(자기 방어) 않았다

"그가 곤욕을 당하여 괴로울 때에도 그의 입을 열지 아니하였음이여, 마치 도수장으로 끌려가는 어린 양과 털 깎는 자 앞에서 잠잠한 양 같이 그의 입을 열지 아니하였도다."

이사야는 메시아가 불공정과(압제) 큰 고통을(위협) 당할 것이라고 예언했다. 그는 메시아를 도수장으로 끌려가는 어린양에 비유했다. 그런데 이 구절에서 이사야는 그가 극심한 반대와 공격을 당하고도 침묵할 것임을 '두 번'이나 언급했다.

이사야가 이 글을 기록한 후 700년이 지났을 무렵 그의 예언이 그대로 성취되었다. 십자가에 못박히기 위해 여러 과정을 거쳐 골고다로 발걸음을 옮기시는 내내 예수님은 침묵하셨다. 십자가형을 언도받은 죄수들은 큰 소리로 변명하며 저마다 억울함을 호소했으나, 예수님은 침묵하셨다. 마가의 기록을 보자. "대제사장들이 여러 가지로 고발하는지라. 빌라도가 또 물어 이르되 아무 대답도 없느냐? 그들이 얼마나 많은 것으로 너를 고발하는가 보라 하되, 예수께서 다시 아무 말씀으로도 대답하지 아니하시니 빌라도가 놀랍게 여기더라"(막 15:3-5).

예수님은 자신을 변호하실 수 있었다. 그럴 만한 자격이 충분하셨다. 이 세상에서 가장 불공정한 처사를 당하셨으므로 형 집행에 이의를 제기하시는 것이 맞다. 그러나 예수님은 침묵하셨다. 수많은 욕설과 중상, 사악한 거짓 증언이 난무하는 중에도 예수님은 침묵하셨다. 자신을 변호하지 않으셨다. 어린아이도 종교 지도자들의 주장에 근거가 없고, 그들의 고소 내용이 비이성적이라는 사실을 알 수 있는데, 왜 예수님은 침묵하셨을까? 예수님께서 권능의 말씀 한마디만 하시면 참소자들은 벙어리가 되었을 텐데, 예수님은 왜 침묵하셨을까?

예수님은 자신을 변호하실 수 있었다. 또 참소자들을 벙어리로 만드실 수도 있었다. 그런데 그것은 예수님이 십자가에 오르시기까지 직면하셨던 유혹의 일부분이었다. 예수님은 언제든 말씀 한마디로 천군천사를 동원하여 자신을 구원하실 수 있었다. 사실이다. 하나님이신 예수님은 단 한마디로 거짓 증인들의 무논리와 거짓말을 잠재우고 악령의 속임을 내뱉는 참소자들의 입을 닫을 수 있었다. 이 역시 사실이다.

그러나 예수님은 하지 않으셨다. 죽음에 이르는 과정 내내 평정심을 유지하셨다는 뜻이다. 예수님은 모든 것을 이기신 승리자이다. 그분이 거두신 가장 큰 승리는 십자가에 오르기까지 단 한마디도 하지 않으신 침묵이었다. 침묵이 예수님의 초자연적 승리였다.

예수님은 거짓말의 영에 사로잡힌 사람들과 대화하기를 거부하셨다. 예수님은 이들과의 논쟁에 조금의 시간도 허비하실 수 없었다. 그분에게는 위대한 사명이 있었기 때문이다. 바로 세상을 구원하는 일이다. 이를 위해 십자가의 고난을 겪고 인내해야 한다는 것을 주님은 잘 알고 계셨다.

9절: 메시아는 부유한 사람의 무덤에 묻혔다

"그는 강포를 행하지 아니하였고 그의 입에 거짓이 없었으나 그의 무덤이 악인들과 함께 있었으며 그가 죽은 후에 부자와 함께 있었도다."

이사야서 53장의 예언 중 일부는 신학적인 성격을 띠고 있다. 예를 들어, "그가 우리의 질고를 담당한다"는 예언이나 "우리의 죄를 위해 상처를 입었다"는 내용 등이 그렇다. 하지만 메시아가 악인들과 함께 죽었고, 부자와 함께 매장되었다는 9절의 예언은 그야말로 일상적이다. 예슈아 하마쉬아흐는 아주 디테일하게 이 예언을 성취하셨다.

첫째, 예수님은 두 명의 죄인과 함께 십자가에 달리셨다. 흠 없는 분이셨고, 빌라도마저 예수님을 의로운 사람(마 27:24)으로 여기며 "이 사람에게 죄가 없도다"라고 선언했지만(눅 23:4), 예수님은 마치 노약자를 무참히 살해한 살인마처럼 취급당하셨다. 종교 지도자들은 범죄자보다 예수님을 더욱 혐오했고 결국 그분을 죽이는 데 성공했다. 그렇게 예수님은 악인들과 함께 죽임을 당하셨다. 이사야가 예언한 것처럼 "그의 무덤이 악인들과 함께" 있었다.

둘째, 이사야는 메시아가 "죽은 후"에는 "부자와 함께 있었다"고 예언했다. 예슈아의 시신은 아리마대 사람 요셉의 무덤에 매장되었다. 요셉은 부자였다(사 53:9). 마태는 이 예언이 정확하게 성취되었음을 다음과 같이 기술했다.

저물었을 때에 아리마대의 부자 요셉이라 하는 사람이 왔으니 그도 예수의 제자

라. 빌라도에게 가서 예수의 시체를 달라 하니 이에 빌라도가 내주라 명령하거늘 요셉이 시체를 가져다가 깨끗한 세마포로 싸서 바위 속에 판 자기 새 무덤에 넣어 두고 큰 돌을 굴려 무덤 문에 놓고 가니(마 27:57-60).

당시 빌라도가 예수의 시신을 요셉에게 내어 주도록 허락한 일은 기적과도 같았다. 유대인과 관련된 일에 로마 총독이 이같이 개입하는 것은 극히 이례적이다. 그리고 성경은 요셉이 "자신의 새 무덤"에 예수님의 시신을 안치했다고 말한다. 도대체 누가 자기 소유의 무덤을 다른 사람에게 내어 주겠는가? 나는 이 모든 과정에 하나님이 개입하셨다고 믿는다. 게다가 이것은 예수님이 메시아라는 증거이기도 하다.

11절: 메시아는 수많은 사람을 의롭게 한다

"그가 자기 영혼의 수고한 것을 보고 만족하게 여길 것이라. 나의 의로운 종이 자기 지식으로 많은 사람을 의롭게 하며 또 그들의 죄악을 친히 담당하리로다."

"그(하나님)가 그의(메시아의) 영혼의 수고한 것을 보고 만족하게 여길 것이라"는 문장은 얼핏 사디즘(가학)처럼 들린다. (한글 성경은 앞의 'He'(그)와 뒤의 'his'(자기)를 동일 인물에 대한 대명사로 처리했다. 그러나 이 책의 저자는 앞의 'He'(그)를 성부 하나님으로, 뒤의 'his'(그의)를 성자 예수님으로 처리했다. – 역자 주) 물론 성부 하나님은 아들의 수난을 즐기지 않으셨다. 그렇다면 이사야의 이 예언은 무엇을 말한 것인가? 핵심은 '의롭게 하며(justify)'라는 표현에 있다.

11절은 예슈아 하마쉬아흐의 대속적 죽음을 이야기하고 있다. 이 문장이 담고 있는 진의는 이렇게 설명할 수 있다.

그 옛날 에덴동산에서 하나님이 추구하신 목적은 아담과 하와가 동거하는 것이었다. 진정한 관계와 교제라고 할까? 이것이 하나님의 목적이다. 하나님은 그들과 동행하기 원하셨다.

출애굽한 백성을 향한 하나님의 목적 역시 에덴동산에서의 목적과 동일했다. 율법의 시대 사사들과 왕들과 선지자들을 중재자로 세워 백성에게 말씀하셨던 때도, 하나님은 백성과 교제하기 원하셨다.

앞에서 우리는 죄인이 깨끗함을 받으려면, 그가 당할 죽음과 흠 없는 제물의 죽음을 맞바꿔야 한다고 배웠다. 이것이 율법의 규정이다. 공의의 하나님도 자신이 세우신 이 법을 깨뜨리지 않으신다. 불의한 백성을 회복하기 위해 하나님은 의로운 존재의 죽음을 준비하신 것이다. 바로 아들 예수의 죽음을…….

율법은 예수님께 큰 희생을 요구했다. 엄밀히 말하면, 이것은 성부 하나님께서 치러야 할 대가이기도 했다. 아버지가 아들을 손수 죽이셔야 했기 때문이다. 예수님이 인류의 모든 불의를 자기 몸에 채워 넣으시는 동안 성부 하나님께서는 아들을 외면하셨다. 그렇게 예수님은 온 세상의 '죄'가 되셨다(사 53:11).

이제 하나님께서 예수님의 영혼의 수고를 '만족하게' 여기셨다는 11절의 의미를 이해하겠는가? 하나님이 아들의 수난을 보며 즐기셨다는 뜻이 아니다. 그와 정반대이다. '만족하다'는 죄수가 형기를 다 마칠 경우, 재판장이 선언하는 법정 용어이다. "형량을 다 채웠다. 만족했다!" 또는 채무자가 빚을 다 갚았을 때 채권자가 선언하는 말이기도 하다. "너는 빚을 다 갚았다. 만족했다!" 만족, 이것은 예수님이 십자가에서 완성하신 일이었다.

예수님의 '만족스런' 수고를 통해 하나님께서는 모든 믿는 사람을 의롭게 하셨다(의롭다고 판결하셨다). 바울은 로마의 성도들에게 서신을 보내어 이 놀라운 말씀을 전했다.

우리가 아직 연약할 때에 기약대로 그리스도께서 경건하지 않은 자를 위하여 죽으셨도다. 의인을 위하여 죽는 자가 쉽지 않고 선인을 위하여 용감히 죽는 자가 혹 있거니와 우리가 아직 죄인 되었을 때에 그리스도께서 우리를 위하여 죽으심으로 하나님께서 우리에 대한 자기의 사랑을 확증하셨느니라. 그러면 이제 우리가 그의 피로 말미암아 의롭다 하심을 받았으니 더욱 그로 말미암아 진노하심에서 구원을 받을 것이니 곧 우리가 원수 되었을 때에 그의 아들의 죽으심으로 말미암아 하나님과 화목하게 되었은즉 화목하게 된 자로서는 더욱 그의 살아나심으로 말미암아 구원을 받을 것이니라. 그뿐 아니라 이제 우리로 화목하게 하신 우리 주 예수 그리스도로 말미암아 하나님 안에서 또한 즐거워하느니라(롬 5:6-11).

12절: 메시아는 죄인들을 위해 중보했다

"그러므로 내가 그에게 존귀한 자와 함께 몫을 받게 하며 강한 자와 함께 탈취한 것을 나누게 하리니 이는 그가 자기 영혼을 버려 사망에 이르게 하며 범죄자 중 하나로 헤아림을 받았음이니라. 그러나 그가 많은 사람의 죄를 담당하며 범죄자를 위하여 **기도(중보)**하였느니라."(한글 성경에 '기도'라고 번역된 이 단어의 히브리 원어는 '파가'이다. 동일한 단어가 이사야서 59장 16절에도 사용되었는데 여기에서는 '중재자'로 번역되었다. "사람이 없음을 보시며 중재자가 없음을 이상히 여기셨으므로 자기 팔로 스스로 구원을 베푸시며"(사 59:16). 이 책의 저자는 이 단어를 '기도'가 아닌 '중보(intercession)'로 이해했다. - 역자 주)

교회 안에서 칭의나 화목 같은 단어가 너무 자주 사용되기 때문에 종종 그 의미가 퇴색되곤 한다. '중보'라는 말도 마찬가지이다. 더욱 안타까운 것은 오늘날 많은 교회 안에서 '중보'라는 단어가 '기도의 용사들'을 지칭하는 말로 변질되었다는 것이다.

우리는 중보하면, '중보 기도'부터 떠올린다. 그러나 중보는 기도의 한 종류가 아니다. 중보는 '상태'를 말하는 용어로 교회뿐 아니라 일상에서도 사용할 수 있는 말이다. 변호사는 판사 앞에서 자신의 의뢰인을 중보한다. 협상가들은 기업들을 중보하여 거래를 성사시킨다. 이 구절에서 이사야는 메시아가 범죄자를 위하여 중보하셨다고 말했다. 그분은 기름 부음 받은 자로서, 중재자 자격으로 완벽하신 하나님과 죄로 인해 심판받을 인간 사이에 서셨다. 즉 하나님과 인간 사이를 중보(중재)하신 것이다(사 53:12).

예수님은 우리를 위해 죄 덩어리가 되셔서 우리가 받아야 할 완벽한 형벌(죽음)을 받으셨다. 이때 예수님께서 행하신 일을 가리켜 '중보'라고 한다. 흠이 없는(무죄의) 예수님은 우리를(유죄의) 위해 형벌을 받았고, 죄인인 우리는 구원을 얻었다. 이제 예수님이 우리의 중보자이심을 알겠는가? 예수님은 우리를 대표하여 성부 하나님 앞에 서셨다. 십자가에 달려 완벽한 형벌을 당하심으로 우리를 중보하신 것이다. 하나님께 외면당할 때도 예수님은 우리를 중보하셨다. "아버지 저들을 사하여 주옵소서. 자기들이 하는 것을 알지 못함이니이다"(눅 23:34).

이 말씀의 영향은 현장에 모인 로마 군인들, 유대 종교 지도자들, 그를 조롱하는 군중에게만 임한 것이 아니었다. "저들을 사하여 주옵소서"라는 예수님의 말씀은 너무나 강력하여 2천 년이 지난 오늘까지 우리에게 와서 닿는다. 예수님의 용서는 오늘 우리가 범하는 모든 죄를 덮는다. 그분의 보혈은 지금도 성도들의 죄를 씻는다. 영원히! 이 얼마나 놀라운 능력인가!

하나님 우편에 앉으신(롬 8:34) 예수님은 오늘도 우리를 위해 중보하신다. 예수님이 우리를 위해(하나님께서 우리를 용서해 주시길) 날마다 기도하신다는 뜻이 아니다. 이 말은 예수님이 하나님 앞에서 우리의 중재자 역할을 하신다는 뜻이다. 그러므로 예수님께서 성부 하나님 앞에 서신다는 말은, 곧 우리가 하나님께 항상 환영받는다는 뜻이다. 그렇게 예수님은 우리를 위해 중보하신다.

이사야를 설명하다

나는 이사야서 53장을 읽을 때마다 깊은 경외감을 느낀다. 우리의 눈이 열려 예수님이 어떤 분인지 올바르게 볼 수 있다면, 그리고 예수님이 어떻게 메시아 예언을 다 이루셨는지 알게 된다면, 53장은 우리의 인생을 송두리째 변화시키는 성경 본문으로 자리매김할 것이다.

실제로 광야를 지나던 어떤 외국인이 53장을 읽던 중에 영안이 열린 일이 있었다. 그의 이야기가 사도행전 8장에 기록되어 있다.

에티오피아의 환관이 마차를 타고 예루살렘에서 가사로 내려가고 있었다. 당시 그는 이사야의 글을(구체적으로는 53장 7-8절을) 읽고 있었는데, 그 구절이 누구에 대한 묘사인지 몰라서 한참 동안 어리둥절해 했다. 그런데 이 일이 있기 전, 하나님의 사자가 빌립에게 "가사로 내려가는 길까지 가라"고 말씀하셨다. 그는 이 말씀에 순종하여 그리로 내려갔는데, 거기서 자기 앞을 지나는 에티오피아의 환관을 보게 되었다. 이때 성령께서 빌립에게 "그 수레로 가까이 나아가라"고 명령하셨다(행 8:29).

빌립이 달려가서 선지자 이사야의 글 읽는 것을 듣고 말하되 "읽는 것을 깨닫느냐?" 대답하되 "지도해 주는 사람이 없으니 어찌 깨달을 수 있느냐?" 하고 빌립을

청하여 "수레에 올라 같이 앉으라" 하니라(행 8:30-31).

에티오피아의 환관은 해당 구절을 한 번 더 읽은 후에 빌립에게 몸을 돌려 물었다. "청컨대 내가 묻노니, 선지자가 이 말한 것이 누구를 가리킴이냐? 자기를 가리킴이냐, 타인을 가리킴이냐?"(행 8:34) 빌립은 해당 구절을 바탕으로 그에게 예수님을 소개했다.

환관의 눈이 열려 이사야의 글에 기록된 '그'가 예슈아 하-마쉬아흐임을 인지하기까지는 그리 오래 걸리지 않았다. 하나님께서 성경을 얼마나 촘촘하게 엮어 놓으셨는지! 나는 누구나 이와 동일한 경험을 할 것으로 생각한다.

그러나 안타깝게도 우리는 구약과 신약을 별개의 책으로 여긴다. 기억하라. 하나님은 그런 식으로 성경을 엮지 않으셨다. 구약과 신약은 하나의 이야기이다. 타나크(구약)가 예수님을 통해 성취되었다는 사실을 이해할수록 당신은 브릿 하다샤(신약)와 타나크의 연계성을 보다 더 많이 깨닫게 될 것이다. 쉽게 말해, 신약은 구약(율법과 선지서)을 통해 하나님이 세우신 것들의 연속이다.

빌립은 구약 성경을 성취하신 신약의 예수님을 설명했다. 이에 그 환관은 '믿음의 행위'로 반응했다.

길 가다가 물 있는 곳에 이르러 그 내시가 말하되 "보라, 물이 있으니 내가 세례를 받음에 무슨 거리낌이 있느냐?" 이에 명하여 수레를 멈추고 빌립과 내시가 둘 다 물에 내려가 빌립이 세례를 베풀고 둘이 물에서 올라올 새 주의 영이 빌립을 이끌어간지라. 내시는 기쁘게 길을 가므로 그를 다시 보지 못하니라(행 8:36-39).

이사야서 53장에 기록된 예수의 계시가 한 사람의 삶을 송두리째 변화시킨 완벽한 예이다. 에티오피아의 환관이 53장을 읽다가 예수님을 믿게 된 첫 번째 사람인지는 알 수 없지만, 그가 마지막 사람이 아니라는 것만큼은 확신할 수 있다. 나는 53장을 통해 예수님을 믿게 된 사람들을(유대인도 있고 이방인도 있다) 많이 알고 있다.

예수님은 구약에 기록된 모든 것의 진정한 성취이시다. 구약의 핵심 메시아 예언 중 한 부분만 살펴보았는데도 그 영향은 실로 막대하다. 삶이 변화될 정도이다.

주

1. 험버, "구약에 기록된 400개의 그리스도 관련 예언 400 Prophecies of Christ in the Old Testament" 엘더쉬림, 메시아 예수의 생애와 시간 The Life and Times of Jesus the Messih
2. C. G. 몽테피오르, H. 로우 편집, 《랍비의 명문집 A Rabbinic Anthology》, 뉴욕: Schocken Books, 1974. p. 544.
3. 니산 데이비드 두보프, "유대인들은 모쉬아흐(메쉬아흐)를 어떤 존재로 생각하는가? What Is the Jewish Belief About Moshiach(Messiah)?" Chabad.org, 2018. 5. 24 접속, https://www.chabad.org/libraray/article_cdo/aid/108400/jewish/The-End-of-Days.htm.

14장
결론

The LION of JUDAH

　이 책에서 우리는 유대교와 기독교의 '분리'에 대해 이야기했다. 이 둘의 결별을 유도한 역사적 배경, 신학적 배경도 살펴보았다. 기독교가 세계 제1의 종교로 부상하면서 점점 유대적 근간을 잃어버렸다는 사실과 그 영향에 대해서도 이야기했다. 지금쯤이면 독자들은 유대교와 기독교의 분리가 결코 하나님의 뜻이 아니라는 사실을 이해할 수 있을 것이다.
　예수님은 유대 율법을 폐하기 위해서가 아니라 완성하기 위해 오셨다. 그러나 예수님이 오신 이후 지금까지, 유대인들은 그분을 메시아로 인정하지도 않고 자신들이 소중히 여기는 모든 성경을 예수님께서 다 이루셨다는 사실도 깨닫지 못한다.
　중요한 사실이 있다. 예수님은 우리의 최종 목적지일 뿐만 아니라, 존재의 이유이시다. 유대교의 여정은 시작 단계에서부터 예수님에 의해 완성되도록 고안되었다. 이 사실을 깨닫지 못하면 유대인은 계속해서 좌절할 수밖에 없다. 기억하라. 예수님은 성경적 유대교를 폐하러 오신 것이 아니라 완성하러 오셨다.
　기독교는 어떤가? 그리스도인의 뿌리 깊은 반유대주의와 비성경적 신학 때문에 오늘날 많은 교회가 유대인의 역사를 '청산할 잔재' 정도로 치부하고 제거해 버렸다. 일면 기독교는 최종 목적지에(그리스도) 도착한 비행기와 같다. 그러나 그 비행기가 어디에서 출발했는지를 잊었다. 나는 예수님이 유대인이라는 사실을 잊은 채 '기독교화'된 예수님만 알고 있는 성도들을 수없이 만났다. 유대 뿌리를 근간으로 한 신앙에는 분명 캐내어야 할 보물이 많은데, 그리스도인들은 그 보물들을 찾으려 하지 않는다.

이 책을 선택한 당신은 어쩌면 그러한 그리스도인이 아닐 수도 있다. 물론 이 책을 통해 그동안 알지 못했던 새로운 사실을 깨달을 수도 있고, 기존의 구약 성경 지식에 무언가를 더하는 정도의 도움만을 얻었을 수도 있다(어쨌든 이 책을 통해 주님께서 주시는 새로운 계시에 눈뜨기를 소망한다). 구약 성경을 깊게 연구하는 동안, 구약 성경이 신약 성경과 깔끔하게 재봉선조차 없이 연결된다는 사실을 깨닫는 동안 당신은 예수님의 약속대로 "옛 보물과 새 보물을" 얻게 될 것이다(마 13:52 참고).

관계를 맺도록 창조되다

지금 우리는 타나크의 옛 예언 중 일부가 여전히 실현되고 있는 아주 흥미로운 시대를 살고 있다. 한 세기 전만 해도 전 세계 곳곳에 흩어진 수백만의 유대인이 '알리야'(옛날에는 성지로 올라가는 것을 의미했는데, 오늘날에는 다른 나라에 사는 유대인들이 이스라엘로 이주하는 것을 의미한다. -역자 주)를 이루며 거룩한 땅으로 돌아오게 될 줄은 꿈에도 몰랐다. 1948년 5월 14일, 이스라엘은 하루 만에 태어났다. 이스라엘 나라가 회복된 것은 그 자체로 기적이며 이사야 예언의 성취였다. "이러한 일을 들은 자가 누구이며 이러한 일을 본 자가 누구이냐? 나라가 어찌 하루에 생기겠으며 민족이 어찌 한순간에 태어나겠느냐? 그러나 시온은 진통하는 즉시 그 아들을 순산하였도다"(사 66:8). 지금도 구약의 예언들은 계속 이루어지고 있다. 그리고 이미 성취된 예언에서 우리는 새로운 깨달음을 얻고 있다.

그러나 아무리 많은 예언이 이루어지고 아무리 많은 깨달음을 얻는다고 해도, 달라지지 않는 한 가지가 있다. 유대교인과 그리스도인을 향한 하나님의 뜻은 변함이 없다는 사실이다. 하나님은 그분의 백성이 하나님과 함께 살아가기를 바라신다. '그리스도인'이나 '유대교인'이라는 사회적 정체성을 드러낼 때만 하나님의 이름을 들먹이는 그런 백성 말고, 하나님은 헌신한 제자, 헌신한 백성을 원하신다(표면적 유대인과 표면적 그리스도인은 질리도록 겪으셨을 것이다). 유대교인은 말할 것도 없고, 안타깝게도 오늘날 자칭 그리스도인이라는 사람 중 수많은 이들이 성경에 제시된 제자의 삶과 크게 동떨어진 명목상의 신앙생활을 하고 있다.

요한계시록 3장 20절을 읽어 보라. "볼지어다! 내가 문 밖에 서서 두드리노니 누구든지 내 음성을 듣고 문을 열면 내가 그에게로 들어가 그와 더불어 먹고 그는 나와 더불어 먹으리라"(계 3:20). 예수님은 우리가 마음 문을 열기를 바라신다. 예수님은 우리의 삶으로 들어오셔서 '주'와 '왕'으로 다스리길 원하신다. 우리가 문을 열면 약속대로 예수님이 들어오실 것이다. 우리 삶의 주인으로 내주하며 우리가 바라는 놀라운 생명을 선사하실 것이다.

우리는 하나님과 관계 맺도록 지음받았다. 애초부터 성령께서 내주하실 거처로 창조된 것이다. 예수님께서 승천하시며 성령의 내주하심을 약속하셨다. 성령께서는 우리를 '모든 진리'로 인도하실 것이다. 이는 예수님에 관한 정보 차원에서의 진리를 말하는 것이 아니다. 성령님은 존재 자체가 진리이신 예수님께로 우리를 인도하실 것이다. 성령께서 우리를 참 진리로 인도하실 때, 하나님을 더욱 명확히 알게 되고, 또 하나님 안에서 우리가 어떤 존재인지를 알게 될 것이다.

우리는 오직 이 관계에서만 참 만족을 얻을 수 있다. 어쩌면 당신의 경력을 통해서 성공이나 돈, 명예, 혹은 '절대 만족' 같은 것을 추구할는지도 모르겠다. 그러나 이런 것들은 우리가 지닌 창조 본연의 목적을 절대 충족시키지 못한다. 예수님은 오직 자신만이 참된 만족이며 참 생명임을 말씀하셨다. "내가 길이요, 진리요, 생명이니"(요 14:6 참고). 그리고 영원한 생명이 무엇인지 설명하셨다. "영생은 곧 유일하신 참 하나님과 그가 보내신 자 예수 그리스도를 아는 것이니이다"(요 17:3).

물론 예수님을 안다고 해서 항상 행복감을 느끼게 된다는 뜻은 아니다. 사실 나는 한밤중에 어두컴컴한 적진을 향해 돌진하는 느낌을 받곤 한다. 우리의 인생은 전쟁이다. 하나님은 우리가 그분의 자녀로 성숙하는 데 고난과 역경이 필요하다는 것을 아신다. 그러나 전쟁 같은 역경 속에서도 하나님과 교제를 나누며 그분의 뜻을 받아들인다면, 우리는 그 안에서 내가 어떠한 존재인지를 깨닫고 평안을 누리게 된다.

아직 예수님을 알지 못하거나, 그분을 삶의 주인으로 고백한 적이 없다면 지금 예수님을 영접하길 권면한다. 이 책을 덮고 예수님과 진솔하게 대화하라. 당신의 마음을 주님께 쏟아 놓으라. 어떤 의문이 있든, 어떤 두려움이 있든, 어떤 갈등과 상처가 있든, 주님께서 다루어 주실 것이다. 당신의 삶을 주님께 내어 드려라. 당신이 상상하는 것보다 훨씬 더 깊이 사랑하시고 당신의 모든 것을 보살피시는 그분께 삶을 맡겨 드려라. 다음은 예수님을 영접하는 기도문이다. 이대로 기도해도 좋고, 당신의 언어로 이와 비슷한 내용의 기도해도 좋다.

예수님, 저를 사랑해 주셔서 감사합니다. 이 땅에 오셔서 저의 죄를 위해 십자가에 달려 죽으신 주님 감사합니다. 주님과 친밀한 관계를 맺도록 길을 열어 주셔서 감사합니다.

이제 예수님을 제 삶으로 모시고 싶습니다. 제 안에 들어오셔서 동행해 주십시오. 예수님을 제 삶의 주인으로 모십니다. 그동안 주님을 믿지 않았던 죄를 용서해 주십시오. 또 회개하도록 도와주십시오. 주님을 사랑할 수 있도록 도와주십시오. 저는 주님을 알고 싶고 사랑하고 싶습니다. 오늘부터 날마다 자신을 부인하고, 제게 허락된 십자가를 지며 주님을 따를 수 있도록 제게 힘을 주십시오. 예수님 이름으로 기도합니다. 아멘.

어쩌면 당신은 교회는 다니지만, 그동안 자신의 목적만을 위해 살아왔을 수도 있다. 오랫동안 예수님을 따랐으나 그분과의 관계가 점점 차갑게 식어가고 있을지도 모른다. 혹은 좁은 시야로 예수님을 바라보았을 수도 있다.

경우야 어떻든 나는 당신이 하나님의 말씀을 좀 더 깊이 연구하길 바란다. 하나님께서 자신을 더 많이 계시해 주실 것이다. 그분의 인도하심을 따르며 말씀을 탐독하라. 이를 위해 기도하는 것도 잊지 마라. 기도할 때 하나님은 신실하신 분이며, 당신의 부르짖음을 들으신다는 사실을 기억하라. 하나님은 당신의 기도에 응답하기 원하신다.

왕의 귀환

우리는 이사야서 53장을 심도 있게 살펴보았다. 53장은 예수님을 '고통받는 종, 메시아'로 그려냈다. 이제 예슈아 하-마쉬아흐의 또 다른 면을 설명하면서 이 책을 마무리하려 한다.

재림하실 예수님은 어떤 모습일까? 거대한 테디 베어처럼 푹신하고 부드러운 분을 생각하는가, 아니면 '쿰바야'(Kumbaya, 서부 아프리카의 음악으로 'Come by here'이라는 뜻이다. -편집자 주)를 부르며 튤립 꽃밭을 사뿐히 걷는 분인가? 당신이 아직 요한계시록이나 타나크의 종말 예언을 읽지 않았다면 이제부터 내가 할 말은 굉장한 스포일러가 될 것이다. 예수님은 권세와 위엄과 능력 있는 모습으로 다시 오실 것이다. 그분은 인류 역사상 보지 못한 위대한 왕과 전사로서 귀환하신다. 예수님의 재림 광경은 예쁘거나 멋지지는 않을 것이다. 이사야는 예수님의 재림 광경을 그나마 인상적으로 그려냈다.

> 보라 여호와께서 불에 둘러싸여 강림하시리니 그의 수레들은 회오리바람 같으리로다. 그가 혁혁한 위세로 노여움을 나타내시며 맹렬한 화염으로 책망하실 것이라. 여호와께서 불과 칼로 모든 혈육에게 심판을 베푸신즉 여호와께 죽임 당할 자가 많으리니(사 66:15-16).

수백 년 후 요한은 환상 속에서 예수님의 재림 광경을 보았는데, 이사야가 받았던 계시와 비슷했다. 그가 묘사한 '재림 예수'의 모습을 살펴보자.

> 또 내가 하늘이 열린 것을 보니 보라 백마와 그것을 탄 자가 있으니 그 이름은 충신과 진실이라 그가 공의로 심판하며 싸우더라. 그 눈은 불꽃 같고 그 머리에는 많은 관들이 있고 또 이름 쓴 것 하나가 있으니 자기밖에 아는 자가 없고. 그의 입에서 예리한 검이 나오니 그것으로 만국을 치겠고 친히 그들을 철장으로 다스리며 또 친히 하나님 곧 전능하신 이의 맹렬한 진노의 포도주 틀을 밟겠고 그 옷과 그 다리에 이름을 쓴 것이 있으니 '만왕의 왕'이요, '만주의 주'라 하였더라. 또 내가 보니 한 천사가 태양 안에 서서 공중에 나는 모든 새를 향하여 큰 음성으로 외쳐

이르되 "와서 하나님의 큰 잔치에 모여 왕들의 살과 장군들의 살과 장사들의 살과 말들과 그것을 탄 자들의 살과 자유인들이나 종들이나 작은 자나 큰 자나 모든 자의 살을 먹으라" 하더라. 그 나머지는 말 탄 자의 입으로부터 나오는 검에 죽으매 모든 새가 그들의 살로 배불리더라(계 19:11-12, 15-18, 21).

굉장하다! 예수님의 재림은 그분을 믿지 않는 모든 사람에게 '사상 최악의 사건'으로 자리매김할 것이다. 열방을 심판하실 때 예수님의 위엄이 온전히 드러날 것이다. 요한이 계시록의 초반부에 이같이 기록했다. "볼지어다! 그가 구름을 타고 오시리라! 각 사람의 눈이 그를 보겠고, 그를 찌른 자들도 볼 것이요, 땅에 있는 모든 족속이 그로 말미암아 애곡하리니 그러하리라 아멘"(계 1:7).

감사하게도 예수님을 사랑하고 신뢰하는 사람들은 그날을 두려워할 이유도 없고 애곡할 필요도 없다. 이사야가 말했다. "너희가 이를 보고 마음이 기뻐서 너희 뼈가 연한 풀의 무성함 같으리라. 여호와의 손은 그의 종들에게 나타나겠고 그의 진노는 그의 원수에게 더하리라"(사 66:14). 성도들에게 예수님의 재림은 더없이 기쁜 잔치이다. 마침내 왕 중의 왕, 주의 주이신 그분을 직접 만나 뵐 것이기 때문이다.

포효하는 사자

그날 예슈아 하-마쉬아흐는 위엄 있는 절대 권력자로 나타나실 것이다. 인류 역사 속 예수님을 일개 인간으로 치부했던 사람들, 그분을 사기꾼으로 몰아갔던 사람들, 그분의 메시아이심을 의심했던 사람들, 그분을 조롱했던 사람들과 미워했던 사람들은 입을 다물게 될 것이다.

재림의 예수님은 적법한 통치자로서 온 세상을 다스리실 것이다. 그러므로 그분의 백성에게 예수님의 재림은 희소식이다. 성경은 예수님이 우리를 질투하기까지 사랑하신다고 말한다. 그분은 맹렬한 사랑과 온전한 공의, 지혜와 평안으로 우리를 다스리실 것이다.

이 책의 앞부분에서 나는 예수님이 왜 '유다의 사자'로 불리셨는지 설명했다. 환상 중 하늘 보좌를 보았던 요한은 예수님을 가리켜 "유다 지파의 사자"(계 5:5)라고 했다. 그는 오직 예수님만이 두루마리를 펴실 수 있고, 지금 이 시대를 끝마치실 수 있으며, 새로운 세상을 여실 수 있다고 말했다.

사자는 테디 베어가 아니다. 물론 겉으로는 유해 보일 수 있으나 사자는 맹수이다. 일반적으로 사자는 정글의 왕이다. 사자가 이 타이틀을 얻게 된 이유는 딱 하나다. 그 어떤 동물보다 용맹하기 때문이다. 사자의 포효는 모든 원수를(잠재적 원수까지) 두려워 떨게 만든다. 사자의 울음소리는 8킬로미터 밖에까지 들리며 그 소리의 크기는 114데시벨에 이른다고 한다.[1] 사자는 힘이 세고 목소리가 우렁차다. 그러므로 '유다의 사자'라는 표현을 단지 예수님의 귀여운 별명 정도로 여긴다면 크게 실수하는 것이다. 하나님께서 우렁찬 소리로 백성을 질책하실 때가 종종 있었는데, 성경 기자들은 그분의 목소리를 사자의 포효로 묘사하곤 했다. 일례로 아모스서 3장 8절을 보라. "사자가 부르짖은즉 누가 두려워하지 아니하겠느냐? 주 여호와께서 말씀하신즉 누가 예언하지 아니하겠느냐?" 호세아도 이같이 말했다. "그들은 사자처럼 소리를 내시는 여호와를 따를 것이라. 여호와께서 소리를 내시면 자손들이 서쪽에서부터 떨며 오되"(호 11:10). 요엘 선지자는 백성을 향해 사자처럼 포효하시는 예수님의 모습을 좀 더 상세히 묘사했다. "여호와께서 시온에서 부르짖고 예루살렘에서 목소리를 내시리니 하늘과 땅이 진동하리로다. 그러나 여호와께서 그의 백성의 피난처, 이스라엘 자손의 산성이 되시리로다"(욜 3:16).

수난의 종으로 십자가에 오르셨을 때 예수님은 침묵하셨다. 자신을 참소하고 고문하는 사람들에게 한마디도 하지 않으셨다. 그러나 언젠가 그 예수님이 큰 소리를 내실 것이다. 그날 하늘과 땅은 진동할 것이며, 모든 사람이 유다의 사자가 내는 우렁찬 소리를 들을 것이다. 그분의 사랑을 받는 우리는 이러한 예수님의 모습도 기억해야 할 것이다. 예수님은 왕이시다.

구원받은 자녀인 우리는 예수님의 진노를 두려워할 필요가 없다. 그럼에도 보좌에 앉으신 유다의 사자께 건강한 두려움, 거룩한 경외심을 표해야 할 것이다.

지금 유다의 사자는 하늘에서 포효하신다. 예수님의 영혼이 이 땅을 향해 큰 소리를 발하신다. "귀 있는 자는 성령이 교회들에게 하시는 말씀을 들을지어다"(계 3:22). 부디 교회가 잠에서 깨어 예수님의 왕 되심을 온전히 깨닫기를! 왕이신 예수님의 정체성은 '이스라엘'에 뿌리를 두고 있다. 예수님은 유다의 사자이시다. 예수님은 유대인 정체성을 잃으신 적이 없다. 그분은 영원토록 유대인이시다. 나는 그리스도인들이 이 사실을 깊이 깨닫고 기독 신앙의 유대적 뿌리를 탐구하길 기대한다. 물론 단순한 정보를 얻기 위해서가 아니라, 모든 것의 성취이신 예수 그리스도를 더 깊이 깨달아 알기 위해 해야 할 것이다.

온 세상에 퍼져 있는 유대인들에게 고한다. 예슈아에 대한 편견을 버려라. 부디 눈가리개를 벗고 예슈아 하-마쉬아흐를 제대로 바라보라. 그분은 가톨릭 성당의 스테인드글라스에 희화화된 '그리스도인들만의 구세주'가 아니다. 그분은 시온을 향해 포효하는 유다의 사자이시다. 그분은 오늘도 하나님께 선택받은 자기 백성 유대인을 향해 질투하도록 울부짖으신다.

그리스도인과 유대교인을 갈라놓은 것이 무엇이든, 언젠가 우리 모두는 유다의 사자에게로 돌아가야 한다. 태초부터 지니신 그분의 소원대로 유대교인과 그리스도인은 한 분 예수님을 왕으로 섬기며 그분과 동행하게 될 것이다. 모든 사람이 예수님과 참된 관계를 맺는 것, 이것이 그분의 갈망이다.

주

1. 새라 지엘린스키, "사자 울음의 비밀 *Secrets of a Lion's Roar*" Smithsonian.com 2011. 11. 3, https://www.smithsonianmag.com/science-nature/secrets-of-a-lions-roar-12639599.

순전한나드 도서 목록

번호	도서명	저자	가격
1	존 비비어의 승리〈개정판〉	존 비비어	12,000
2	교회를 뒤흔드는 악령을 대적하라	프랜시스 프랜지팬	5,000
3	교회를 어지럽히는 험담의 악령을 추방하라	프랜시스 프랜지팬	5,000
4	그리스도인의 삶의 비결〈개정판〉	진 에드워드	9,000
5	존 비비어의 친밀감〈개정판〉	존 비비어	14,000
6	내게 신선한 기름을 부으셨나이다	허 철	9,000
7	내어드림〈개정판〉	프랑소와 페늘롱	7,000
8	더 넓게 더 깊게	메릴린 앤드레스	13,000
9	존 비비어의 축복의 통로〈개정판〉	존 비비어	8,000
10	부서트리고 무너트리는 기름부으심	바바라 J. 요더	8,000
11	사도적 사역	릭 조이너	12,000
12	사사기	잔느 귀용	7,000
13	상한 마음을 치유하는 기도	마크 & 패티 버클러	15,000
14	상한 영의 치유1	존 & 폴라 샌드포드	17,000
15	상한 영의 치유2	존 & 폴라 샌드포드	13,000
16	성령님을 아는 놀라운 지식	허 철	10,000
17	속사람의 변화 1	존 & 폴라 샌드포드	11,000
18	속사람의 변화 2	존 & 폴라 샌드포드	13,000
19	신부의 중보기도	게리 윈스	11,000
20	아가서	잔느 귀용	11,000
21	악의 속박으로부터의 자유	릭 조이너	9,000
22	어머니의 소명	리사 하텔	12,000
23	여정의 시작	릭 조이너	13,000
24	영광스러운 교회에 보내는 메시지 1	릭 조이너	10,000
25	영분별〈개정판〉	프랜시스 프랜지팬	4,000
26	영적 전투의 세 영역〈개정판〉	프랜시스 프랜지팬	11,000
27	예레미야	잔느 귀용	6,000
28	예수 그리스도와의 친밀함	잔느 귀용	7,000
29	예수님을 닮은 삶의 능력〈개정판〉	프랜시스 프랜지팬	12,000
30	예수님을 향한 열정〈개정판〉	마이크 비클	12,000
31	잔느 귀용의 요한계시록〈개정판〉	잔느 귀용	13,000
32	인간의 7가지 갈망하는 마음	마이크 비클 & 데보라 히버트	11,000
33	저주에서 축복으로	데릭 프린스	6,000
34	주님, 내 마음을 열어주소서	캐티 오츠 & 로버트 폴 램	9,000
35	지구상에서 가장 강력한 기도	피터 호로빈	7,500
36	축사사역과 내적치유의 이해 가이드	존 & 마크 샌드포드	20,000
37	출애굽기	잔느 귀용	10,000
38	하나님과 동행하는 사람들〈개정판〉	샨 볼츠	9,000
39	하나님과 사람에게 더욱 사랑스러운 자	듀안 벤더 클럭	10,000
40	하나님과의 연합	잔느 귀용	7,000
41	하나님을 연인으로 사랑하는 즐거움	마이크 비클	13,000

PURENARD

번호	도서명	저자	가격
42	하나님 마음에 합한 사람	마이크 비클	13,000
43	하나님의 아름다움을 바라보는 축복	허 철	10,000
44	하나님의 요새〈개정판〉	프랜시스 프랜지팬	9,000
45	하나님의 장군의 일기〈개정판〉	잔 G. 레이크	6,000
46	항상 배가하는 믿음〈개정판〉	스미스 위글스워스	13,000
47	항상 부족함이 없으리로다	롤랜드 & 하이디 베이커	8,000
48	혼동으로부터의 자유	릭 조이너	5,000
49	혼의 묶임을 파쇄하라	빌 & 수 뱅크스	10,000
50	존 비비어의 회개〈개정판〉	존 비비어	11,000
51	금식이 주는 축복	마이크 비클 & 다나 캔들러	12,000
52	부활	벤 R. 피터스	8,000
53	거절의 상처를 치유하시는 하나님	데릭 프린스	6,000
54	존 비비어의 분별력〈개정판〉	존 비비어	13,000
55	통제 불능의 상황에서도 난 즐겁기만 하다	리사 비비어	12,000
56	어린이와 십대를 위한 축사사역	빌 뱅크스	11,000
57	빛은 어둠 속에 있다	패트리샤 킹	10,000
58	목적으로 나아가는 길	드보라 조이너 존슨	8,000
59	컴 투 파파	게리 윈스	13,000
60	지도자의 넘어짐과 회복	웨이드 굿데일	12,000
61	하나님의 일곱 영	키이스 밀러	13,000
62	너희 지체를 의의 병기로 하나님께 드리라	허 철	8,000
63	세계를 변화시키는 능력	릭 조이너	12,000
64	왕의 자녀의 초자연적인 삶	빌 존슨 & 크리스 밸러턴	13,000
65	믿음으로 산 증인들	허 철	12,000
66	욥기	잔느 귀용	13,000
67	나라를 변화시킨 비전: 윌리엄 테넌트의 영적인 유산	존 한센	8,000
68	세상을 다스리는 권세의 회복	레베카 그린우드	10,000
69	창세기 주석	잔느 귀용	12,000
70	하나님의 강	더치 쉬츠	13,000
71	당신의 운명을 장악하라	알렌 키란	13,000
72	자살	로렌 타운젠드	10,000
73	그리스도인의 영적혁명	패트리샤 킹	11,000
74	초자연적 중보기도	레이첼 힉슨	13,000
75	나는 하나님의 음성을 듣는다	킴 클레멘트	11,000
76	하나님의 초자연적인 능력	바비 코너	11,000
77	사랑하는 하나님	마이크 비클	15,000
78	일곱 교회 이기는 자에게 주시는 축복	허 철	9,000
79	초자연적 경험의 신비	짐 골 & 줄리아 로렌	13,000
80	웃겨야 살아난다	피터 와그너	8,000
81	폭풍의 전사	마헤쉬 & 보니 차브다	13,000
82	천국 보좌로부터 온 전략	샌디 프리드	11,000

순전한나드 도서 목록

번호	도서명	저자	가격
83	속죄	데릭 프린스	13,000
84	신의 성품에 참예하는 자	허 철	8,000
85	예언, 꿈, 그리고 전도	덕 애디슨	13,000
86	아가페, 사랑의 길	밥 멈포드	13,000
87	불타오르는 사랑	스티브 해리슨	12,000
88	능력, 성결, 그리고 전도	랜디 클락	13,000
89	종교의 영	토미 펨라이트	11,000
90	예기치 못한 사랑	스티브 J. 힐	10,000
91	모르드개의 통곡	로버트 스턴스	13,500
92	1세기 교회사	릭 조이너	12,000
93	예수님의 얼굴〈개정판〉	데이비드 E. 테일러	13,000
94	토기장이 하나님	마크 핸비	8,000
95	존중의 문화〈개정판〉	대니 실크	13,000
96	제발 좀 성장하라!	데이비드 레이븐힐	11,000
97	정치의 영	파이살 말릭	12,000
98	치유 사역 훈련 지침서	랜디 클락	12,000
99	헤븐	데이비드 E. 테일러	13,000
100	더 크라이	키스 허드슨	11,000
101	천국 여행	리타 베넷	14,000
102	파수 기도의 숨은 능력	마헤쉬 & 보니 차브다	13,000
103	지저스 컬처	배닝 립스처	12,000
104	넘치는 기름부음	허 철	10,000
105	거룩한 대면	그래함 쿡	23,000
106	믿음을 넘어선 기적	데이브 헤스	10,000
107	영적 전쟁의 일곱 영	제임스 A. 더함	13,000
108	영적 전쟁의 승리	제임스 A. 더함	13,000
109	기적의 방을 만들라	마헤쉬 & 보니 차브다	12,000
110	개인적 예언자	미키 로빈슨	13,000
111	어둠의 영을 축사하라	짐 골	13,000
112	보좌를 향하여	폴 빌하이머	10,000
113	적그리스도의 영을 정복하라	샌디 프리드	13,000
114	성령님 알기	마헤쉬 & 보니 차브다	12,000
115	십자가의 권능	마헤쉬 & 보니 차브다	13,000
116	성령이 이끄시는 성공	대니 존슨	13,000
117	축복의 능력	케리 커크우드	13,000
118	하나님의 호흡	래리 랜돌프	11,000
119	아름다운 상처	룩 홀터	11,000
120	하나님의 길	덕 애디슨	13,000
121	천국 체험	주디 프랭클린 & 베니 존슨	12,000
122	당신의 사명을 깨우라	M. K. 코미	11,000
123	기독교의 유혹	질 섀년	25,000

PURENARD

번호	도서명	저자	가격
124	우리가 몰랐던 천국의 자녀양육법	대니 실크	12,000
125	임재의 능력	매트 소거	12,000
126	예수의 책	마이클 코울리아노스	13,000
127	신앙의 기초 세우기	래리 크레이더	13,000
128	내 인생을 바꿔 줄 최고의 여행	제이 스튜어트	12,000
129	시간 & 영원	조슈아 밀즈	10,000
130	하이디 베이커의 사랑	하이디 & 롤랜드 베이커	13,000
131	하나님의 임재	빌 존슨	13,000
132	초자연적 기름부음	줄리아 로렌	12,000
133	하나님의 갈망	제임스 A. 더함	14,000
134	형통의 문을 여는 31가지 선포기도	케빈 & 캐티 바스코니	5,000
135	춤추는 하나님의 손	제임스 말로니	37,000
136	참소자를 잠잠케 하라	샌디 프리드	13,000
137	영광이란 무엇인가?	폴 맨워링	14,000
138	내일의 기름부음	R. T. 켄달	13,000
139	영적 전투를 위한 전신갑주	크리스 밸러턴	12,000
140	성령을 소멸치 않는 삶	R. T. 켄달	13,000
141	초자연적인 삶	아담 F. 톰슨	10,000
142	한계를 돌파하라	샌디 프리드	13,000
143	블러드문	마크 빌츠	11,000
144	구약에서 일어난 모든 일들	윌리엄 H. 마티	13,000
145	신약에서 일어난 모든 일들	윌리엄 H. 마티	11,000
146	드보라 군대	제인 해몬	14,000
147	거룩한 불	R. T. 켄달	13,000
148	당신의 자녀를 향한 하나님의 65가지 약속	마이크 슈리브	8,000
149	무슬림 소녀, 예수님을 만나다	사마 하비브 & 보디 타이니	13,000
150	스미스 위글스워스의 병 고침(개정판)	스미스 위글스워스	12,000
151	뇌의 스위치를 켜라	캐롤라인 리프	13,000
152	약속된 시간	제임스 A. 더함	13,000
153	실패를 딛고 일어서는 믿음	샌디 프리드	12,000
154	스미스 위글스워스의 성령의 은사(개정판)	스미스 위글스워스	13,000
155	끝날 때까지 끝난 것이 아니다	R. T. 켄달	15,000
156	완전한 기억	마이클 A. 댄포스	10,000
157	금촛대 중보자들 1	제임스 말로니	15,000
158	마지막 때와 이슬람	조엘 리차드슨	15,000
159	질투	R. T. 켄달	14,000
160	사탄의 전략	페리 스톤	14,000
161	죽음에서 생명으로	라인하르트 본케	12,000
162	금촛대 중보자들 2	제임스 말로니	13,000
163	금촛대 중보자들 3	제임스 말로니	13,000
164	올바른 생각의 힘	케리 커크우드	12,000

순전한나드 도서 목록

번호	도서명	저자	가격
165	부흥의 거장들	빌 존슨 & 제니퍼 미스코브	25,000
166	악의 삼겹줄을 파쇄하라〈개정판〉	샌디 프리드	12,000
167	지옥의 실체와 하나님의 열쇠	메리 캐서린 백스터	12,000
168	문지기들이여 일어나라	제임스 A. 더함	15,000
169	안식년의 비밀	조나단 칸	15,000
170	교회를 깨우는 한밤의 외침	R. T. 켄달	15,000
171	하나님의 시간표	마크 빌츠	12,000
172	사랑의 통역사	샨 볼츠	12,000
173	예루살렘의 평화를 위해 기도하라	탐 헤스	13,000
174	마이크 비클의 기도	마이크 비클	25,000
175	유대적 관점으로 본 룻기	다이앤 A. 맥닐	13,000
176	폭풍을 향해 노래하라	디모데 D. 존스	13,000
177	영광의 세대	브루스 D. 알렌	15,000
178	영적 분위기를 바꾸라	다우나 드 실바	12,000
179	하나님을 홀로 두지 말라	행크 쿠네만	14,000
180	하나님이 디자인하신 완전한 나	캐롤라인 리프	20,000
181	대적의 문을 취하라〈개정증보판〉	신디 제이콥스	15,000
182	R. T. 켄달의 임재	R. T. 켄달	13,000
183	영성가의 기도	찰리 샴프	10,000
184	과거로부터의 자유〈개정판〉	존 로렌 & 폴라 샌드포드	14,000
185	하나님의 불	제임스 A. 더함	15,000
186	일상에 임한 하나님의 영광	브루스 D. 알렌	14,000
187	일곱 산에 관한 예언〈개정판〉	조니 엔로우	15,000
188	마지막 시대 마지막 주자	타드 스미스	13,000
189	주의 선하신 치유 능력	크리스 고어	13,000
190	건강한 생활 핸드북	로라 해리스 스미스	15,000
191	더 높은 부르심	제임스 말로니	12,000
192	레위기, 민수기, 신명기〈개정판〉	잔느 귀용	14,000
193	당신도 예언할 수 있다〈개정판〉	스티브 탐슨	14,000
194	생각하고 배우고 성공하라	캐롤라인 리프	15,000
195	기적을 풀어내는 예언적 파노라마	제임스 말로니	13,000
196	케빈 제다이의 초자연적 재정	케빈 제다이	14,000
197	적그리스도와 마지막 때 분별하기	마크 빌츠	13,000
198	마음을 견고히 하라	빌 존슨	9,000
199	천국으로부터 받아 누리기	케빈 제다이	13,000
200	모든 것이 당신에게 유리하게 되어 있다	케빈 제다이	15,000
201	징조 II	조나단 칸	18,000
202	데릭 프린스의 교만과 겸손	데릭 프린스	10,000
203	유다의 사자	랍비 커트 A. 슈나이더	15,000
204	십자가의 왕도〈재출간 예정〉	프랑소와 페늘롱